ΠΑΓΚΟΣΜΙΑ ΝΕΑΝΙΚΗ ΒΙΒΛΙΟΘΗΚΗ
ΕΚΔΟΣΕΙΣ ΨΥΧΟΓΙΟΣ

ΕΠΙΧΕΙΡΗΣΗ ΜΩΡΑ

ΠΑΓΚΟΣΜΙΑ ΝΕΑΝΙΚΗ ΒΙΒΛΙΟΘΗΚΗ

Αγγλία

 Ο ΤΣΑΡΛΙ ΚΑΙ ΤΟ ΕΡΓΟΣΤΑΣΙΟ ΣΟΚΟΛΑΤΑΣ, του Ρόαλντ Νταλ
Ο ΤΣΑΡΛΙ ΚΑΙ Ο ΜΕΓΑΛΟΣ ΓΥΑΛΙΝΟΣ ΑΝΕΛΚΥΣΤΗΡΑΣ,
του Ρόαλντ Νταλ
ΜΑΤΙΛΝΤΑ, του Ρόαλντ Νταλ
Βραβείο Αγγλικής Ομοσπονδίας Εκδοτών Παιδικών Βιβλίων
ΤΡΕΧΑ ΝΑ ΣΩΘΕΙΣ, του Ντέιβιντ Λάιν
Ο ΜΕΓΑΛΟΣ ΦΙΛΙΚΟΣ ΓΙΓΑΝΤΑΣ, του Ρόαλντ Νταλ
ΟΙ ΜΑΓΙΣΣΕΣ, του Ρόαλντ Νταλ
Βραβείο Χουίτμπρεντ
ΟΙ ΒΛΑΚΕΝΤΙΟΙ – ΤΟ ΘΑΥΜΑΤΟΥΡΓΟ ΦΑΡΜΑΚΟ, του Ρόαλντ Νταλ
Ο ΑΠΙΘΑΝΟΣ Κος ΦΟΞ – ΤΟ ΜΑΓΙΚΟ ΔΑΧΤΥΛΟ, του Ρόαλντ Νταλ
Ο ΤΖΙΜΗΣ ΚΑΙ ΤΟ ΓΙΓΑΝΤΟΡΟΔΑΚΙΝΟ, του Ρόαλντ Νταλ
ΤΟ ΔΩΜΑΤΙΟ Νο 13, του Ρόμπερτ Σουίντελς
Βραβείο Ομοσπονδίας Εκδοτών Παιδικού Βιβλίου
ΤΑ ΧΙΛΙΑ ΜΑΤΙΑ ΤΗΣ ΝΥΧΤΑΣ, του Ρόμπερτ Σουίντελς
ΤΟ ΜΥΣΤΙΚΟ ΤΟΥ ΔΑΣΟΥΣ ΠΟΥ ΕΚΛΑΙΓΕ, του Ρόμπερτ Σουίντελς
ΝΤΑΝΙ, Ο ΠΑΓΚΟΣΜΙΟΣ ΠΡΩΤΑΘΛΗΤΗΣ, του Ρόαλντ Νταλ
ΕΠΙΧΕΙΡΗΣΗ ΜΩΡΑ, της Αν Φάιν
Βραβείο ΚΑΡΝΕΤΖΙ

Αυστρία

ΤΑ ΦΤΕΡΑ ΤΟΥ ΔΡΑΚΟΥ, της Ρενάτε Βελς
Εθνικό Βραβείο Αυστρίας Παιδικού και Εφηβικού Βιβλίου

Γαλλία

ΤΟ ΠΑΙΔΙ ΚΑΙ ΤΟ ΑΣΤΕΡΙ, του Πιερ Πελώ
6 Γαλλικά Βραβεία
ΤΟ ΠΟΛΙΚΟ ΑΣΤΕΡΙ, της Κολέτ Βιβιέ

Γερμανία

ΟΙ ΠΕΡΙΠΕΤΕΙΕΣ ΤΡΙΩΝ ΦΙΛΩΝ, της Ντάγκμαρ Γκαλίν
Βραβείο Γαλλικής Ακαδημίας
Ο ΑΪΤΟΣ ΚΑΙ ΤΟ ΠΕΡΙΣΤΕΡΙ, του Τζέιμς Κρους
Διεθνές Βραβείο Άντερσεν
Ο ΠΑΠΑΓΑΛΟΣ ΣΤΑΘΜΑΡΧΗΣ, της Γιέλα Λέπμαν
Διεθνές Βραβείο Άντερσεν
Η ΡΟΔΟΜΗΛΙΑ, της Κριστίνε Νέστλινγκερ
Διεθνές Βραβείο Άντερσεν
ΙΣΤΟΡΙΕΣ ΤΟΥ ΦΡΑΝΤΣ, της Κριστίνε Νέστλινγκερ
Διεθνές Βραβείο Άντερσεν
ΤΟ ΜΙΚΡΟ ΦΑΝΤΑΣΜΑΤΑΚΙ, του Ότφριντ Πρόισλερ
Έπαινος του Βραβείου Άντερσεν
Ο ΛΑΜΠΗΣ ΚΑΙ ΤΟ ΚΟΚΚΙΝΟ ΚΑΪΚΙ, της Κάθριν Όλφρεϊ
ΤΟ ΚΑΛΟΚΑΙΡΙ ΜΕ ΤΟ ΔΕΛΦΙΝΙ, της Κάθριν Όλφρεϊ
Γερμανικό Βραβείο Βιβλίου Νεότητας

Ο ΚΑΠΕΤΑΝ-ΤΡΕΜΟΥΛΑΣ, του Ότφριντ Πρόισλερ
Γερμανικό Βραβείο Βιβλίου Νεότητας
ΕΓΩ ΚΑΙ Η ΑΔΕΛΦΗ ΜΟΥ Η ΚΛΑΡΑ, του Δημήτρη Ινκιόφ
ΕΓΩ ΚΙ Η ΚΛΑΡΑ ΚΑΙ Ο ΣΚΥΛΟΣ ΜΑΣ Ο ΜΥΡΙΖΟΣ, του Δημήτρη Ινκιόφ
ΕΓΩ ΚΙ Η ΚΛΑΡΑ ΚΑΙ Ο ΓΑΤΟΣ ΜΑΣ Ο ΜΠΙΡΜΠΙΛΗΣ, του Δημήτρη Ινκιόφ
ΕΓΩ ΚΙ Η ΚΛΑΡΑ ΚΑΙ Τ' ΑΛΟΓΑΚΙ Ο ΒΕΛΟΥΔΙΝΟΣ, του Δημήτρη Ινκιόφ
ΕΓΩ ΚΙ Η ΚΛΑΡΑ ΚΑΙ Ο ΠΑΠΑΓΑΛΟΣ Ο ΠΙΠΗΣ, του Δημήτρη Ινκιόφ
ΤΡΑΝΖΗΣ, ΤΟ ΜΙΚΡΟ ΡΟΜΠΟΤ, του Δημήτρη Ινκιόφ
ΤΡΑΝΖΗ, ΠΟΥ ΕΙΣΑΙ; του Δημήτρη Ινκιόφ
Ο ΠΛΑΝΗΤΗΣ ΤΩΝ ΜΙΚΡΩΝ ΑΝΘΡΩΠΩΝ, του Δημήτρη Ινκιόφ
ΛΟΥΙΖΑ ΚΑΙ ΛΟΤΗ, του Έριχ Κέστνερ
Διεθνές Βραβείο Άντερσεν
Η ΤΑΞΗ ΠΟΥ ΠΕΤΑΕΙ, του Έριχ Κέστνερ
Διεθνές Βραβείο Άντερσεν
Ο ΜΙΚΡΟΣ ΜΑΝΟΥΕΛ ΚΑΙ ΟΙ ΦΑΛΑΙΝΕΣ, της Νίνα Ράουπριχ
ΜΙΑ ΕΒΔΟΜΑΔΑ ΓΕΜΑΤΗ ΣΑΒΒΑΤΑ, του Πάουλ Μάαρ

Ελλάδα

ΜΙΚΡΟΙ ΝΤΕΤΕΚΤΙΒ, της Καλλιόπης Σφαέλλου
ΘΗΣΑΥΡΟΣ ΣΤΗ ΝΑΥΠΑΚΤΟ, της Καλλιόπης Σφαέλλου
Έπαινος του Κύκλου Ελληνικού Παιδικού Βιβλίου
ΣΤΟΝ ΙΣΚΙΟ ΤΟΥ ΔΙΚΕΦΑΛΟΥ, της Καλλιόπης Σφαέλλου
ΠΕΡΙΠΕΤΕΙΑ ΣΤΗΝ ΑΦΡΙΚΗ, της Καλλιόπης Σφαέλλου
Βραβείο Ελληνικής Εταιρείας Χριστιανικών Γραμμάτων
ΡΟΥΜΠΥ Ο ΑΡΧΙΝΤΕΤΕΚΤΙΒ, της Καλλιόπης Σφαέλλου
ΝΤΟ-ΡΕ-ΜΙ ΚΙ ΕΝΑ ΣΚΥΛΙ, της Γαλάτειας Γρηγοριάδου-Σουρέλη
Βραβείο της Ακαδημίας Αθηνών
Ο ΜΕΓΑΛΟΣ ΑΠΟΧΑΙΡΕΤΙΣΜΟΣ, της Γαλάτειας Γρηγοριάδου-Σουρέλη
Α΄ Βραβείο Εφηβικού Μυθιστορήματος της Ένωσης Σμυρναίων
Ο ΚΑΠΕΤΑΝ-ΚΩΤΤΑΣ, της Γαλάτειας Γρηγοριάδου-Σουρέλη
Ο ΣΠΟΥΡΓΙΤΗΣ ΜΕ ΤΟ ΚΟΚΚΙΝΟ ΓΙΛΕΚΟ, της Γαλάτειας Γρηγοριάδου-Σουρέλη
Βραβείο Παιδαγωγικού Ινστιτούτου της Πάδοβα
ΤΟ ΜΥΣΤΙΚΟ ΤΩΝ ΦΙΛΙΚΩΝ, της Νίτσας Τζώρτζογλου
Βραβείο της Γυναικείας Λογοτεχνικής Συντροφιάς
Ο ΚΑΛΕΣΜΕΝΟΣ, της Βούλας Μάστορη
ΟΙ ΠΕΙΡΑΤΕΣ ΤΗΣ ΚΑΜΙΝΑΔΑΣ, του Ευγένιου Τριβιζά
Η ΖΩΓΡΑΦΙΑ ΤΗΣ ΧΡΙΣΤΙΝΑΣ, του Ευγένιου Τριβιζά
ΤΟ ΜΥΣΤΙΚΟ ΤΟΥ ΚΟΧΥΛΙΟΥ, της Γιολάντας Πατεράκη
ΣΤΗ ΜΑΚΕΔΟΝΙΑ ΜΙΑ ΦΟΡΑ, της Γιολάντας Πατεράκη
ΜΕΡΕΣ ΤΗΣ ΑΛΚΥΟΝΗΣ, του Δημήτρη Μανθόπουλου
ΟΙ ΘΗΣΑΥΡΟΙ ΤΗΣ ΧΡΥΣΟΠΗΓΗΣ, της Αργυρώς Αλεξανδράκη
ΑΠΟ ΤΗΝ ΕΡΗΜΟ ΣΤΗΝ ΑΝΤΑΡΚΤΙΚΗ, της Άννας Σαφιλίου
ΤΟ ΝΗΣΙ ΜΕ ΤΟΥΣ ΠΕΡΙΣΤΕΡΙΩΝΕΣ, της Άννας Πιζάνη

Ε.Σ.Σ.Δ.

ΔΙΑΚΟΠΕΣ ΣΤΟ ΔΑΣΟΣ, του Ν. Ντούμπωφ
Κρατικό Βραβείο της Ε.Σ.Σ.Δ.

Η.Π.Α.

ΤΑ ΝΕΦΕΛΟΨΑΡΑ ΖΟΥΝΕ ΣΤΗ ΘΑΛΑΣΣΑ, της Πόλα Φοξ
Διεθνές Βραβείο Άντερσεν
ΤΟ ΔΙΧΤΥ ΤΗΣ ΚΑΡΛΟΤΑΣ, του Έλγουιν Μπρουκς Ουάιτ
Βραβείο Λόρα Ινγκλς Γουάιλντερ
Η ΡΑΜΟΝΑ ΚΑΙ Ο ΜΠΑΜΠΑΣ, της Μπέβερλυ Κλήρυ
Βραβείο Νιούμπερυ
ΤΟ ΜΑΥΡΟ ΜΑΡΓΑΡΙΤΑΡΙ, του Σκοτ Ο' Ντελ
Διεθνές Βραβείο Άντερσεν
ΤΟ ΜΥΣΤΗΡΙΟ ΤΗΣ ΜΟΥΜΙΑΣ ΠΟΥ ΨΙΘΥΡΙΖΕ, του Ρόμπερτ Άρθουρ
ΤΟ ΜΥΣΤΗΡΙΟ ΤΟΥ ΤΡΑΥΛΟΥ ΠΑΠΑΓΑΛΟΥ, του Ρόμπερτ Άρθουρ
ΤΟ ΜΥΣΤΙΚΟ ΤΟΥ ΠΥΡΓΟΥ ΤΗΣ ΦΡΙΚΗΣ, του Ρόμπερτ Άρθουρ
ΤΟ ΜΥΣΤΙΚΟ ΤΟΥ ΝΗΣΙΟΥ ΤΩΝ ΣΚΕΛΕΤΩΝ, του Ρόμπερτ Άρθουρ
ΤΟ ΜΥΣΤΗΡΙΟ ΤΟΥ ΧΑΜΕΝΟΥ ΘΗΣΑΥΡΟΥ, του Ρόμπερτ Άρθουρ
ΤΟ ΜΥΣΤΗΡΙΟ ΤΟΥ ΚΡΑΝΙΟΥ ΠΟΥ ΜΙΛΟΥΣΕ, του Ρόμπερτ Άρθουρ
ΤΟ ΜΥΣΤΗΡΙΟ ΤΗΣ ΑΣΗΜΕΝΙΑΣ ΑΡΑΧΝΗΣ, του Ρόμπερτ Άρθουρ
ΤΟ ΜΥΣΤΗΡΙΟ ΤΟΥ ΡΟΛΟΓΙΟΥ ΠΟΥ ΟΥΡΛΙΑΖΕΙ, του Ρόμπερτ Άρθουρ
ΤΟ ΜΥΣΤΗΡΙΟ ΤΟΥ ΦΛΟΓΕΡΟΥ ΜΑΤΙΟΥ, του Ρόμπερτ Άρθουρ
ΤΟ ΜΥΣΤΗΡΙΟ ΤΗΣ ΨΕΥΤΙΚΗΣ ΓΑΤΑΣ, του Ρόμπερτ Άρθουρ
ΤΟ ΜΥΣΤΗΡΙΟ ΤΟΥ ΑΚΕΦΑΛΟΥ ΑΛΟΓΟΥ, του Ρόμπερτ Άρθουρ
ΤΟ ΜΥΣΤΗΡΙΟ ΤΟΥ ΑΟΡΑΤΟΥ ΣΚΥΛΟΥ, του Ρόμπερτ Άρθουρ
ΤΟ ΜΥΣΤΗΡΙΟ ΤΗΣ ΣΠΗΛΙΑΣ ΠΟΥ ΒΟΓΚΑΕΙ, του Ουίλιαμ Άρντεν
ΤΟ ΜΥΣΤΗΡΙΟ ΤΟΥ ΠΟΡΦΥΡΟΥ ΠΕΙΡΑΤΗ, του Ουίλιαμ Άρντεν
ΤΟ ΜΥΣΤΗΡΙΟ ΤΗΣ ΚΛΕΜΜΕΝΗΣ ΦΑΛΑΙΝΑΣ, του Μαρκ Μπράντελ
ΤΟ ΜΥΣΤΗΡΙΟ ΤΗΣ ΣΤΟΙΧΕΙΩΜΕΝΟΥ ΚΑΘΡΕΦΤΗ, του Μ. Κάρεϊ
ΤΟ ΜΥΣΤΗΡΙΟ ΤΗΣ ΧΑΜΕΝΗΣ ΓΟΡΓΟΝΑΣ, του Μ. Κάρεϊ
ΤΟ ΜΥΣΤΗΡΙΟ ΤΩΝ ΠΥΡΩΜΕΝΩΝ ΒΡΑΧΩΝ, του Μ. Κάρεϊ
ΤΟ ΜΥΣΤΗΡΙΟ ΤΟΥ ΒΟΥΝΟΥ ΤΩΝ ΤΕΡΑΤΩΝ, του Μ. Κάρεϊ
ΤΟ ΜΥΣΤΗΡΙΟ ΤΟΥ ΠΡΑΣΙΝΟΥ ΦΑΝΤΑΣΜΑΤΟΣ, του Ρόμπερτ Άρθουρ
ΤΟ ΜΥΣΤΗΡΙΟ ΤΟΥ ΥΦΑΛΟΥ ΤΟΥ ΚΑΡΧΑΡΙΑ, του Ουίλιαμ Άρντεν
ΤΟ ΜΥΣΤΗΡΙΟ ΤΟΥ ΞΩΤΙΚΟΥ ΠΟΥ ΧΟΡΕΥΕΙ, του Ουίλιαμ Άρντεν
ΤΟ ΜΥΣΤΗΡΙΟ ΤΟΥ ΤΑΞΙΔΙΟΥ ΤΟΥ ΤΡΟΜΟΥ, του Μ. Κάρεϊ
ΤΟ ΜΥΣΤΗΡΙΟ ΤΟΥ ΦΙΔΙΟΥ ΠΟΥ ΤΡΑΓΟΥΔΑΕΙ, του Μ. Κάρεϊ
ΤΟ ΜΥΣΤΗΡΙΟ ΤΟΥ ΣΗΜΑΔΕΜΕΝΟΥ ΖΗΤΙΑΝΟΥ, του Μ. Κάρεϊ
ΤΟ ΜΥΣΤΗΡΙΟ ΤΗΣ ΣΚΙΑΣ ΠΟΥ ΓΕΛΑΕΙ, του Μ. Κάρεϊ
ΤΟ ΜΥΣΤΗΡΙΟ ΤΟΥ ΔΡΑΚΟΥ ΠΟΥ ΞΕΦΥΣΑΕΙ, του Νικ Γουέστ
ΤΟ ΜΥΣΤΗΡΙΟ ΤΟΥ ΣΠΙΤΙΟΥ ΠΟΥ ΜΙΚΡΑΙΝΕ, του Ουίλιαμ Άρντεν
ΤΟ ΜΥΣΤΗΡΙΟ ΤΟΥ ΟΡΥΧΕΙΟΥ, του Μ. Κάρεϊ
ΧΟΥΚ, του Γκίρι Γκρέιβελ

Ιταλία

ΕΡΧΟΝΤΑΙ ΟΙ ΔΙΑΣΤΗΜΑΝΘΡΩΠΟΙ, του Τζουλιάνο Αμίτσι
Διεθνές Βραβείο Ουνέσκο

Κύπρος

ΜΙΚΡΕΣ ΙΣΤΟΡΙΕΣ ΤΗΣ ΚΑΤΕΡΙΝΑΣ, της Φιλίσας Χατζηχάννα
Βραβείο του Κύκλου Ελληνικού Παιδικού Βιβλίου
Βραβείο Υπουργείου Παιδείας Κύπρου
Ο ΜΕΓΑΛΟΣ ΜΠΕΛΑΣ, της Φιλίσας Χατζηχάννα
Βραβείο του Κύκλου Ελληνικού Παιδικού Βιβλίου
ΙΣΤΟΡΙΕΣ ΤΟΥ ΠΑΠΠΟΥ ΧΩΡΙΣ ΜΟΥΣΤΑΚΙ, της Φιλίσας Χατζηχάννα
Η ΝΤΙΝΤΟΝ, Ο ΠΑΒΕΛΑΚΗΣ ΜΟΥ ΚΙ ΕΓΩ, της Φιλίσας Χατζηχάννα
Έπαινος του Βραβείου Άντερσεν
Βραβείο του Κυπριακού Συνδέσμου Παιδικού – Νεανικού Βιβλίου
Ο ΚΑΡΥΔΑΚΗΣ ΚΑΙ Η ΖΑΧΑΡΟΥΛΑ, της Φιλίσας Χατζηχάννα

Ολλανδία

ΕΝΑ ΠΑΡΑΞΕΝΟ ΚΟΡΙΤΣΙ, της Άννι Σμιτ
Διεθνές Βραβείο Άντερσεν
Ο ΚΥΡΙΟΣ ΧΟΠ-ΛΑΛΑ, της Άννι Σμιτ
Διεθνές Βραβείο Άντερσεν
Η ΚΟΚΚΙΝΗ ΠΡΙΓΚΙΠΙΣΣΑ, του Πάουλ Μπίχελ
Βραβείο ΑΣΗΜΕΝΙΟ ΜΟΛΥΒΙ, Ολλανδία 1988
ΝΥΧΤΕΡΙΝΗ ΙΣΤΟΡΙΑ, του Πάουλ Μπίχελ
Βραβείο ΧΡΥΣΟ ΜΟΛΥΒΙ, Ολλανδία 1993

Σουηδία

Η ΜΙΚΡΗ ΖΟΖΕΦΙΝΑ, της Μαρίας Γκρίπε
Διεθνές Βραβείο Άντερσεν
ΟΥΓΚΟ ΚΑΙ ΖΟΖΕΦΙΝΑ, της Μαρίας Γκρίπε
Διεθνές Βραβείο Άντερσεν
ΟΥΓΚΟ, της Μαρίας Γκρίπε
Διεθνές Βραβείο Άντερσεν
Ο ΜΙΚΕΣ ΜΕΣ ΣΤΗ ΣΟΥΠΙΕΡΑ, της Άστριντ Λίντγκρεν
Διεθνές Βραβείο Άντερσεν
ΤΟ ΠΑΝΗΓΥΡΙ ΤΟΥ ΜΙΚΕ, της Άστριντ Λίντγκρεν
Διεθνές Βραβείο Άντερσεν
Ο ΜΙΚΕΣ ΞΑΝΑΡΧΕΤΑΙ, της Άστριντ Λίντγκρεν
Διεθνές Βραβείο Άντερσεν
ΤΑ ΕΞΙ ΔΙΑΒΟΛΑΚΙΑ ΤΟΥ ΜΙΚΡΟΥ ΧΩΡΙΟΥ, της Άστριντ Λίντγκρεν
Διεθνές Βραβείο Άντερσεν
ΕΥΤΥΧΙΣΜΕΝΕΣ ΜΕΡΕΣ ΣΤΟ ΜΙΚΡΟ ΧΩΡΙΟ, της Άστριντ Λίντγκρεν
Διεθνές Βραβείο Άντερσεν
ΣΚΑΝΤΑΛΙΕΣ ΣΤΟ ΜΙΚΡΟ ΧΩΡΙΟ, της Άστριντ Λίντγκρεν
Διεθνές Βραβείο Άντερσεν
ΠΙΠΗ ΦΑΚΙΔΟΜΥΤΗ, της Άστριντ Λίντγκρεν
Διεθνές Βραβείο Άντερσεν
Η ΠΙΠΗ ΦΑΚΙΔΟΜΥΤΗ ΚΑΠΕΤΑΝΙΟΣ, της Άστριντ Λίντγκρεν
Διεθνές Βραβείο Άντερσεν
Η ΠΙΠΗ ΦΑΚΙΔΟΜΥΤΗ ΣΤΙΣ ΝΟΤΙΕΣ ΘΑΛΑΣΣΕΣ, της Άστριντ Λίντγκρεν
Διεθνές Βραβείο Άντερσεν

ΤΙΤΛΟΣ ΠΡΩΤΟΤΥΠΟΥ: FLOUR BABIES
από τις εκδόσεις HAMISH HAMILTON, Λονδίνο, 1992

ΣΥΓΓΡΑΦΕΑΣ; Anne Fine
ΜΕΤΑΦΡΑΣΗ: Μαίρη Κιτσικοπούλου
ΕΞΩΦΥΛΛΟ-ΕΙΚΟΝΟΓΡΑΦΗΣΗ: Walt Myers
ΣΤΟΙΧΕΙΟΘΕΣΙΑ: Μ. Λεοντακιανάκος
ΓΡΑΦΙΚΕΣ ΤΕΧΝΕΣ: Δ. Τουμαζάτος

Πρώτη έκδοση: Απρίλιος 1996
Πρώτη ανατύπωση: Ιούλιος 1999

ISBN 960-274-123-6

ΕΚΔΟΣΕΙΣ ΨΥΧΟΓΙΟΣ Α.Ε.
Μαυρομιχάλη 1
106 79 Αθήνα
Τηλ.: 3302234-5 – 3618654
Telefax: 01/3302098
http: www.psichogios.gr
e-mail: psicho@otenet.gr

PSICHOGIOS PUBLICATIONS S.A.
1, Mavromichali Str.
106 79 Athens-Greece
Tel.: 3302234-5 – 3618654
Telefax: 01/3302098
http: www.psichogios.gr
e-mail: psicho@otenet.gr

ΠΑΓΚΟΣΜΙΑ ΝΕΑΝΙΚΗ ΒΙΒΛΙΟΘΗΚΗ

ΑΝ ΦΑΪΝ
Βραβείο ΧΟΥΙΤΜΠΡΕΝΤ

ΕΠΙΧΕΙΡΗΣΗ ΜΩΡΑ

ΒΡΑΒΕΙΟ **CARNEGIE**

Μετάφραση
ΜΑΙΡΗ ΚΙΤΣΙΚΟΠΟΥΛΟΥ

Εικονογράφηση
WALT MYERS

ΠΡΩΤΗ ΑΝΑΤΥΠΩΣΗ

ΕΚΔΟΣΕΙΣ ΨΥΧΟΓΙΟΣ

Τοις πάσι χρόνος και καιρός τω παντί πράγματι υπό τον ουρανόν.

Εκκλησιαστής γ, 1

1

Ο κύριος Καρτράιτ κούνησε τα πόδια του πέρα δώθε κάτω από την έδρα και ύψωσε τη φωνή του πάνω από τα μουρμουρητά αποδοκιμασίας που έφταναν κατά κύματα.

—Μην ανησυχείτε αν δεν μπορείτε να δώσετε τώρα όλη σας την προσοχή σ' αυτά που λέω, Γ4, είπε στους καινούριους μαθητές του. Πολύ ευχαρίστως θα τα επαναλάβω την ώρα του διαλείμματος.

Μερικοί έκαναν ολοφάνερα μια μικρή προσπάθεια. Από κάποια στόματα βγήκαν μερικά στιλό. Ένα δυο αγόρια έπαψαν να χαζεύουν το συναρπαστικό θέαμα του επιστάτη που έγραφε με το πινέλο μεγάλα άσπρα νούμερα πάνω στους σκουπιδοτενεκέδες. Πάντως, στο σύνολό της, η κατάσταση ήταν θλιβερή. Οι μισοί έδειχναν να έχουν ξεχάσει το μυαλό τους στο σπίτι. Κι οι άλλοι μισοί σαν να μην είχανε καθόλου μυαλό.

Αχ, τι σκοτούρα το φετινό Γ4! Ο κύριος Καρτράιτ ήξερε κιόλας τους περισσότερους αρκετά καλά, τους αξιοθρήνητους και τους κακούς μαθητές, εκείνους που τους είχαν αποπάρει βροντοφωνάζοντας, ακόμα και μέσα στην αίθουσα των καθηγητών, τα τελευταία χρόνια. Οποιονδήποτε έστω και κατά το ήμισυ φυσιολογικό (τους «λεβέντες», όπως τους έλεγαν) τον είχε περιμαζέψει, ως συνήθως, ο κύριος Κινγκ ή ο κύριος Χέντερσον. Όσο για το δόκτορα Φέλδαμ, αυτός πάντα άρπαζε τους πιθανούς επιστήμονες. Μέχρι στιγμής, κανένας μα κανένας δεν είχε έρθει τυχαία στο Γ4.

Ο μοναδικός νιόφερτος στο σχολείο —πώς τον λέγανε, να δεις... α, ναι, Μάρτιν Σάιμον— καθόταν ήσυχος και διάβαζε στα πίσω θρανία. Το ηθικό του κυρίου Καρτράιτ αναπτερώθηκε λίγο. Ήταν μια καλή αρχή, τέλος πάντων. Υπήρχε κάποιος που μπορούσε να διαβάσει. Είχε γνωρίσει και χειρότερες τάξεις στην καριέρα του.

—Άντε, κουράγιο, τους είπε. Ας μη μας φάει κι ολόκληρη τη μέρα. Θα πω στα γρήγορα τα θέματα για τελευταία φορά κι έπειτα θα ψηφίσετε. Εξακολούθησε, αφού σ' αρέσει, να τρως το χαρτί της ψήφου σου, Τζορτζ Σπόλντερ, όμως δεν πρόκειται να σου δώσω άλλο. Προσοχή τώρα, όλοι.

Μετατοπίζοντας τα τεράστια οπίσθιά του, χτύπησε με το χάρακα τον πίνακα, όπου πριν από πέντε λεπτά είχε γράψει τα θέματα που είχε δώσει ο δόκτωρ Φέλδαμ στο Γ4 σαν συνεισφορά στη σχολική «Γιορτή της επιστήμης». Τα διάβασε φωναχτά πάλι για όσους δεν τα κατάφερναν στην ανάγνωση:

Υφάσματα
Διατροφή
Οικιακή οικονομία
Ανάπτυξη του παιδιού
Μελέτη καταναλωτή

Ένα πραγματικό κύμα δυσφορίας και γκρίνιας σηκώθηκε, σκεπάζοντας τα στριφογυρίσματα και τους ψιθύρους, το σούρσιμο των ποδιών και το τρίξιμο από τις καρέκλες, όπως όταν κάνεις σούζες στα δυο τους πόδια.

—Αυτό είναι άδικο, κύριε.

—Πάρα πολύ βαρετό!

—Αυτό δε λέγεται επιστήμη. Δεν είναι σωστό.

—Εγώ δεν καταλαβαίνω ούτε τι σημαίνουν τα μισά απ' αυτά.

Για να μην αφήσει παραπονεμένο τον Ρας Μάουλντ, ο κύριος Καρτράιτ ξαναδιάβασε τα θέματα, μεταφράζοντας συγχρόνως:

Ράψιμο
Τρόφιμα
Νοικοκυριό
Μωρά και λοιπά
Οικιακή οικονομία

Ο Ρας Μάουλντ ήταν τελείως σαστισμένος.

—Δικονομία; Τι πάει να πει «δικονομία»;

Ο κύριος Καρτράιτ αποφάσισε να τον αγνοήσει.

—Για τ' όνομα του Θεού, Γ4, είπε. Συνέλθετε, επιτέλους. Ξέρω ότι οι περισσότεροι από σας βαριέστε μέχρι θανάτου, αλλά σίγουρα κάποιο θέμα θα σας ενδιαφέρει περισσότερο από τ' άλλα. Όποιο κι αν

ΔΙΑΤΡΟΦΗ
ΥΦΑΣΜΑΤΑ
ΟΙΚΙΑΚΗ
ΟΙΚΟΝΟΜΙΑ
ΜΩΡΑ
κ.λπ.
ΑΝΑΤΡΟΦΗ
ΠΑΙΔΙΩΝ
ΜΕΛΕΤΗ
ΚΑΤΑΝΑΛΩΤΗ

είναι, τέλος πάντων, γράψτε το στο χαρτί. Και προσπάθησε να είναι γραμμένα τα γράμματα με τη σωστή τους σειρά, Ρας Μάουλντ, ώστε να μπορώ να τα διαβάσω. Έρχομαι να μαζέψω τα χαρτιά.

Ένα ακόμα κύμα ανταρσίας υποδέχτηκε τα λόγια του.

—Ηλίθιο!

—Για να μας τιμωρήσει το κάνει...

—Ράψιμο! Νοικοκυριό!

—Συγνώμη. Είμαστε το περίπτερο νούμερο 14 στη «Γιορτή της επιστήμης». Ελάτε να δείτε τι ωραία που είναι ραμμένα τα κουμπιά μας!

—Τερατώδες. Σίγουρα!

—Στοίχημα πως δεν έχετε ξαναδεί ραμμένο κουμπί.

—Γιατί να κάνουμε πράγματα που μπορεί να τα κάνει ο καθένας;

—Άκου «δικονομία»!

Ο Σαχίντ Μαχμούντ εξέφρασε το γενικό παράπονο με τον πιο κατανοητό τρόπο:

—Είναι αδικία. Τι σχέση έχουν αυτά με την επιστήμη; Γιατί να μην κάνουμε εκείνο το θέμα με τα κονσερβοκούτια που σκάνε;

Ξαφνικά, ήταν λες και τους είχες αφήσει ελεύθερους μέσ' από 'να κλουβί.

—Ναι! Σπουδαίο θέμα!

—Σκίζει!

—Ο αδερφός του Χούπερ παραλίγο να κάψει το χέρι του!

—Ο Τσοπ έχασε το ένα του φρύδι!

—Ξαναφύτρωσε αλλά διαφορετικό!

Ο Ρικ Τάλις είχε γείρει τόσο επάνω στο θρανίο του, που έλεγες ότι θα γκρεμιζόταν.

—Ή να φτιάξουμε σαπούνι, κύριε!

—Ναι! Το εργοστάσιο σαπουνιού!

—Ο Φούλερ είχε βάλει στοίχημα να φάει το δικό του κομμάτι.

—Οχτώ φορές έκανε εμετό.

—Τα γέλια που κάναμε!

—Να βλέπατε το πρόσωπό του! Άσπρο σαν νεογέννητη κάμπια.

Στα λόγια αυτά ο Φίλιπ Μπρούστερ σήμανε καινούριο συναγερμό στην τάξη.

—Ναι, ναι! Τις κάμπιες!

—Το εκκολαπτήριο για κάμπιες!

—Γιατί δεν κάνουμε το εκκολαπτήριο για κάμπιες;

—Το κάναμε πέρσι. Και πρόπερσι.

—Η μάνα μου ούτε να τις κοιτάξει δεν ήθελε. Έλεγε πως ήταν αηδιαστικές.

—Είχανε βάλει εκείνο τον νταή τον Φλέτσερ να κάνει κουμάντο.

—Αυτός κόντεψε να τις εκπαιδεύσει στο τέλος!

Ο κύριος Καρτράιτ κούνησε το κεφάλι του. Τον στενοχωρούσε να καταπνίγει τον ενθουσιασμό σε οποιοδήποτε μορφωτικό επίπεδο. Όμως οι κανονισμοί είναι κανονισμοί, ιδιαίτερα σ' ένα σχολείο.

—Θα μπορούσα να φανώ αδιάκριτος, Σαχίντ, και να σε ρωτήσω μήπως τυχόν πέρασες το μάθημα της Φυσικής το τελευταίο τρίμηνο;

Ο Σαχίντ τον κοίταξε αφάνταστα μουτρωμένος.

—Όχι, δεν το πέρασα, κύριε.

—Εσύ, Ρικ, μήπως πέρασες τη Χημεία;

Ο Ρικ Τάλις έβαλε τα γέλια. Το ίδιο έκαναν κι όλοι όσοι ήταν στο τμήμα της Χημείας την περασμένη χρονιά μαζί με τον Ρικ Τάλις.

Ο κύριος Καρτράιτ γύρισε στον Φίλιπ που τα μάτια του έλαμπαν ακόμα στη σκέψη να διευθύνει το

«Εκκολαπτήριο για κάμπιες».

—Φίλιπ; Μήπως είμαστε τυχεροί με τη Βιολογία;

Ο Φίλιπ πήρε ένα ύφος ξινισμένο:

—Δεν μπήκα στον κόπο ούτε να πάω την ημέρα των εξετάσεων, κύριε. Ποιος ο λόγος;

Ο κύριος Καρτράιτ αναστέναξε βαθιά:

—Λοιπόν, το βλέπετε και μόνοι σας, Γ4. Κανένας δε βρίσκεται κατά λάθος εδώ.

Ξαφνικά, από τα πίσω θρανία, ο καινουριοφερμένος Μάρτιν Σάιμον μίλησε για πρώτη φορά:

—Ίσως εγώ να είμαι κατά λάθος εδώ, κύριε.

Αλλά μέσα στον οίστρο του ο κύριος Καρτράιτ αγνόησε την παρέμβαση.

—Και εδώ βρίσκεται η εξήγηση. Να γιατί δεν μπορείτε να κάνετε το θέμα με τα κονσερβοκούτια που σκάνε. Επειδή υπάρχει παντελής έλλειψη εμπιστοσύνης στις ικανότητές σας και στη δέσμευση που θα αναλάβετε, ο δόκτωρ Φέλδαμ μάς εμπιστεύτηκε μόνο όμορφα, ασφαλή και εύκολα θεματάκια. Τα τενεκεδάκια που σκάνε τα φυλάμε για κείνους που πέρασαν τη Φυσική στο τέλος της περσινής χρονιάς.

Η ματιά του πλανήθηκε πάνω από δεκαοχτώ μουτρωμένα πρόσωπα κι ένα μάλλον παραξενεμένο.

—Υπάρχει κανείς εδώ μέσα που πέρασε τη Φυσική;

Ο καινούριος σήκωσε το χέρι του. Από τους άλλους κανείς δεν κουνήθηκε. Και δεδομένου ότι ο Μάρτιν Σάιμον ήταν για τα καλά μακριά από το οπτικό βεληνεκές όλων, εκεί στα πίσω θρανία, ο κύριος Καρτράιτ αποφάσισε να μην επιτρέψει σε κείνο το μοναδικό χέρι που σειόταν, να αποσπάσει την προσοχή από το μελοδραματικό ύφος της κατάστασης.

—Κανείς που να πέρασε τη Χημεία;

Ξανά το χέρι του Μάρτιν Σάιμον τινάχτηκε ψηλά

στον αέρα, για να αγνοηθεί εντελώς από τον κύριο Καρτράιτ. Κατά τα άλλα, τίποτα συνταρακτικό δε συνέβη.

—Αντίο, λοιπόν, εργοστάσιο σαπουνιού, είπε ο κύριος Καρτράιτ. Και στη Βιολογία, πώς ήταν οι επιδόσεις μας; Είχαμε καθόλου τύχη εκεί;

Το χέρι του Μάρτιν Σάιμον κυμάτισε ξανά, σαν ένα μοναχικό καλάμι πάνω από το βούρκο των ακαδημαϊκών ελπίδων των υπόλοιπων του Γ4. Για τρίτη φορά ο κύριος Καρτράιτ προσποιήθηκε πως δεν το είδε.

—Άρα ούτε και το εκκολαπτήριο για τις κάμπιες κάνει για μας, είπε κατηγορηματικά κι άπλωσε τα πελώρια χέρια του που ήταν λερωμένα με κιμωλία. Μη μου πείτε πως δε σας προειδοποιήσαμε, συνέχισε. Ξέρετε, πηγαίνω και παίρνω τον καφέ μου από την αίθουσα των καθηγητών. Αυτιά έχω κι ακούω. Ο κύριος Σπένσερ, ο κύριος Χάρις, ο κύριος Ντουπάσκ, η δεσποινίς Άρνοτ. Όλοι τους το έχουν πει και όχι μόνο μία φορά. «Τους προειδοποίησα ξανά και ξανά», είπαν όλοι. «Αν δε δουλέψουν, θα καταλήξουν στο Γ4». Και να 'στε εδώ.

—Τι να κάνει κανείς άμα είναι βλάκας, άρχισε τις δικαιολογίες ο Τζορτζ Σπόλντερ.

—Αν ήσουν τόσο βλάκας, τότε θα σε αναλάμβανε το σύστημα κοινωνικής πρόνοιας, είπε κατηγορηματικά ο κύριος Καρτράιτ.

—Και τότε τι κάνουμε εδώ;

Ο κύριος Καρτράιτ απάντησε με μια αναφορά στη Βίβλο:

—Θερίζετε αυτά που σπείρατε. Και, μιλώντας για σπορά, μπορείτε, σας παρακαλώ, να προχωρήσετε στην ψηφοφορία; Τι θα είναι, λοιπόν; Υφάσματα, διατροφή, οικιακή οικονομία, ανάπτυξη παιδιού ή μελέτη καταναλωτή;

—Δεν ψηφίζω τίποτα, είπε ο Γκουίν Φίλιπς. Είναι όλα ηλίθια.

Επειδή βαθιά μέσα του ο κύριος Καρτράιτ συμμεριζόταν αυτή την άποψη, δεν είπε τίποτε. Αλλά όταν ο Τζορτζ Σπόλντερ πρόσθεσε «αυτά είναι κοριτσίστικες δουλειές!» αισθάνθηκε την υποχρέωση να βάλει στη θέση του το Γ4:

—Μην αυταπατάσθε! Την ώρα που εσείς κάθεστε εδώ γκρινιάζοντας, τα κορίτσια σε όλη τη χώρα φτιάχνουν σαπούνι, εκτρέφουν κάμπιες και ασχολούνται με τα κονσερβοκούτια που σκάνε. Μελετούν Χημεία, Βιολογία και Φυσική. Στο νικητή ανήκουν τα λάφυρα. Και πέρασαν και τις εξετάσεις τους.

Ύστερα, κουρασμένος ξαφνικά από όλον αυτόν τον αναβρασμό, άρχισε να πηγαινοέρχεται πάνω κάτω στις σειρές τα θρανία, κυνηγώντας τους να ψηφίσουν:

—Τέλειωνε, Ρόμπιν Φόστερ. Βιάσου λίγο, Ρικ. Τι σ' απασχολεί τόσο; Κατά τα λεγόμενα της δεσποινίδας Άρνοτ, δεν έρχεσαι καν στο σχολείο. Σ' ευχαριστώ, Ταρίκ. Κοιτάξτε όλοι τον Ταρίκ. Είναι παράδειγμα για όλους σας. Διάλεξε κάποιο θέμα. Το 'γραψε στο χαρτί του, όχι και πολύ ευανάγνωστα, είναι αλήθεια, ωστόσο αρκετά καθαρά ώστε να το διαβάσουμε. Και τώρα έριξε την ψήφο του στο κουτί μου. Σ' ευχαριστώ, Ταρίκ. Ευχαριστώ. Ευχαριστώ και σένα, Χένρι. Δε χρειάζεται να το σπρώχνεις έτσι. Ευχαριστώ, Ρας. Ευχαριστώ. Ευχαριστώ, Μάρτιν, και ελπίζω να είσαι πολύ ευχαριστημένος με...

Ο κύριος Καρτράιτ σταμάτησε απότομα. Ήταν φανερό πως ο καινούριος μαθητής ούτε καν πρόσεχε τι του έλεγε. Την ώρα που έπεφτε στο θρανίο του η σκιά του κυρίου Καρτράιτ, απλώς τράβηξε το δάχτυλο του δεξιού του χεριού από το αντίστοιχο αυτί για μια στιγμή, πήρε το καθαρογραμμένο χαρτί της ψήφου του και το έριξε στο πλαστικό κουτί. Στιγμή δεν είχε τραβήξει τη ματιά του από το βιβλίο του.

Ο κύριος Καρτράιτ σάστισε. Μαλακά, τράβηξε τα δάχτυλα του Μάρτιν Σάιμον από τα αυτιά του και ρώτησε:

—Τι κάνεις;

Τώρα ήρθε σε αμηχανία το παιδί.

—Διαβάζω, κύριε.

—Διαβάζεις; Τι διαβάζεις;

—Μποντλέρ.

Τα μάτια του κυρίου Καρτράιτ ορθάνοιξαν.

—Μποντλέρ;

Έριξε μια ματιά γύρω γύρω στην τάξη, με την τρελή ελπίδα για μια στιγμή ότι κανένας από τους άλλους μαθητές του δεν είχε ακούσει τη στιχομυθία. Πού τέτοια τύχη! Ήταν όλοι τους καθισμένοι, με τ' αυτιά τσιτωμένα.

—Στα γαλλικά ή στα αγγλικά; ρώτησε ο κύριος Καρτράιτ, ελπίζοντας να μειώσει την ένταση μ' ένα αστείο.

Ο νεαρός Μάρτιν κοκκίνισε.

Ο κύριος Καρτράιτ γύρισε το βιβλίο προς το μέρος του.

—Στα γαλλικά!

—Λυπάμαι, κύριε, είπε ενστικτωδώς ο Μάρτιν Σάιμον.

Ο κύριος Καρτράιτ αναστέναξε.

—Το ίδιο κι εγώ, νεαρέ. Το ίδιο κι εγώ.

Μεσολάβησε λιγόστιγμη σιωπή. Ύστερα ο κύριος Καρτράιτ είπε:

—Λοιπόν! Τι περιμένεις; Μάζεψε την τσάντα με τα βιβλία σου. Εμπρός, σήκω!

Ο Μάρτιν Σάιμον σήκωσε τα μάτια απορημένος.

—Να πάω πού, κύριε;

—Οπουδήποτε. Παιδιά σαν κι εσένα μπορούν να διαλέξουν ό,τι πιο εκλεκτό. Θα μπορούσες να δοκιμάσεις στην τάξη του κυρίου Κινγκ. Ή στου κυρίου Χέντερσον. Στοιχηματίζω πως τόσο ο ένας όσο και ο άλλος θα ήταν ευτυχείς να σε έχουν μαθητή.

—Μα, γιατί;

Ο κύριος Καρτράιτ βόλεψε τα πελώρια οπίσθιά του στο θρανίο, δίπλα στον Μάρτιν Σάιμον. «Για ένα ευφυές παιδί», σκέφτηκε, «δεν αντιδρά και πολύ έξυπνα».

—Κοίταξέ το από την εξής σκοπιά: εδώ δεν μπορείς να μείνεις. Πρώτα πρώτα μπορείς να διαβάζεις. Γι' αυτό το λόγο και μόνο δεν έχεις θέση εδώ. Έπειτα, είναι και το άλλο πρόβλημα: διαβάζεις γαλλικά. Κούνησε αμέριμνα το χέρι του ολόγυρα στην τάξη, συμπεριλαμβάνοντας όλους τους άλλους που καθόντουσαν κοιτάζοντας επίμονα. Υποθέτω ότι μιλιούνται αρκετές γλώσσες κι εδώ μέσα, εξήγησε. Εγώ, ας πούμε, όταν γίνομαι έξαλλος, αποκτώ νέο λεξιλόγιο. Έπειτα, έχουμε ν' αντιμετωπίσουμε όλη την ποικιλία των διαλέκτων που μιλιούνται στο τοπικό στεγαστικό συγκρότημα. Και απ' ό,τι μου λένε, ο Ταρίκ από δω βρίζει σε τρεις διαφορετικές διαλέκτους. Όμως κανένας δε μιλά γαλλικά. Μετακινήθηκε στο θρανίο. Όχι, είπε. Φοβάμαι πως θα πρέπει να φύγεις. Μια σκέψη τού ήρθε εκείνη τη στιγμή: Με όλα αυτά τα μαθήματα των θετικών επιστημών που πέρασες, θα μπορούσες να πας και στην τάξη του δόκτορα Φέλδαμ. Ίσως να σε δεχτεί.

Τελικά φάνηκε πως ο Μάρτιν Σάιμον είχε καταλάβει. Σηκώθηκε και άρχισε να ρίχνει μέσα στη σάκα του τα λιγοστά υπάρχοντά του που είχε βγάλει.

Ο κύριος Καρτράιτ πρόσεξε τη μάλλον στενοχωρημένη έκφραση στο πρόσωπο του αγοριού.

—Κι εγώ λυπάμαι, νεαρέ, είπε. Όμως, πίστεψέ με, έτσι είναι καλύτερα. Δε θα ταίριαζες εδώ. Κάποιο λάθος θα πρέπει να έγινε.

Ο Μάρτιν Σάιμον συγκατένευσε.

—Πήγαινε και ρώτησε στο γραφείο, τον συμβούλεψε ο κύριος Καρτράιτ, συνοδεύοντάς τον μέχρι την πόρτα. Πες τους πως έκαναν λάθος και πως δεν μπορείς να ξαναγυρίσεις εδώ. Εγώ δε θα σε δεχτώ. Δεν ανήκεις εδώ. Τον ξεπροβόδισε σ' όλο το μάκρος του διαδρόμου. Γεια σου, νεαρέ, φώναξε μελαγχολικός πίσω του. Καλή τύχη! Έκλεισε την πόρτα και γύρισε ν' αντιμετωπίσει τους υπόλοιπους με σιδερένια αποφασιστικότητα. Λοιπόν! είπε. Τράβηξε από κει αυτό το μαντίλι, Σαχίντ. Τρως, Περέιρα; Φτύσ' το γρήγορα στο καλάθι των αχρήστων. Κοιτάξτε πόσο χρόνο χάσαμε. Σας προειδοποιώ: θέλω να 'χουμε τελειώσει πριν χτυπήσει το κουδούνι.

Με οποιαδήποτε άλλη τάξη θα τα είχε καταφέρει. Αλλά λίγο με τους δυο καταμετρητές ψήφων που είχε διαλέξει και που δεν ήταν και τόσο καλοί στο μέτρημα, λίγο με τις αλλεπάλληλες καθυστερήσεις από τις κριτικές των μαθητών για τον τρόπο καταμέτρησης («δεν μπορεί να μετρήσει η ψήφος του Ρικ, κύριε! Ποτέ δε βρίσκεται εδώ»), δεν του έφτασε ο χρόνος για να κάνει σωστά τη δουλειά του. Πριν καλά καλά τελειώσει η τρίτη καταμέτρηση, ο Ρόμπιν Φόστερ και ο Γουέιν Ντρίσκολ τον ατένιζαν με τα νοερά χρονόμετρά τους σε συναγερμό και με χείλια σουφρωμένα, έτοιμα για το σφύριγμα.

Είχε έρθει η Ώρα...

Ο κύριος Καρτράιτ γλίστρησε τον τεράστιο όγκο του από την έδρα και τον στήριξε στα πόδια του. Δεν τον φώναζαν άδικα «γερο-ζόρικο» πίσω από την πλάτη του.

—Σιωπή! ούρλιαξε, κόβοντας μαχαίρι κάθε είδους θόρυβο. Αρκεί! Ως εδώ! Όπου να 'ναι θα χτυπήσει το κουδούνι και μέχρι τότε θα 'χουμε ξεμπερδέψει. Σας προειδοποιώ, Γ4, ο πρώτος από σας που θα θεωρηθεί υπεύθυνος για τον παραμικρό θόρυβο μέσα στην τάξη —τον παραμικρό, λέω, θόρυβο— θα βάλει το χέρι του μέσα στο κουτί αυτό, θα πάρει μια ψήφο κι ό,τι γράφει επάνω, αυτό και θα είναι.

Η σιωπή ήταν απόλυτη και άμεση. Μπορεί να μην ήταν διάνοιες αλλά όλοι διέθεταν κοινή λογική και σε κανέναν δεν άρεσε η ιδέα να τον κατηγορούν οι υπόλοιποι για τρεις ολόκληρες εβδομάδες δουλειάς πάνω σε κάποιο θέμα που είχε διαλέξει σκόπιμα ο δόκτωρ Φέλδαμ για να ξυπνήσει το κοιμισμένο ενδιαφέρον τους για το ράψιμο, το μαγείρεμα ή το νοικοκυριό.

Θα 'λεγες πως δεν τολμούσαν ούτε ν' αναπνεύσουν. Ο κύριος Καρτράιτ άκουγε ως και το τιτίβισμα πουλιού, κοντά στις υδρορροές.

Μετά, χωρίς καμιά προειδοποίηση, το κουδούνι χτύπησε.

Η πόρτα της τάξης τραντάχτηκε ξαφνικά από έναν τρομακτικό γδούπο. Το πόμολο κροτάλισε και ο ταμπλάς της ταρακουνήθηκε άγρια.

Ένας αδέξιος γίγαντας μπήκε στην τάξη.

Ένα μουγκρητό επιδοκιμασίας υποδέχτηκε την είσοδο του καινουριοφερμένου.

—Καλώς το χαζόφατσα! Στον τελευταίο που έρχεται του κόβουμε τα πόδια!

—Σάιμ! Έλα, σου φυλάξαμε θέση!

—Μας βρήκες, επιτέλους, ρε μούσμουλο!

—Απέκτησες και μυαλό, Σάιμον Μάρτιν!

Σάιμον Μάρτιν... Μάρτιν Σάιμον... Μα φυσικά.

Ο κύριος Καρτράιτ τράβηξε ξανά το πελώριο κορμί του στη συνηθισμένη του θέση στην έδρα. Έτσι, λοιπόν, εξηγείται. Πολύ απλό. Ένα συνηθισμένο λάθος κάποιου υπαλλήλου.

Μάρτιν Σάιμον... Σάιμον Μάρτιν...

Άφησε το κύμα της αναταραχής να φουσκώνει για ένα δυο λεπτά ακόμα.

—Πού ήσουνα, Σάιμ;

—Μωρέ κόλλησα για τα καλά, διακήρυξε ο καινουριοφερμένος με περηφάνια. Στην τάξη του δόκτορα Φέλδαμ.

—Του δόκτορα Φέλδαμ!

Άλλο ένα μουγκρητό γέλιου. Μέχρι και ο ίδιος ο κύριος Καρτράιτ δεν μπόρεσε να μη χαμογελάσει στην ιδέα αυτού του μεγαλόσωμου, γεροδεμένου και άμυαλου νεαρού, έρημου και αβοήθητου ανάμεσα στους επίδοξους επιστήμονες του δόκτορα Φέλδαμ.

—Εγώ του 'πα ότι δεν ήμουν για κει. Αλλά μ' άκουγε; Πού ν' ακούσει. Μέχρι που ήρθε τελικά ο άλλος ο τύπος και μ' έσωσε. Μα και τότε ακόμα...

Για να κλείσει την υπόθεση που ήταν φανερό ότι επρόκειτο να εξελιχθεί σε μια λογοδιάρροια γεμάτη μνησικακία, ο κύριος Καρτράιτ πρότεινε το πλαστικό κουτί με τα ψηφοδέλτια προς τον καινουριοφερμένο μαθητή του.

—Διάλεξε, είπε.

Η βαθιά δυσαρέσκεια στην όψη του Σάιμον Μάρτιν μετατράπηκε σε μια ακόμα πιο βαθιά καχυποψία.

—Για ποιο λόγο;

—Έλα, διάλεξε ένα. Ο κύριος Καρτράιτ σκλήρυνε τον τόνο της φωνής του. Τώρα, διέταξε.

Ο Σάιμον Μάρτιν άπλωσε το χέρι κι έπιασε ένα χαρτί που έτυχε να είναι αρκετά ευανάγνωστο.

—Τι λέει;

Ο νεαρός το κοίταξε προσεκτικά για μια στιγμή. Τα ογκώδη σαν ερπύστριες φρύδια του σούφρωσαν από τη σαστιμάρα του καθώς αγωνιζόταν να διαβάσει τον τέλειο γραφικό χαρακτήρα του Μάρτιν Σάιμον.

—Αν-πτυ-ξη... παι... παι... παιδιού, άρχισε να διαβάζει φωναχτά, κομπιάζοντας.

—Ανάπτυξη.

Ο κύριος Καρτράιτ κατόρθωσε να περάσει τη διόρθωση ένα κλάσμα του δευτερολέπτου πριν από την έκρηξη.

—Αυτό είναι το θέμα για τα μωρά.

—Δε θέλουμε το θέμα για τα μωρά, κύριε!

—Αυτά είναι για τα κορίτσια. Ναι, για τα κορίτσια!

—Τώρα δε θα 'ρχομαι καθόλου! Τουλάχιστον μέχρι να τελειώσει.

—Εσύ φταις για όλα, Σάιμ!

—Αυτό δε λέγεται επιστήμη. Είναι μια μεγάλη απάτη!

—Ξανατράβηξε, Σάιμ!

Βιαστικά, ο κύριος Καρτράιτ αναποδογύρισε το πλαστικό κουτί στο καλάθι των αχρήστων. Τα υπόλοιπα ψηφοδέλτια πήγαν να συναντήσουν τα όσα είχε φτύσει εκεί μέσα νωρίτερα ο Λουίς Περέιρα.

Ο κύριος Καρτράιτ φυλλομέτρησε το ογκώδες μνημόνιο του δόκτορα Φέλδαμ για τη «Γιορτή της επιστήμης». Αχ, τι φρικτός τρόπος να ξεκινάς το τρίμηνο! Γιατί δεν κανόνιζε ο άνθρωπος τα πράγματα όπως γίνεται σε όλα τ' άλλα σχολεία και να αφήσει το μεγάλο φόρο τιμής στα θαύματα της επιστήμης για τις τελευταίες δυο βδομάδες πριν από τις διακοπές, όταν θα άφηναν τις τάξεις σαν το Γ4 να χαλαρώσουν σιγά σιγά, με την ησυχία τους; Αυτά τραβάει κανείς με τους ενθουσιώδεις ανθρώπους. Δεν επιτρέπουν ποτέ στους άλλους να έχουν αδυναμίες.

Βρίσκοντας, επιτέλους, τη σωστή σελίδα, ο κύριος Καρτράιτ ύψωσε τη φωνή του, σαν να επρόκειτο να αναγγείλει το νικητή των Όσκαρ και δήλωσε βαρύγδουπα:

—Και το πείραμα που επέλεξε ο δόκτωρ Φέλδαμ για το θέμα αυτό είναι...

Έριξε μια ματιά ολόγυρα. Δεν είχε καλά καλά προλάβει να το ξεστομίσει και μια θάλασσα απδιασμένα πρόσωπα τον κοιτούσαν επίμονα.

—Μωρά από αλεύρι!

Η περιφρόνηση έδωσε τη θέση της στη σύγχυση.

—Πώς είπατε, κύριε;

—Μωρά από αλεύρι;

—Πολύ παράξενα μου φαίνονται όλα τούτα.

—Τι είναι πάλι αυτά;

—Ό,τι και να 'ναι, δε θυμίζουν και τόσο επιστήμη.

Κρυφά μέσα του ο κύριος Καρτράιτ συμμεριζόταν απόλυτα τη γνώμη τους. Έριξε άλλη μια ματιά στον κατάλογο. Μήπως είχε γίνει λάθος; Άλλο ένα λάθος του αρμόδιου υπαλλήλου;

Όχι. Να το, γραμμένο ολοκάθαρα σαν γάργαρο νεράκι.

Μωρά από αλεύρι.

Σύμφωνοι, λοιπόν!

Ο κύριος Καρτράιτ βρόντηξε πάνω στην έδρα το μνημόνιο του δόκτορα Φέλδαμ. Ό,τι και να ήταν τούτα τα μωρά, δεν υπήρχε χρόνος τώρα να διαβάσει στα παιδιά γι' αυτά. Τα μάγουλα του Γουέιν Ντρίσκολ φούντωναν κιόλας έτοιμα να σκάσουν και το νοερό χρονόμετρό του σειόταν απειλητικά.

Και, βέβαια, τότε χτύπησε το κουδούνι.

Μόνο μια σύντομη ιεροτελεστία ακόμα και το μάθημα θα τελείωνε. Ποιος θα ήταν πρώτος σήμερα;

Ο Μπιλ Σίμονς.

—Κάνε μου τη χάρη, Μπιλ Σίμονς. Άκουσες κανένα να λέει πως τελείωσε το μάθημα; Πίσω στη θέση σου, παρακαλώ.

—Μα, κύριε! Κύριε! Χτύπησε το κουδούνι.

—Αυτό το κουδούνι είναι για μένα, Μπιλ. Όχι για σένα.

Δεν το έλεγε με την καρδιά του, πάντως. Όχι, όχι σήμερα. Για να πούμε την αλήθεια, θέλοντας να τους ξεφορτωθεί τοσοδά συντομότερα, έφτασε μέχρι και να υποκριθεί πως δεν είδε τα οπίσθια του Ρας Μάουλντ να εξέχουν ξεδιάντροπα δέκα ολόκληρα εκατοστά από την καρέκλα, έτοιμα για τη μεγάλη απόδραση.

—Εντάξει, Γ4. Μπορείτε να πηγαίνετε.

Εκσφενδονίστηκαν προς την πόρτα πατείς με πατώ σε, αφήνοντάς τον απορημένο.

Μωρά από αλεύρι... Μα, τι στην ευχή!

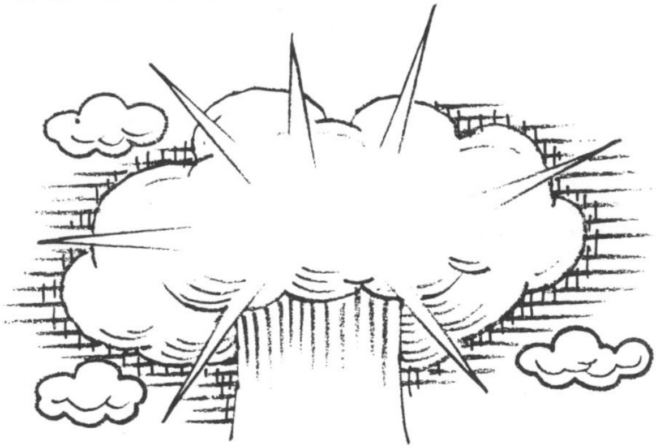

2

Ο Σάιμον Μάρτιν ξαπλώθηκε στις τρεις καρέκλες έξω από την αίθουσα καθηγητών. Τον είχαν στείλει εκεί γιατί τους είχε γίνει μπελάς στη συνέλευση. Δεν είχαν περάσει καλά καλά ούτε τέσσερα λεπτά και ήδη βαριόταν μέχρι θανάτου. Είχε δοκιμάσει να σφυρίξει και τον είχε κατσαδιάσει η δεσποινίς Άρνοτ μπαίνοντας. Είχε δοκιμάσει να κρατήσει το σκοπό διαφόρων τραγουδιών, χτυπώντας το ρυθμό με το πόδι του και τον είχε κατσαδιάσει ο κύριος Χέντερσον βγαίνοντας. Είχε δοκιμάσει ακόμα να δει πόσους διαφορετικούς ήχους μπορούσε να κάνει με τη γλώσσα του και τον είχε κατσαδιάσει ο κύριος Σπένσερ περνώντας από κει.

Στ' αλήθεια, δεν του είχαν αφήσει πια κανένα περιθώριο επιλογής.

Δεν μπορούσαν να έχουν την απαίτηση να κάθεται κει ολημέρα χωρίς να κάνει τίποτα.

Μόλις έβγαινε ο επόμενος καθηγητής, θα 'παιρνε φόρα.

Ο επόμενος καθηγητής που βγήκε ήταν ο κύριος Ντουπάσκ. Καθώς η πόρτα έκλεινε πίσω του, ο Σάιμον Μάρτιν μετακίνησε λαθραία το ένα από τα πελώρια πόδια του μερικά εκατοστά πίσω και με τη φτέρνα εμπόδισε την πόρτα να κλείσει τελείως.

Δικό τους λάθος ήταν. Αν δε θέλανε να καταλήγει, από βαρεμάρα, κάποιος που τον είχανε βάλει άδικα στο μάτι να παρακολουθεί το τι λέγανε στη συνέλευση, θα 'πρεπε να τον αφήσουν να σφυρίζει, να χτυπάει το πόδι του και να πλαταγίζει τη γλώσσα του με την ησυχία του.

Ο Σάιμον στρογγυλοκάθισε για να κρυφακούσει με την ησυχία του. Αν έστριβε λίγο δεξιά το κεφάλι του σαν να χάζευε στο διάδρομο, θα μπορούσε να δει ακόμα και μια μικρή γωνίτσα της αίθουσας των καθηγητών με την άκρη του ματιού του. Απέναντι, ο γερο-ζόρικος γύριζε σαν τη σβούρα, ξεσηκώνοντας πάλι τον κόσμο με άλλη μια από τις γνωστές φανφάρες του.

—Δεν το πιστεύω, ούρλιαζε ο κύριος Καρτράιτ. Δεν πιστεύω στ' αυτιά μου. Θέλεις να πεις πως αυτή σου η ιδέα για την ανάπτυξη του παιδιού είναι στην ουσία τρία κιλά καθαρό άσπρο αλεύρι μέσα σ' ένα σακούλι; Και προτίθεσαι να δώσεις από ένα τέτοιο κατασκεύασμα στους μανιακούς της τάξης μου;

—Όχι να δώσω, Έρικ. Να δανείσω.

—Να δώσω! Να δανείσω!

Το μάτι του Σάιμον πήρε για μια στιγμή μια ακρούλα από τα χέρια του κυρίου Καρτράιτ, σηκωμένα ψηλά σε ένδειξη απελπισίας.

—Μ' αυτό το τσούρμο των φρενοβλαβών, νομίζεις πως έχει καμιά διαφορά; Κανένας τους μέσα στο Γ4 δε θα μπορούσε να φροντίσει ούτε μια πέτρα χωρίς να τη σπάσει. Και περιμένεις να επιζήσουν τρία κιλά αλεύρι μέσα σε σακιά;

Από το άνοιγμα ο Σάιμον είδε μια λωρίδα από το αγχωμένο πρόσωπο του δόκτορα Φέλδαμ.

—Τρία κιλά, Έρικ, έξι μισόκιλα. Σκέψου το σε γραμμάρια για να καταλάβεις.

—Θα σκέφτομαι όπως διάβολο μου αρέσει, σε παρακαλώ πολύ, άκουσε ο Σάιμον τον κύριο Καρτράιτ να γρυλίζει. Και, ειλικρινά σ' το λέω, μου φαίνεται πως έχασες τα λογικά σου. Έχουμε δεκαεννιά αγόρια στο Γ4 αυτό το τρίμηνο, ξέρεις. Δεκαεννιά φορές το τρία μάς κάνει εξήντα τρία!

—Πενήντα εφτά, διόρθωσε άθελά του ο δόκτωρ Φέλδαμ.

—Τι πράγμα;

Ο δόκτωρ Φέλδαμ παρεξήγησε εκείνο το μείγμα ανυπομονησίας και οργής του κυρίου Καρτράιτ, θεωρώντας το σαν μια ειλικρινή αναζήτηση διαφώτισης στα μαθηματικά.

—Σίγουρα θα πολλαπλασίασες κατά λάθος το εννιά επί το εφτά, είπε. Είναι η μόνη λογική εξήγηση γι' αυτό το συγκεκριμένο λάθος.

Η παράξενη εκείνη προτίμηση να συζητάνε για αριθμούς, έκανε την προσοχή του Σάιμον να πετάξει μακριά. Ετοιμαζόταν να γλιστρήσει το πόδι του μπροστά και ν' αφήσει την πόρτα να ξανακλείσει, όταν φάνηκε για άλλη μια φορά μια ακρούλα από τη φιγούρα του κυρίου Καρτράιτ κι άκουσε τον καθηγητή του να ουρλιάζει.

—Τι πενήντα τόσο κι εξήντα τόσο μου λες εκεί; Και λοιπόν; Δεν παύει να είναι πάνω από πενήντα κιλά ψιλοκοσκινισμένο αλεύρι που θα πλημμυρίσει την τάξη μου!

Έξω στο διάδρομο η όψη του νεαρού Σάιμον Μάρτιν φωτίστηκε από καθαρή έκσταση. Άκουγε καλά; Πενήντα κιλά ψιλοκοσκινισμένο άσπρο αλεύρι; Να πλημμυρίζει την τάξη; Ω, χαρά και ευτυχία! Χαλάλι που ξανάρθε στο σχολείο. Χαλάλι όλες οι φρικτές ώρες που πέρασε γδέρνοντας τα γόνατα των τεράστιων ποδιών του κάτω από κείνα τα κουκλίστικα θρανία, τα βάσανά του από τους καθηγητές και η μονοτονία μέχρι θανάτου.

—Πενήντα κιλά ψιλοκοσκινισμένο άσπρο αλεύρι.

ΜΠΑΝΓΚ!!!

Ναι, το 'βλεπε μπροστά του. Σωροί αλεύρι! Βουνά αλεύρι! Σύννεφα αλεύρι! Η τάξη θα ήταν μέχρι το γόνατο στο αλεύρι. Θα έβρεχε αλεύρι. Το αλεύρι θα έφευγε σύννεφο από τα παράθυρα, θα ξεχείλιζε από την πόρτα.

Το όραμα ήταν τόσο δελεαστικό, τόσο λευκό και τέλειο, τόσο απόλυτα ωραίο, ώστε τ' αυτιά του Σάιμον μπλοκαριστήκανε παροδικά από τη μαγευτική δύναμη της φαντασίας του κι έχασε εντελώς την απόπειρα του δόκτορα Φέλδαμ να εξηγήσει το πείραμα στο συνάδελφό του.

—Παρανόησες, Έρικ. Τα κονσερβοκούτια με την κρέμα σκάνε, όχι τα μωρά από αλεύρι. Τα μωρά από αλεύρι είναι ένα απλό πείραμα των σχέσεων γονέων και παιδιών. Το κάθε αγόρι θα αναλάβει ακέραιη την ευθύνη για το μωρό του από αλεύρι επί τρεις εβδομάδες, κρατώντας ημερολόγιο όπου θα αναφέρει τα προβλήματα και τη συμπεριφορά του. Είναι ιδιαίτερα ενδιαφέρον το αποτέλεσμα. Είναι συναρπαστικό το τι μαθαίνουν για τον εαυτό τους και για το ρόλο των γονέων. Είναι ένα

πείραμα που αξίζει τον κόπο. Περίμενε και θα δεις.

Ο Σάιμον έπιασε μόνο τις τελευταίες λέξεις. «Περίμενε και θα δεις». Αλλά εκείνος το έβλεπε ήδη! ΜΠΑΝΓΚ!!! Κι ύστερα ένα αλευρένιο μανιτάρι να εξολοθρεύει τη μισητή φυλακή της τάξης. Το ηθικό του αναπτερώθηκε από τη λευκή σαν το χιόνι δόξα του και προσγειώθηκε έγκαιρα, ίσα ίσα για ν' ακούσει τις τελευταίες απελπισμένες απόπειρες του κυρίου Καρτράιτ να απορρίψει αυτή την εκπληκτική και απαράμιλλη ευλογία.

—Γιατί να μην κάνουν κάτι στα εργαστήρια του κυρίου Χάιαμ;

Μια άλλη φωνή τώρα, όλο αγωνία:

—Έρικ! Στα εργαστήριά μου πνιγόμαστε! Έχουμε τη «Γιορτή της επιστήμης»! Πρέπει να φτιάξουμε τις πλαγιές για το πείραμα τριβής σε επικλινές έδαφος. Και το σκελετό του σπιτιού για να μοντάρουμε το σύστημα συναγερμού για το Ζ4. Κι ακόμα δεν ξεκινήσαμε τη βάση για τον εξαεριστήρα του Χάρισον που λειτουργεί με θερμική αντίσταση. Ούτε και το σκελετό για τον ηλεκτρικό σταθμό του Χιουζ. Μέχρι και το εκκολαπτήριο για κάμπιες χρειάζεται κάτι επισκευές, αλλιώς θα πλημμυρίσει ο τόπος κάμπιες.

Ο Σάιμον είδε φευγαλέα από το άνοιγμα την εικόνα του κυρίου Χάιαμ με απλωμένα τα χέρια του.

—Λυπάμαι, Έρικ. Δεν είναι μόνο η δουλειά μου που με κάνει να αρνούμαι προς το παρόν το συρφετό σου μέσα στα εργαστήρια. Την τελευταία φορά που έκανα σωματική έρευνα στον Ρικ Τάλις καθώς έβγαινε, είχε τέσσερα κατσαβίδια μου στο σώβρακό του. Τέσσερα! Κι εκείνος ο Σαχίντ Μαχμούντ και μόνο να κοιτάζει μια ξύλινη πλάνη, της χαλάει την ευθυγράμμιση. Λυπάμαι, Έρικ, αλλά δε γίνεται.

Αν ο Σάιμον δεν ήταν τόσο οργισμένος με τον

κύριο Καρτράιτ που προσπαθούσε να απορρίψει εκείνο το θεόσταλτο δώρο, ίσως και να τον συμπονούσε ακούγοντας το ραγισμένο τόνο της φωνής του.

—Αυτό δε θα το ξεχάσω, έλεγε ο κύριος Καρτράιτ. Την επόμενη φορά που θα βρεθείτε σε δύσκολη θέση, θα το θυμηθώ το σημερινό!

Προνοητικά, ο Σάιμον τράβηξε τη φτέρνα του καθώς η φωνή πλησίαζε την πόρτα.

—Πενήντα έξι κιλά άσπρο αλεύρι! Μέσα στην τάξη μου! Μ' αυτή τη συμμορία! Και κανένας σας να μη με σώζει. Ούτε ένας. Αυτό δεν το ξεχνώ. Όχι. Δεν το ξεχνώ.

Το πόδι του Σάιμον μετακινήθηκε γρήγορα μακριά από την πόρτα, τη στιγμή που ο κύριος Καρτράιτ την άνοιγε διάπλατα.

—Τι κάνεις εσύ εδώ;

—Εσείς μου είπατε να 'ρθω εδώ, κύριε.

—Λοιπόν, τώρα σου λέω άλλα! Φεύγα. Πήγαινε αμέσως στην τάξη.

—Μάλιστα, κύριε.

Επειδή όμως ο Σάιμον είχε και τις αρχές του, έσκυψε, χωρίς φυσικά να υπάρχει λόγος, για να ξελύσει το κορδόνι του και να το ξαναδέσει με την ησυχία του. Πάντως δεν έκανε άδικα τον κόπο, γιατί μόλο που μ' αυτή τη μικρή πράξη ανυπακοής εισέπραξε μια πολύ βλοσυρή ματιά από τον κύριο Καρτράιτ, ανάγκασε και τους δυο να σταθούν εκεί αρκετή ώρα ώστε ν' ακούσουν ξεκάθαρα τι λέγανε μέσα:

—Πάλι έκανε λάθος, ξέρεις. Τη φορά αυτή θα πρέπει να πολλαπλασίασε το οχτώ με το εφτά. Περίεργο πώς δουλεύει το μυαλό του!

Ικανοποιημένος που ήταν ισοπαλία τώρα στα κομπλιμέντα, ο Σάιμον έφυγε με βήμα σερνάμενο. Και ο κύριος Καρτράιτ ακολούθησε κι αυτός, με τον ίδιο τρόπο. Άφησε το αγόρι να προχωρήσει μπροστά στο μακρύ διάδρομο, ώστε να βρει χρόνο να σκεφτεί. Τι έπρεπε να γίνει τώρα; Βέβαια, είχε ανακοινώσει επίσημα πως ο πρώτος που θα έκανε οποιονδήποτε θόρυβο, θα διάλεγε το θέμα. Και ο Σάιμον είχε διαλέξει τα μωρά από αλεύρι. Αλλά για να πούμε και του στραβού το δίκιο, η πρωτόγονη συνήθεια του νεαρού να γκρεμίζει τις πόρτες ήταν κάτι καθαρά συμπτωματικό. Δεν το έκανε επίτηδες. Απλώς του ερχόταν φυσικό να ανοίγει τις πόρτες σαν γορίλας.

Δεν υπήρχε λόγος να κολλήσει τώρα εκεί. Μπορούσαν να ξαναδιαλέξουν θέμα.

Ανακουφισμένος ο κύριος Καρτράιτ τάχυνε το βήμα. Προσπαθώντας να μελετήσει το ζήτημα, είχε μείνει κάπως πίσω. Τόσο πολύ πίσω, ώστε έχασε την ανακοίνωση που έκανε λαχανιάζοντας ο Σάιμον Μάρτιν στους υπόλοιπους, αφού όρμησε μέσα πρώτος.

—Αυτά τα μωρά από αλεύρι! Είναι καταπληκτικά! Καλύτερα κι απ' το σαπούνι κι από τις κάμπιες κι απ' όλα! Σπουδαίο θέμα! Το καλύτερο!

Γλιστρώντας μέσα στην τάξη είκοσι δευτερόλεπτα αργότερα, ο κύριος Καρτράιτ έκοψε το θόρυβο χωρίς καν ν' ασχοληθεί να μάθει την αιτία του. Μετακίνησε με κόπο τα οπίσθιά του στην έδρα και άρχισε σε συμφιλιωτικό τόνο.

—Όπως βλέπετε, Γ4, είμαι λογικός άνθρωπος. Μετά από σκέψη κατέληξα στο συμπέρασμα πως δεν υπάρχει λόγος να ταλαιπωρείστε όλοι από το θόρυβο που κάνει ο Σάιμον Μάρτιν ανοίγοντας τις πόρτες. Κάποια μέρα, όταν θα έχουμε περισσότερο χρόνο, θα του εξηγήσουμε ποια είναι η χρησιμότητα και η λειτουργία του πόμολου της πόρτας. Για την ώρα ό,τι έγινε, έγινε, περασμένα ξεχασμένα κι ας συζητήσουμε τις διάφορες επιλογές για τη «Γιορτή της επιστήμης».

Ο Σάιμον ανάσανε μέσ' απ' τα σφιγμένα δόντια του. Σε γενικές γραμμές δεν έδινε μεγάλη προσοχή στους καθηγητές. Αναγνώριζε, όμως, την πονηριά τους σε όλες της τις μορφές.

—Ο γερο-παμπόνηρος! Μας σφάζει με το μπαμπάκι! μουρμούρισε ξινισμένος στο διπλανό του, τον Ρόμπιν Φόστερ. Θέλει να ξεφορτωθεί τα μωρά από αλεύρι, γιατί είναι το καλύτερο.

Από απλή συνήθεια, ο Ρόμπιν πέρασε την πληροφορία στο διπλανό του. Το ίδιο έκανε κι αυτός. Το ίδιο και ο διπλανός του. Ο ψίθυρος έκανε το γύρο της τάξης με τόση γρηγοράδα, ώστε συσπειρώθηκαν, έτοιμοι για το δικό τους σαμποτάζ τη στιγμή που ο κύριος Καρτράιτ ρώτησε:

—Λοιπόν, ποιος προτιμά τα υφαντουργικά προϊόντα;

—Ραψίματα και τα ρέστα. Σπουδαίο! Το νου σου, Φόστερ! Σου χρωστάω ένα μαχαίρωμα από την πρώτη τάξη.

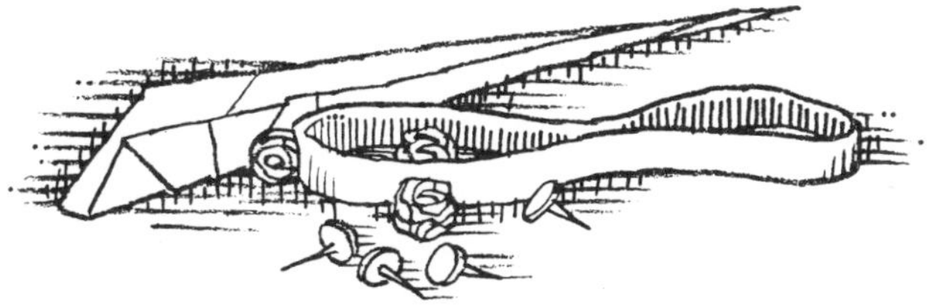

—Στοίχημα πως μπορώ να μπήξω πενήντα βελόνες στο πρόσωπό μου και να μείνουν εκεί όλη την ώρα!

—Στοίχημα πως ο Ταρίκ μπορεί να κάνει τη ραπτομηχανή να πάει τόσο γρήγορα, ώστε να τιναχτεί στον αέρα.

—Μπορώ να φτιάξω μια σημαία των Ναζί, κύριε;

—Αφού είναι για υφαντουργικά προϊόντα, μπορούμε να κάνουμε λεκέδες;

—Αχ, ναι, κύριε! Ναι! Θα κάνω κάτι λεκέδες πρώτης που δε θα βγαίνουν με τίποτα. Ποτέ!

Ο κύριος Καρτράιτ ένιωσε ένα σύγκρυο.

—Να σας πω, παιδιά, είπε κεφάτος. Ας μη σκοτιζόμαστε με τα υφαντουργικά προϊόντα. Ας κάνουμε το θέμα «Μελέτη καταναλωτή».

Αλλά του την είχανε στημένη και δω:

—Ναι! Ναι! Είχαμε ξανακάνει μελέτη καταναλωτή. Ήταν σπουδαίο. Μια φορά μετρήσαμε πόσα μαγειρεμένα φασόλια υπήρχαν σε οχτώ διαφορετικές κονσέρβες. Θα είχε κερδίσει η ομάδα μας, κύριε, αν δεν είχε χλαπακιάσει τόσα ο Γουέιν.

—Θα είχαμε κερδίσει και το τεστ με τις καραμέλες, κύριε, αλλά ο Ταρίκ τις έφτυνε πάνω στον Φιλ, αντί να τις γλείφει κανονικά.

Κανένα απ' αυτά τα ψεύτικα πυροτεχνήματα δεν μπορούσε να αποκαρδιώσει τον κύριο Καρτράιτ. Ο Σάιμον το ήξερε. Αν ήθελαν να πετύχουν τον ανομολόγητο σκοπό τους, να σιγουρέψουν ότι είχαν βγάλει απ' τη μέση όλα τα άλλα εκτός από τα μωρά από αλεύρι, θα έπρεπε κάποιος να κατεβάσει το βαρύ πυροβολικό.

—Στο παρά τρίχα τη γλιτώσαμε με τα καταστήματα την άλλη φορά, απείλησε συννεφιασμένος τον κύριο Καρτράιτ.

Κι αμέσως οι άλλοι έπαιξαν το ατού τους.

—Ναι! Μόνο τέσσερις από μας γύρισαν πίσω μια φορά. Ο κακομοίρης ο κύριος Χάρις έπαθε καρδιακή προσβολή.

—Και τον Ρας παραλίγο να τον πατήσει αυτοκίνητο. Ξεκαρδιστήκαμε στα γέλια.

—Ο οδηγός πήδηξε από τ' αυτοκίνητο και μόλις είδε ότι ο Ρας δεν είχε πάθει τίποτα τον έσπασε στο ξύλο.

—Επειδή του έκανα ένα βαθουλωματάκι στον προφυλακτήρα του, κύριε. Και δεν έφταιγα. Ο Λουίς με έσπρωξε.

—Ο Λουίς κυνηγούσε ένα κορίτσι.

Ο Λουίς κοίταξε ένα γύρο στην τάξη με καμάρι.

—Όμως τη γνώρισα τη Μόιρα· το θυμάστε;

Στην απλή αναφορά του ονόματος της Μόιρα ακούστηκαν βρυχηθμοί επιδοκιμασίας. Ο κύριος Καρτράιτ τούς γύρισε την πλάτη. Δεν είχε καμιά διάθεση να δει εκείνο τον καταιγισμό των κρυφών και διφορούμενων χειρονομιών που από πείρα ήξερε ότι χαιρέτιζαν οποιοδήποτε γυναικείο όνομα. Εν πάση περιπτώσει, έβρισκε τελείως αποκαρδιωτική την ιδέα να τους στείλει περίπατο στα καταστήματα.

Γιατί είχαν εφεύρει τα σχολεία, Θεέ μου; Οπωσδήποτε για να γεμίσουν το κεφάλι των νεαρών με πράγματα πιο ευγενή από το να ξέρουν πώς ν' αγοράζουν σφουγγαρόπανα.

Όχι, εκείνος θα στεκόταν μακριά απ' αυτή την καινουριοφερμένη αδιαφορία για τα πνευματικά.

Έπιασε το σπόγγο και με δυο αποφασιστικές κινήσεις έσβησε τα υφαντουργικά προϊόντα και τη μελέτη του καταναλωτή από τον πίνακα.

—Τι θα λέγατε για την οικιακή οικονομία; πρότεινε.

Κραυγές περιφρόνησης αντήχησαν τριγύρω.

—Τα Γουέντις!

—Για να δούμε!

—Τι κάνεις εκεί! Μη σκουπίζεις τα πιάτα μ' αυτό το πανί. Μόλις το χρησιμοποίησες στον καμπινέ!

—Να μαζεύεις την μπουγάδα όταν βρέχει, γιατί

ξέρεις κάτι; Θα σου βραχούν τα ρούχα!

—Ιστορίες που σκαρφίζεστε, τους παρατήρησε αυστηρά ο κύριος Καρτράιτ. Όμως ειλικρινά, κι ο ίδιος δεν έβρισκε τι άλλο θα μπορούσε να είναι η οικιακή οικονομία, εκτός από πράγματα που οποιοσδήποτε βλάκας θα μπορούσε να μελετήσει και να εξαντλήσει μέσα σ' ένα δεκαπενθήμερο.

Έσβησε την οικιακή οικονομία από τον πίνακα.

—Καταλαβαίνετε, τους είπε, πως έτσι δεν απομένουν παρά τα θέματα για μωρά και για τρόφιμα.

Ήταν βέβαιος ότι αυτό θα 'βαζε τα πράγματα στη θέση τους. Στο κάτω κάτω, τα περισσότερα απ' τα αγόρια που είχε μπροστά του περνούσαν τη μισή μέρα τους μπουκώνοντας με επιμέλεια το στόμα τους. Σπάνια να μην τύχαινε στη διάρκεια του μαθήματος να διατάξει τον έναν να καταπιεί αυτό που μασούσε, τον άλλο να φτύσει αυτό που είχε στο στόμα του, τον τρίτο να τυλίξει στο χαρτί αυτό που έτρωγε και να περιμένει το διάλειμμα. Εδώ θα στεκόταν τυχερός.

Όμως όχι.

—Ξανακάναμε για τη διατροφή, κύριε. Δεν είχε καμιά σχέση με το φαγητό.

—Όλο γράψιμο είναι.

—Να διαλέγουμε συνταγές.

Μετά από μια κοπιαστική αναζήτηση στα βάθη του μυαλού του, ο Γουέιν Ντρίσκολ ανακοίνωσε θριαμβευτικά αυτό που ασυνείδητα είχε απομνημονεύσει τον πρώτο χρόνο:

—Καλά ισορροπημένα γεύματα, κύριε!

—Τι μπορούν να φάνε για πρωινό δυο ξεδοντιάρηδες γερο-παράξενοι;

—Θα μας κάνει να νυστάξουμε.

—Δεν έχει μαγειρική.

—Απλώς σχεδιαγράμματα και τα παρόμοια.

Ο κύριος Καρτράιτ στεκόταν αμήχανος. Γιατί να πληρώνει ο φορολογούμενος για κείνες τις αχανείς αστραφτερές κουζίνες των σχολείων, αν οι μαθητές δεν τις χρησιμοποιούσαν καν;

—Όμως κάποιες φορές θα μαγειρέψατε, επέμεινε.

Η περιφρόνηση που είδε στο πρόσωπο του Σαχίντ Μαχμούντ θα έκανε και πέτρα ν' ανατριχιάσει.

—Τη μοναδική φορά που χρειάστηκε να μαγειρέψω, είπε, έφαγα μια γερή κατσάδα γιατί έριξα το φαγητό στα σκουπίδια, μετά τη βαθμολογία.

—Το περίμενα! φώναξε ο κύριος Καρτράιτ. Τι σπατάλη!

—Όμως δεν μπορούσα να το φάω. Ήταν κρέας με χορταρικά κι εγώ δεν τρώω το κρέας.

—Θα 'πρεπε να μαγειρέψεις κάτι διαφορετικό.

Ο Σαχίντ αναψοκοκκίνισε από τη λύσσα του για την παλιά αδικία.

—Γιατί; Κανένας δεν είπε ότι θα το φάμε! Κανένας ούτε που ανέφερε ότι θα το φάμε! Συνέχεια μας κοπανούσανε να είναι όλα καλά ισορροπημένα γεύματα, όπως λέει και ο Γουέιν και να 'χουνε βιταμίνες και τα παρόμοια. Αλλά κανείς δεν είπε ποτέ λέξη ότι πρέπει να μας αρέσει ή ότι θα το φάμε. Άρχισε να μουρμουρίζει αγριεμένος: Κι ο γερο-στριμμένος μού κατέβασε το βαθμό. Άσε που μ' έβαλε να πλύνω το σκουπιδοτενεκέ...

—Και οι υπόλοιποι; διέκοψε ο κύριος Καρτράιτ και, θεωρώντας ότι αυτό που σκέφτηκε ήταν μεγάλη πονηριά από μέρους του, έδωσε στον Σάιμον μια ευκαιρία να αποποιηθεί κάθε ευθύνη, επειδή είχε συμπτωματικά κάνει λανθασμένη επιλογή λίγο πρωτύτερα. Εσύ, Σάιμον; Θα προτιμούσες το μαγείρεμα, ε;

Ο Σάιμον τον στραβοκοίταξε.

—Όχι, δε θα μου άρεσε.

—Σοβαρά; επέμεινε ο κύριος Καρτράιτ. Σίγουρα σ' ένα νεαρό σαν κι εσένα, πάνω στην ανάπτυξή του, θα του άρεσε κάτι το ξεχωριστό.

Όμως ο Σάιμον δε σκόπευε να την πάθει. Αλλά ούτε και να επιτρέψει σε οποιονδήποτε από τους υπόλοιπους να παρασυρθούν ξεχνώντας τα φρικτά γεγονότα της περασμένης χρονιάς.

—Θα μπορούσαμε να είχαμε πεθάνει της πείνας, είπε. Θα μπορούσαμε να είχαμε πέσει ξεροί κάτω, να τα τινάξουμε, προτού αρχίσουμε να μαγειρεύουμε. Πρώτα φάγαμε βδομάδες και βδομάδες μαθαίνοντας πώς να αλλάζουμε τις ουγγιές σε γραμμάρια, ύστερα άλλες βδομάδες πάλι, μαθαίνοντας πώς να τα αλλάζουμε ξανά σε ουγγιές κι ύστερα μας άρχισαν την γκρίνια ότι πρέπει να τρώμε ινώδη.

—Φυτικές ίνες, θα εννοείς.

—Κάτι τέτοιο, έκανε ο Σάιμον απαξιώνοντας να λάβει υπόψη του τη διόρθωση. Πάντως μόνο δύο φορές σ' ολόκληρο το τρίμηνο χρειάστηκε να μπούμε στην κουζίνα. Δεν μπόρεσε να μην προσθέσει πικρά: Και μια από κείνες τις φορές, μας έστειλαν τους μισούς έξω σχεδόν από την αρχή, μόνο και μόνο επειδή στεκόμασταν ήσυχα στη σειρά.

Ο κύριος Καρτράιτ τού έριξε μια ματιά.

—Στεκόσασταν ήσυχα στη σειρά; Όπως στη συνέλευση σήμερα το πρωί, όταν σ' έδιωξα;

—Ακόμα πιο ήσυχα, απάντησε ο Σάιμον χωρίς να τα χάσει.

—Μάλιστα, κύριε, υπερασπίστηκε τον Σάιμον ο Ρόμπιν Φόστερ.

—Ήμασταν όλοι στη σειρά.

—Περιμέναμε στην ουρά για να χρησιμοποιήσουμε το μίξερ.

—Θέλαμε να κόψουμε κομματάκια τις ντομάτες μας· έτσι δεν είναι;

Και ξαφνικά ο κύριος Καρτράιτ είδε όλη τη σκηνή. Σαν να εκτυλισσόταν μπροστά του, σαν να είχε συμβεί το ίδιο εκείνο πρωί. Ολόκληρη η τάξη τους, να τεμπελιάζουν στη σειρά, σπρώχνοντας και σκουντώντας και σφυρίζοντας ο ένας στον άλλον. Οι μισοί να κρατάνε τις ντομάτες τους τόσο απρόσεκτα, ώστε οι ζουμερές κόκκινες στάλες να στάζουν στα λαμπερά πλακάκια του πατώματος. Οι υπόλοιποι να εκτοξεύουν ζουμιά από ντομάτες όσο πιο μακριά μπορούσαν πάνω στους τοίχους ή ο ένας στο πρόσωπο του άλλου.

—Στεκόσασταν στην ουρά, ξαναείπε. Στεκόσασταν στην ουρά ήσυχα.

—Μάλιστα, τον διαβεβαίωσαν όλοι όσοι ήταν εκεί.

Ο κύριος Καρτράιτ είχε πολεμήσει γενναία. Τώρα, όμως, άρχιζε να σπάζει. Ο Σάιμον χαμογέλασε άθελά του από χαρά και ανακούφιση καθώς, παρατηρώντας αδιάκοπα τον καθηγητή του, εντόπισε τη συγκεκριμένη στιγμή που το θέμα «διατροφή» έχασε τη γοητεία ως δυνατότητα επιλογής. Το μόνο που έβλεπε τώρα ο κύριος Καρτράιτ με τα μάτια του μυαλού του, ήταν μια σειρά αγόρια να στέκουν στην ουρά για το μίξερ. Ο καθένας τους έτοιμος να χαραμίσει ένα ολόκληρο σχεδόν μάθημα όρθιος στην ουρά, απλώς και μόνο για να πάρει τη σειρά του μπροστά σ' εκείνη τη μαγική μηχανή που γύριζε και τσίριζε. Το κάθε αγόρι να κατασπαταλάει μισή ώρα της σύντομης ζωής του, περιμένοντας να ρίξει μια δύστυχη ταλαιπωρημένη ντομάτα μέσα στο χοντρό στρογγυλό μπολ εκείνης της εφεύρεσης ακριβείας, με τους άπειρους διακόπτες, τις λεπίδες και τις ταχύτητες. Το κάθε αγόρι να προχωρεί χιλιοστό με χιλιοστό, αργά και ανυπόμονα, αγνοώντας τελείως το απλό ταπεινό μαχαίρι της κουζίνας που μ' αυτό, μέσα σε δευτερόλεπτα —χωρίς φασαρίες, χωρίς να λερώνει— μπορούσε να ψιλοκόψει την ντομάτα του, και να την κάνει φέτες ή μικρούς κύβους.

Η ζωή ήταν πολύ σύντομη για το θέμα «διατροφή».

Ας έκαναν, λοιπόν, το «μωρά από αλεύρι». Ας βασίλευε το χάος!

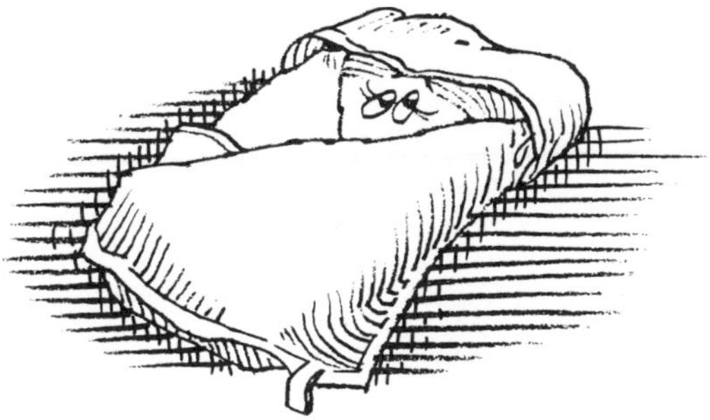

3

Ο Σάιμον κάθισε στο τραπέζι της κουζίνας, απέναντι από το μωρό του από αλεύρι και το σκούντησε.

Το μωρό από αλεύρι έγειρε στο ένα του πλευρό.

—Χα! κορόιδεψε ο Σάιμον. Ούτε να καθίσει δεν μπορεί ακόμα!

Έστησε ξανά όρθιο το μωρό από αλεύρι και του έδωσε άλλη μια σκουντιά.

Το μωρό έπεσε γι άλλη μια φορά.

—Δεν τα πολυκαταφέρνεις να σταθείς από μόνη σου, ε; είπε περιφρονητικά ο Σάιμον στήνοντάς το ξανά.

Το μωρό από αλεύρι έπεσε τη φορά αυτή προς τα πίσω, κάτω από το τραπέζι, μέσα στο φαρδύ καλάθι του σκύλου.

—Να πάρει!

—Δεν πρέπει να βρίζεις μπροστά του, είπε η μητέρα του Σάιμον. Του δίνεις πολύ κακό παράδειγμα.

Ο Σάιμον έσκυψε να πάρει το μωρό από αλεύρι από το μαξιλαράκι του Μακφέρσον και τίναξε τις τρίχες του σκύλου από το φόρεμά της.

—Όχι «του», μάλωσε με τη σειρά του τη μητέρα του. «Της».

Οπωσδήποτε ήταν κορίτσι. Οπωσδήποτε. Μερικά μωρά από αλεύρι που είχε μοιράσει εκείνο το πρωί ο κύριος Καρτράιτ, μπορούσαν να είναι είτε κορίτσια είτε αγόρια. Δεν ήταν ξεκάθαρο. Όχι, όμως κι αυτό που προσγειώθηκε στην αγκαλιά του Σάιμον.

—Πιάσ' το, υπναρά! Είσαι ή δεν είσαι πρώτος στην μπάλα; Ξύπνα!

Ήταν γλυκούλα. Φορούσε ένα ροζ σκουφάκι με δαντέλες, ένα ροζ νάιλον φορεματάκι και στο σημείο όπου έπρεπε να βρίσκεται το πρόσωπό της, είχαν προσεκτικά ζωγραφίσει δυο χορταστικά, ναζιάρικα, στρογγυλά μάτια, με βλεφαρίδες που πετάριζαν.

Δίπλα του, ο Ρόμπιν Φόστερ κοίταζε με ζήλια.

—Πώς πέτυχες να έχει μάτια το δικό σου; Το δικό μου είναι σκέτο τσουβάλι. Αλλάζουμε;

Ο Σάιμον έσφιξε περισσότερο στην αγκαλιά του το μωρό από αλεύρι.

—Όχι. Είναι δικιά μου. Ζωγράφισε μάτια στο δικό σου, αν θες.

—Το δικό σου έχει και ρούχα! Γύρισε και ούρλιαξε στον κύριο Καρτράιτ που μόλις είχε μοιράσει τα τσουβαλάκια με το αλεύρι στην τάξη: Κύριε! Κύριε! Η κούκλα του Σάιμ έχει φουστάνι και σκουφί και μάτια κι απ' όλα. Κι η δικιά μου δεν έχει τίποτα. Είναι άδικο.

—Αν ο κάθε γονιός έστελνε πίσω το παιδί του γιατί υστερούσε σε κάτι, είπε ο κύριος Καρτράιτ, αυτή η τάξη θα ήταν ουσιαστικά άδεια. Κάθισε και ησύχασε.

Μετέφερε τα κάμποσα κιλά του μέχρι την έδρα κι άρχισε να διαβάζει τον κανονισμό για το πείραμα:

ΜΩΡΑ ΑΠΟ ΑΛΕΥΡΙ

(1) Τα μωρά από αλεύρι θα πρέπει να διατηρούνται πάντα καθαρά και στεγνά. Οποιοδήποτε ξέφτισμα, λέκιασμα και διαρροή του υλικού θα ληφθούν πολύ σοβαρά υπόψη.
(2) Τα μωρά από αλεύρι θα ζυγίζονται στις εγκεκριμένες ζυγαριές δύο φορές την εβδομάδα, για να ελεγχθεί τυχόν απώλεια βάρους η οποία θα υποδηλώνει αμέλεια ή κακομεταχείριση, ή οποιοδήποτε επιπλέον βάρος, το οποίο πιθανώς να υποδηλώνει παραγέμισμα ή ύγρανση.
(3) Κανένα μωρό από αλεύρι δε θα μπορεί να μένει ασυνόδευτο οποιαδήποτε ώρα της ημέρας ή της νύχτας. Αν χρειαστεί να παραμείνετε μακριά από το μωρό σας, έστω και για σύντομο χρονικό διάστημα, θα πρέπει να φροντίσετε ώστε να μείνει κάποιος κοντά του για να το προσέχει.
(4) Θα πρέπει να τηρείτε βιβλίο του μωρού και να γράφετε σ' αυτό καθημερινά. Κάθε καταγραφή δε θα πρέπει να είναι μικρότερη από τρεις ολόκληρες προτάσεις ούτε μεγαλύτερη από πέντε σελίδες.
(5) Ορισμένα άτομα (των οποίων τα ονόματα δε θα γίνουν γνωστά μέχρι το τέλος του πειράματος) θα αναλάβουν να ελέγχουν την καλή κατάσταση των μωρών από αλεύρι και την τήρηση των

παραπάνω κανόνων. Τα άτομα αυτά μπορεί να είναι γονείς, άλλοι μαθητές, κάποιοι καθηγητές ή οποιοσδήποτε άλλος.

Σήκωσε τα μάτια του.

—Αυτά!

Ποτέ δεν είχε δει να επικρατεί τόση ησυχία σε τάξη. Ενδιαφέρον θέαμα. Έπρεπε να αναγνωρίσει την αξία του δόκτορα Φέλδαμ κι αυτών εκεί των τύπων, των επιστημόνων του. Είχαν αλλόκοτες δυνάμεις. Μερικοί από αυτούς μπορεί να μπαινόβγαιναν αδέξια στην αίθουσα των καθηγητών, με τα πουλόβερ τους να ξηλώνονται πίσω τους και καταβάλλοντας τρομακτικές προσπάθειες να ψαρέψουν τη συγκεκριμένη πληροφορία από τη μνήμη τους, κάθε φορά που κάποιος τους ρωτούσε αν βάζουν ζάχαρη στο τσάι τους. Αλλά μπορούσαν να κάνουν θαύματα. Να κάνουν πράγματα απίστευτα. Με τη μυστηριώδη τέχνη τους κατόρθωναν να πραγματοποιούν το αδιανόητο. Να κάνουν ολόκληρο τον πλανήτη θρύψαλα. Μπορούσαν να επιβάλλουν σιωπή στο Γ4!

—Λοιπόν; ρώτησε κάπως αποθαρρημένος. Έχουμε ερωτήσεις;

Ο Σάιμον έπιασε το μωρό του από αλεύρι και του σήκωσε το φουστάνι. Δε φορούσε φουφούλες, εκτός κι αν υπολόγιζες τη λινάτσα του σακιού. Ο ποπός του είχε μαύρες μουντζούρες εκεί που το είχε βάλει να καθίσει, στο αυλάκι για το στιλό του διπλού θρανίου, όπου το υλικό που είχε μόλις μαζέψει ο Ρόμπιν Φόστερ είχε ξεχειλίσει.

—Κοίτα τώρα τι έγινε, γκρίνιαξε στον Ρόμπιν. Βρόμισε από δικό σου φταίξιμο, Φόστερ. Από δω και πέρα να 'χεις πιο καθαρό αυτό το θρανίο.

Ο Ρόμπιν κοίταξε καλά καλά τους μικρούς σωρούς από βρόμικο υλικό που φύλαγαν με επιμέλεια, ώστε εκείνος και ο Σάιμον να έχουν πάντοτε διαθέσιμη ακατέργαστη ύλη για τα σκάγια που εκσφενδόνιζαν. Μετά έριξε μια ματιά στον Σάιμον, προσπαθώντας να διαπιστώσει αν αστειευόταν. Τελικά, από τη θήκη με τα βέλη των πιθανών αντιδράσεων, διάλεξε το αιχμηρότερο βέλος: την κοροϊδία.

—Κύριε! Κύριε! ούρλιαξε, βαρώντας γροθιές στον αέρα ενώ προσπαθούσε να τραβήξει την προσοχή όλης της τάξης. Πρέπει να μου αλλάξετε θέση, κύριε. Δεν μπορώ να μείνω σ' αυτή τη θέση. Δεν είμαι ασφαλής. Ο Σάιμ Μάρτιν αρχίζει και γίνεται η μαμά μου!

Το αστείο αυτό κράτησε όλη την υπόλοιπη μέρα. Μέχρι την ώρα που χτύπησε το τελευταίο κουδούνι, ο Σάιμον είχε βαρεθεί να στηρίζει προσεκτικά πάνω στη σάκα του το μωρό του από αλεύρι κι έπειτα να κυνηγάει όποιον τον είχε τελευταίος αποκαλέσει γριά κυρα-Μάρτιν ή μαμά Σάιμ και να του χτυπάει το κεφάλι στον τοίχο. Την ώρα που έφευγε κουρασμένος από την πίσω πύλη στις τρεις και μισή, οι κόμποι στα δάχτυλά του έκαιγαν και ο καρπός του ήταν άσχημα γδαρμένος. Στο παρά τρίχα σταμάτησε για να μη σκουπίσει το αίμα στο φουστάνι του μωρού από αλεύρι, γιατί σαν από κάποιο θαύμα είχε ακούσει ν' αντηχεί μέσα στ' αυτιά του: «Όχι, όχι, Σάιμον! Όχι αίμα! Δεν υπάρχει τίποτα χειρότερο!» Κι έτσι, για να καθαρίσει το χέρι του, το σκούπισε στο πουκάμισό του.

Τώρα μπροστά του βρισκόταν στ' αλήθεια η μητέρα του, που τον συμβούλευε:

—Να το βάλεις σε μια πλαστική τσάντα. Να το έχεις καθαρό.

—Έτσι έκανες κι εσύ μ' εμένα;

Η μητέρα του γέλασε καθώς έβαζε μπροστά του το βραδινό του. Αβγό και φασόλια.

—Μακάρι να ήμουν τόσο λογική.

Αστειεύεται, σκέφτηκε. Ωστόσο, ήταν κι αυτή μια άποψη. Η γέννησή του θα πρέπει να είχε αλλάξει πολλά. Είχε έρθει στον κόσμο, ένας ακόμα άνθρωπος που έπρεπε να τον λάβεις σοβαρά υπόψη. Ένας αληθινός άνθρωπος, όχι κάτι σαν το μωρό από αλεύρι που μπορούσες να το παραχώσεις σε μια πλαστική σακούλα για να μείνει καθαρό, χωρίς τον κίνδυνο να σε κατηγορήσουν για δολοφονία. Πότε, άραγε, να συνειδητοποίησε τα προβλήματα που θα της δημιουργούσε το παιδί; Μερικά πράγματα έπαιρναν καιρό μέχρι να συμβούν. Ο ίδιος θυμόταν ακόμα την ημέρα, όχι και τόσο μακρινή, που είχε συνειδητοποιήσει για πρώτη φορά πως ήταν ένα άτομο με τη δική του προσωπικότητα.

Είχε ξεκαθαρίσει κάτι λογαριασμούς με μια γαλοπούλα. Πίσω από το πάρκινγκ των τροχόσπιτων, στο μέρος όπου πήγαιναν ο Σάιμον και η μητέρα του για τις διακοπές, υπήρχε ένα αγρόκτημα και μια μεγάλη γαλοπούλα είχε ξετρυπώσει μέσ' από το φράχτη κάνοντας «γουλ, γουλ, γουλ» και κοίταζε καλά καλά με τα μάτια της τον Σάιμον —δηλαδή πρώτα με το ένα μάτι κι ύστερα με το άλλο— κλείνοντάς του το δρόμο προς τις τουαλέτες.

Ο Σάιμον πήρε την εκδίκησή του με τον πιο απλό τρόπο που μπορούσε.

—Θα δεις τα Χριστούγεννα! φώναξε κοροϊδευτικά. Ακούς τα καμπανάκια; Ντιν-νταν!

Η γαλοπούλα έκανε πάλι «γουλ, γουλ, γουλ» κι έφυγε. Μα ο Σάιμον χρειάστηκε να καθίσει στα σκαλιά της τουαλέτας για ένα λεπτό. Ξαφνικά είχε συνειδητοποιήσει ότι τα Χριστούγεννα η γαλοπούλα στ' αλήθεια δε θα 'ταν ζωντανή αλλά ψημένη και στην πιατέλα, όμως εκείνος (εκτός κι αν τύχαινε κανένα απ' αυτά τα ανόητα ατυχήματα που συνέχεια ανέφερε η μητέρα του), ο Σάιμον, θα ήταν ακόμα ζωντανός.

Αυτό έκανε τη σκέψη του ν' αρχίσει να ταξιδεύει. Τράβηξε το δέρμα στην ανάστροφη του χεριού του, το σήκωσε σχηματίζοντας ένα βουναλάκι κι έπειτα το άφησε. Το δέρμα τινάχτηκε πίσω αμέσως, ξαναπαίρνοντας την παλιά μορφή του. Τη δική του μορφή. Ξαφνικά, για πρώτη φορά στη ζωή του, ο Σάιμον κατάλαβε ότι ήταν κάτι το απόλυτα μοναδικό. Σ' ολόκληρη την ιστορία του σύμπαντος δεν υπήρξε ποτέ κάποιος σαν κι αυτόν. Ούτε και θα υπήρχε άλλος.

—Δεν είναι και πολύ ωραίο μέρος εδώ για να κάθεσαι.

Κάποιος πέρασε για να μπει στις τουαλέτες. Αλλά ταξιδεύοντας ξανά με τη σκέψη του, ο Σάιμον ούτε που άκουσε. Κάποτε, πριν από λίγα μόλις χρόνια, ο Σάιμον δεν υπήρχε καν. Και μια μέρα, όπως εκείνη η γαλοπούλα, δε θα υπήρχε κι αυτός. Θα έπαυε να υπάρχει για πάντα.

—Δε βρίσκεις κανένα πιο υγιεινό μέρος να καθίσεις;

Ο ίδιος τύπος ξανά, καθώς έβγαινε. Ο Σάιμον δεν έδωσε προσοχή, ο νους του ήταν αλλού. Τώρα μόλις δεν είχε ανακαλύψει τον εαυτό του —εκείνον— τον ένα και μοναδικό Σάιμ Μάρτιν, ζωντανό και (αντίθετα με τη γαλοπούλα) με επίγνωση του πράγματος;

Από την ημέρα εκείνη και μετά, ο Σάιμον ατένιζε τον εαυτό του μ' έναν εντελώς καινούριο σεβασμό, μ' ένα πολύ μεγαλύτερο ενδιαφέρον. Οι άλλοι παραθεριστές είχαν συνηθίσει πια να βλέπουν το νεαρό από την άκρη του οικοπέδου να δίνει στο σώμα του διάφορα αλλόκοτα σχήματα, όχι σαν την οικογένεια κοντά στα ντους που έκανε γιόγκα, αλλά απλώς για να παρατηρήσει διάφορα μέρη του σώματός του που δεν είχε μέχρι τότε προσέξει πραγματικά: φτέρνες, αγκώνες, αφαλό, το εσωτερικό των μηρών.

—Ένας Θεός ξέρει τι κάθεται και χαζεύει άμα βρίσκεται μόνος του!

—Λες να χαζοφέρνει το καημένο το παιδί;

—Εγώ τη μάνα του λυπάμαι, ξέρεις.

—Σταμάτα το αυτό, Σάιμον! Ο κόσμος θα λέει ότι έχεις ψείρες.

Μα ούτε τα ψιθυριστά σχόλια των γειτόνων ούτε τα αυστηρά λόγια της μητέρας του άγγιζαν τον Σάιμον. Ήταν τόσο απασχολημένος τώρα! Απασχολημένος να εξερευνά το πελώριο ψηλόλιγνο σώμα του με μια περιέργεια, μ' έναν αληθινό θαυμασμό που δεν είχε ξανανιώσει. Και ο νους του περιστρεφόταν γύρω από μία σκέψη: «Αυτός είμαι εγώ». Αλλά υπήρχε και κάτι περισσότερο απ' αυτό, πολύ περισσότερο, μόλο που ποτέ δεν μπόρεσε να το εξηγήσει, και στα χρόνια που μεσολάβησαν κανένας δεν τον είχε ποτέ ρωτήσει γι' αυτό.

Πάντως τώρα είχε κάτι να ρωτήσει τη μητέρα του. Τινάζοντας και τις τελευταίες κατσαρές τρίχες του Μακφέρσον από το μωρό από αλεύρι, είπε:

—Πώς ήμουνα;

Η μητέρα του μασούλισε ένα φασόλι που είχε ξεμείνει στην άκρη του πιάτου.

—Πότε;

—Όταν ήμουν μωρό.

Η μητέρα του Σάιμον τον κοίταξε, από την απέναντι μεριά του τραπεζιού, μισοκλείνοντας τα μάτια. «Δώσε μια κούκλα στ' αγόρια», αναστέναξε ενδόμυχα, κι αρχίζουν αμέσως τις μελαγχολικές σκέψεις. Τι να σου κάνουν μετά τα κορίτσια;

Πάντως ήταν μια λογική ερώτηση και δεν της την είχε κάνει όλα αυτά τα χρόνια. Άξιζε να δώσει στο γιο της μια έντιμη απάντηση.

—Ήσουν γλυκούλης, είπε. Ένα κομμάτι μάλαμα, στρουμπουλός σαν φραντζολάκι και είχες κάτι ματάκια λαμπερά και ολοστρόγγυλα σαν κουμπιά. Ήσουν τόσο όμορφος, ώστε με σταματούσαν με το καροτσάκι στο δρόμο διάφοροι άγνωστοι, για να σε χαϊδέψουν και να σου μιλήσουν και να μου πουν πόσο τυχερή ήμουν. Ναι, ήσουνα τ' ομορφότερο μωρό του κόσμου.

Δεν ήθελε να της χαλάσει την καρδιά λέγοντας αυτό που είχε υπόψη του, όμως δεν μπορούσε να κάνει διαφορετικά.

—Τότε γιατί το 'σκασε τόσο γρήγορα ο μπαμπάς μου;

Η μητέρα του έκανε το συνηθισμένο της κόλπο να το ρίξει στ' αστείο:

—Έλα τώρα, Σάιμον! Έμεινε έξι ολόκληρες βδομάδες!

Από την έκφραση στο πρόσωπό του καταλάβαινε πως η απάντηση δεν είχε το συνηθισμένο αντίκτυπο. Γι' αυτό δοκίμασε άλλη τακτική.

—Και υπάρχουν κι αυτοί που θα λέγανε ότι πρόβλεπε το μέλλον...

Ακόμα ο Σάιμον δεν έλεγε να χαμογελάσει.

Η κυρία Μάρτιν παραιτήθηκε. Πήρε άλλη μια μπουκιά φαγητό, παρατηρώντας τον προσεκτικά, ενώ προσπαθούσε να ανακαλύψει αν ήταν αναστατωμένος και πόσο.

Ο Σάιμον στήριξε το μωρό από αλεύρι μπροστά του και παρατήρησε τα όμορφα στρογγυλά μάτια του.

Τελείως ξαφνικά, αισθάνθηκε κακόκεφος. Ας υποθέσουμε ότι ο πατέρας του είχε τη δυνατότητα να βλέπει το μέλλον. Αποζημίωνε αυτό τον Σάιμον που δεν είχε τη δυνατότητα να δει το παρελθόν; Όποιος είχε συναντήσει κάποτε τον πραγματικό του πατέρα μπορούσε να καταλήξει σε μια εικόνα: να βγάλει λίγα γεροντόπαχα, να σβήσει μερικές ρυτίδες, να προσθέσει λίγα μαλλιά. Όμως, αν δεν τον είχες δει ποτέ σου...

—Γιατί δεν υπάρχουν φωτογραφίες; Ξέρω ότι δεν παντρευτήκατε κανονικά, όμως γιατί δεν υπάρχουν άλλες φωτογραφίες;

—Σάιμον! Υπάρχουν φωτογραφίες! Υπάρχουν πολλές.

—Όχι όμως μαζί του. Ούτε μία δική του δεν υπάρχει.

—Επειδή αυτός κρατούσε συνήθως τη φωτογραφική μηχανή.

—Θα μπορούσες να είχες μία τουλάχιστον καλή φωτογραφία του.

Έσπρωξε το κουταλάκι μέσα στο μπολ της ζάχαρης τόσο απότομα, ώστε η ζάχαρη χύθηκε και πασπάλισε ό,τι υπήρχε γύρω.

—Και πώς ήθελες να ξέρω ότι θα με παρατούσε; Δεν τις ειδοποιούν, ξέρεις, τις γυναίκες μια βδομάδα νωρίτερα!

Ο Σάιμον έβγαλε έξω τη γλώσσα του κι ύστερα από μια σύντομη αυθάδη παύση, έπιασε να γλείφει τους κόκκους της χυμένης ζάχαρης από τους καρπούς του. Μετά έστρεψε την προσοχή του στο μωρό από αλεύρι.

—Μην τη γλείφεις, Σάιμον! Μετά, αντί να προσθέσει «ήταν μέσα στο καλάθι του σκύλου», η μητέρα του τον προειδοποίησε: Μπορεί να την κολλήσεις μικρόβια.

Δεν ήταν και τόσο πετυχημένο αστείο. Αλλά το γεγονός ότι είχε μπει στον κόπο να ψάξει να βρει κάτι, έκανε τον Σάιμον να αισθανθεί καλύτερα. Καταλάβαινε ότι παρόλο που η μητέρα του προσπαθούσε να δώσει έναν τόνο ανεμελιάς όποτε ερχόταν στην επιφάνεια η υπόθεση του πατέρα του, ήξερε πως εκείνος, για δικούς του λόγους, είχε πολλές ευαισθησίες πάνω στο θέμα αυτό. Βάζοντας την τελευταία πιρουνιά φασόλια στο στόμα του, ρώτησε αόριστα:

—Πότε κατάλαβες για πρώτη φορά πως ήμουν μια ζωντανή αυτόνομη ύπαρξη;

Δεν ήξερε κι ο ίδιος τι απάντηση περίμενε. Ίσως «όταν ήσουν στα οχτώ» (τότε που είχε αρνηθεί να πάει στο πάρτι της Υακίνθης Σπάισερ). Ίσως «γύρω στα τέσσερα» (τότε, σ' εκείνο το τόσο τρομερό ξέσπασμα θυμού του μέσα στο παπουτσίδικο, που είχε αναγκαστεί να έρθει η ίδια η καταστηματάρχισσα και να τον μπατσίσει).

Αλλά αυτό που του είπε τον άφησε πραγματικά έκπληκτο:

—Α, βδομάδες πριν γεννηθείς! Νομίζω πως ο χρόνος είχε διαφορετική σημασία για τον καθένα μας. Όταν ήμουν όρθια και πηγαινοερχόμουν, ήσουν τόσο ήσυχος, σαν να μην υπήρχες καθόλου. Αλλά μόλις έκανα ν' ακουμπήσω το κεφάλι μου στο μαξιλάρι, ξυπνούσες κι άρχιζες να με κλοτσάς.

—Είδες; Έκανα εξάσκηση στο ποδόσφαιρο, είπε περήφανος.

Κι αυτό του θύμισε κάτι. Έριξε μια ματιά στο ρολόι. Η πρώτη προπόνηση του τριμήνου. Δεν έπρεπε ν' αργήσει.

—Ώρα να φεύγω.

Η μητέρα του σήκωσε το μαχαίρι και το πιρούνι

της και τράβηξε το πιάτο του προς τη μεριά της.

—Πρόσεξε μη λασπωθεί η νεαρή δεσποινίς, τον προειδοποίησε, γνέφοντας προς το μωρό από αλεύρι. Φρόντισε να την ακουμπήσεις σε σίγουρο μέρος.

Ο Σάιμον τρομοκρατήθηκε.

—Δεν μπορώ να το πάρω στο ποδόσφαιρο!

—Όχι «το», Σάιμον! «Την»!

Εκνευρισμένος, έκανε πως δεν κατάλαβε το πείραγμα.

—Πώς θα την πάρω στο ποδόσφαιρο;

—Πρέπει να την πάρεις, Σάιμον. Το αναφέρει ο κανονισμός που έφερες στο σπίτι.

Ο Σάιμον έψαξε απεγνωσμένα κάποια δικαιολογία για να μην την πάρει μαζί του.

—Μα δεν μπορώ! Δε θα 'ναι μόνο παιδιά από την τάξη μου. Από την τάξη μόνο εγώ και ο Γουέιν θα είμαστε στην ομάδα. Όλοι οι άλλοι θα τη δουν. Θα σκάσουν στα γέλια. Θα μας σουβλίσουν!

—Κρύψ' την κάπου, να μην τη βλέπουν.

—Μαμά! Μα δεν είχε βρεθεί ποτέ αυτή η γυναίκα σε αποδυτήρια; Δεν ήξερε πως η αθλητική σου τσάντα δε σου ανήκε; Θα 'σουν πολύ τυχερός αν κατόρθωνες να γλιτώσεις μόνο μια φορά σ' ολόκληρη τη χρονιά χωρίς να βρεθεί κάποιος χωρατατζής να σκαλίζει τα πράγματά σου, να ξετρυπώνει τα εσώρουχά σου και να κάνει πως τα μυρίζει, να τα στριφογυρίζει στον αέρα ή να σου δανείζεται το αποσμητικό ή να σου σουφρώνει τα λεφτά για το λεωφορείο.

Ήταν ζήτημα αν θα επιζούσε μερικά λεπτά στα αποδυτήρια ένα μωρό από αλεύρι.

Μπα, και λιγότερο.

—Μαμά, πρέπει να την κρατήσεις εσύ.

—Εγώ;

—Μόνο για όσο θα λείπω.

Πήρε εκείνο το ύφος της που σήμαινε «ξέχασέ το, Σάιμον».

—Ξέχασέ το, Σάιμον. Θα βγω έξω, θα λείψω μέχρι τις εννιά. Αν νομίζεις ότι θα πάρω μαζί μου τη σχολική σου εργασία...

Ο Σάιμον πήρε την απόφαση.

—Μπορεί μια χαρά να μείνει εδώ. Δεν παθαίνει τίποτα. Κανένας φόβος. Θα κλείσω τον Μακφέρσον στο σαλόνι, να μην τη μασουλήσει ή να τη σέρνει εδώ κι εκεί. Δε θα πάθει τίποτα.

Μια λάμψη φάνηκε στα μάτια της μητέρας του Σάιμον. Διασκέδαζε; Μήπως ήταν ενδιαφέρον; Κάτι σαν σκανταλιά; Δεν μπορούσε να καταλάβει.

—Ξεχνάς τον κανόνα νούμερο 5.

Τον κανόνα νούμερο 5; Αυτοί που θα έχωναν τη μύτη τους παντού! Ο Σάιμον άρπαξε τον κατάλογο με τους κανόνες κι έβαλε τα δυνατά του να ξαναδιαβάσει τον κανόνα νούμερο 5.

> Ορισμένα άτομα (των οποίων τα ονόματα δε θα γίνουν γνωστά μέχρι το τέλος του πειράματος), θα αναλάβουν να ελέγχουν την καλή κατάσταση των μωρών από αλεύρι καθώς και την τήρηση των παραπάνω κανόνων. Τα άτομα αυτά μπορεί να είναι γονείς, άλλοι μαθητές, κάποιοι καθηγητές ή οποιοσδήποτε άλλος.

Κάποιοι καθηγητές! Ο γερο-ζόρικος θα πρέπει να ήξερε για το ποδόσφαιρο. Τι είχε πει, να δεις, σήμερα το πρωί την ώρα που τους πετούσε τα μωρά από αλεύρι; «Εσύ δεν είσαι ένας απ' τους πρώτους στα αθλητικά;» Ίσως να το 'χε βάλει σκοπό να χώσει τη μύτη του και ν' αρχίσει να σκαλίζει μέσα στ' αποδυτήρια, ψάχνοντας για το μωρό του Γουέιν και το δικό του.

Και «άλλοι μαθητές». Μπορεί να είχε βάλει κάποιον άλλο να παρακολουθεί τους δυο τους. Ίσως εκείνος ο Τζίμι Χόλντκροφτ να είχε αναλάβει στα κρυφά να κάνει το σπιούνο. Ήταν ένας γλοιώδης τύπος. Θα του ταίριαζε μια χαρά ο ρόλος του χαφιέ.

Και «οποιοσδήποτε άλλος». Εκείνη η διπλανή όλο τραβολογούσε τις κουρτίνες της. Ήταν από φυσικού της κατάσκοπος. Τρελαινόταν να συμμαχεί με τον εχθρό. Όλα αυτά ήταν μέσα στο πρόγραμμα της ημέρας για την κυρία Σπάισερ.

Όχι! Άμα το καλοσκεφτόσουν, κανένας δεν ήταν σίγουρος. Δεν ήξερες αν μπορούσες να εμπιστευτείς και την ίδια σου τη μητέρα...

Τα μάτια του έπεσαν πάλι στον κανόνα για τους «επιθεωρητές». «Τα άτομα αυτά μπορεί να είναι γονείς...»

Αργά, αδιάφορα, γύρισε να την κοιτάξει. Εκείνη η λάμψη! Ακόμα βρισκόταν στη ματιά της!

Όχι, όχι, δεν ήταν δυνατόν! Δεν μπορούσε να είναι η ίδια η μητέρα του. Η σκέψη και μόνο ήταν γελοία.

Εκτός κι αν...

Τα πάντα μπορούσαν να κάνουν αυτοί οι γονείς, έτσι και πίστευαν πως ήταν για το καλό σου ή για τη μόρφωσή σου. Στον τομέα αυτό δεν είχε κανέναν ενδοιασμό. Μήπως ο ίδιος δεν το 'ξερε από πικρή πείρα πως δε σταματούσε πουθενά; Στα χρόνια που είχαν περάσει είχε κάνει τα πάντα προσπαθώντας να βελτιώσει τη σχολική του επίδοση. Φοβέρες. Δωροδοκίες. Και τιμωρίες ακόμα. Του είχε κόψει το χαρτζιλίκι. Τον είχε μπουντρουμιάσει. Είχε ουρλιάξει. Είχε ικετεύσει. Κάποιες φορές, μάλιστα, είχε βάλει και τα κλάματα (αυτό ήταν και το χειρότερο).

Να κάτσει να τον κατασκοπεύει ήταν παιχνιδάκι για κείνη. Καμιά δυσκολία για μια μητέρα σαν κι αυτή. Άνετα κι εύκολα.

Δεν μπορούσε να την εμπιστευτεί. Όχι, δεν μπορούσε να την εμπιστευτεί.

Αναστενάζοντας, σήκωσε το μωρό του από αλεύρι απ' το τραπέζι και το τύλιξε προσεκτικά στην αθλητική του πετσέτα της Τότεναμ Χότσπερ, αφήνοντας ξέσκεπα μόνο τα μάτια.

—Σύμφωνοι, είπε. Φύγαμε! Η πρώτη σου ποδοσφαιρική προπόνηση. Ελπίζω να μη χρειαστεί να σου θυμίσω ότι πρέπει να συμπεριφερθείς καλά. Και στο δρόμο θα πρέπει να σου εξηγήσω όλους τους κανόνες, υποθέτω.

Η κυρία Μάρτιν προχώρησε προς το παράθυρο και παρακολούθησε το γιο της να απομακρύνεται γρήγορα, εξηγώντας τους κανονισμούς του ποδοσφαίρου σ' ένα μικρό σακούλι αλεύρι, με σκουφάκι και μάτια, τυλιγμένο σε μια λουτροπετσέτα της Τότεναμ Χότσπερ. Μα δεν ήταν η μόνη που παρατηρούσε το θέαμα, πρόσεξε. Οι κουρτίνες της γειτόνισσας κουνήθηκαν. Παρακολουθούσε και η κυρία Σπάισερ.

Και ο Σάιμον το είδε. Γυρίζοντας στην καγκελόπορτα, εντόπισε τις χρυσαφιές βελούδινες κουρτίνες του διπλανού σπιτιού να τρεμοπαίζουν παρά την άπνοια που επικρατούσε. Διέκοψε απότομα τις εξηγήσεις για τη διαφορά μεταξύ ενός πλάγιου λακτίσματος και ενός κόρνερ και σκύβοντας στο μωρό του από αλεύρι, ψιθύρισε στη μυτερή ακρούλα που θεωρούσε αυτί του:

—Δεν μπορείς να εμπιστευτείς κανέναν, ξέρεις. Κανέναν. Κανέναν εδώ τριγύρω.

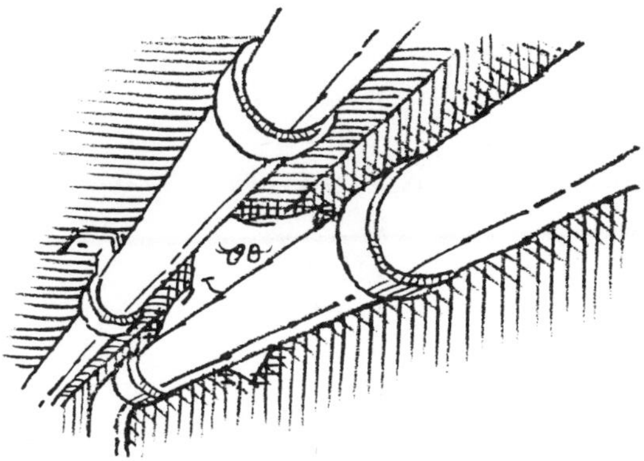

4

Κλότσα την μπάλα... Κλότσα... Κλότσα την...

Το ουρλιαχτό του κυρίου Φούλερ έφτανε ως τ' αυτιά του Σάιμον, στην άλλη άκρη του γηπέδου.

—Μην την κλοτσάς έτσι, μικρέ. Γαργάλα την!

Ήταν ο τρίτος και τελευταίος γύρος του Σάιμον. Στ' αλήθεια, ήταν αρκετά τυχερός. Την περασμένη χρονιά, όποιος από την ομάδα καθυστερούσε τόσο πολύ, τον έβαζαν να κάνει πενήντα κάμψεις. Σε σύγκριση μ' αυτό, τρεις γύροι κάνοντας ντρίμπλες με την μπάλα ήταν παιχνιδάκι. Φαίνεται πως ο γερο-Φούλερ είχε αρχίσει να μαλακώνει κάπως.

Κλότσα... Κλότσα... Κλότσα...

—Μπαμπάκι έχεις στ' αυτιά σου, νεαρέ; Δεν πας να βάλεις γκολ! Κυνήγησε την μπάλα απαλά! Κοντρολάρισέ την! Θέλω να τη δω να κολλάει στα πόδια σου.

Δεν έφταιγε ο ίδιος αν είχε αργήσει. Αυτός ο Γουέιν τα είχε κάνει όλα. Αν δεν τον έσερνε εδώ κι εκεί, μέσα στις άδειες τάξεις, σκαλίζοντας τα θρανία για να βρει εκείνο το μπουκάλι το Τίπεξ...

Γελάσανε, όμως. Κρίμα να μη βρίσκεται στα αποδυτήρια με τους άλλους, να δει τι μούτρα θα έκανε ο Φρόγκι όταν θα έβγαζε το κουτί με τη σκόνη για τα πόδια και θα διάβαζε τι έγραφε τώρα από έξω:

Θάνατος για τους αθλητές

Ήταν ιδέα του Γουέιν να σβήσει τη φράση «για τα πόδια». Αλλά ήταν ο Σάιμον εκείνος που σκέφτηκε να κάνουν και κάποιες άλλες αλλαγές. Δεν ήταν απόλυτα βέβαιος. Απλώς, ένα προαίσθημα. Όμως πότε πότε τα προαισθήματα βγαίνουν αληθινά. Θυμόταν εκείνη τη φορά που τον είχαν βάλει να σταθεί όρθιος δίπλα στην έδρα της δεσποινίδας Άρνοτ, γιατί χάζευε την ώρα των Αγγλικών. Εκείνη διόρθωνε κάποια έκθεση του Γκουίν Φίλιπς με θέμα «Οι καλοκαιρινές διακοπές μου» και μουρμούριζε κάτι μέσ' από τα δόντια της. Ύστερα, υψώνοντας τη φωνή της, ρώτησε ενοχλημένη:

—Τι ανοησίες είναι αυτά, Γκουίν; «Οι Ιταλοί είναι όλοι τους καθυστερημένοι και σατανικοί»!

Ο Γκουίν Φίλιπς είχε ένα ύφος απορημένο. Και πού ήξερε εκείνος; Δεν είχε πάει διόλου διακοπές. Όλη την έκθεση την είχε αντιγράψει από τον Μπιλ Σίμονς, χωρίς να σκεφτεί τέτοιες λεπτομέρειες. Όμως ο Σάιμον, κρυφοκοιτάζοντας πάνω από τον υπέροχα μπρούντζινο από τον ήλιο των διακοπών ώμο τής δεσποινίδας Άρνοτ, έκανε μια διαφορετική προσέγγιση στο θέμα.

—Νομίζω πως λέει: «Οι Ιταλοί είναι όλοι τους καλοβαλμένοι και ευγενικοί», κυρία.

—Περίφημα! Σπουδαία νίκη! Είχε κερδίσει ένα από κείνα τα αστραφτερά χαμόγελα της δεσποινίδας Άρνοτ που τον έστειλε πίσω στο θρανίο του, μέσα σε έναν πανζουρλισμό χειροκροτημάτων, με το λαμπερό φωτοστέφανο του νικητή.

Ναι, τα προαισθήματα έβγαιναν καμιά φορά αληθινά. Κρίμα μόνο που απόψε είχαν χάσει πολύτιμες στιγμές γυρίζοντας πίσω για να σβήσουν εκείνο το κόμμα. Και ο Γουέιν είχε χειροτερέψει τα πράγματα καθυστερώντας για να παραστήσει τον «Καμπούρη της Παναγίας των Παρισίων», δυο φορές πάνω κάτω στο διάδρομο. Μα εκείνο που τους πήρε την περισσότερη ώρα κι έκανε τον Σάιμον να τιμωρηθεί με κάμποσους γύρους στο γήπεδο, ήταν να βρουν ένα σίγουρο μέρος για να ακουμπήσουν τα μωρά από αλεύρι.

Ο Γουέιν επέμενε να τα παραχώσουν πίσω από τους σωλήνες του ντεπόζιτου.

—Δε θα τα δει κανένας, φώναξε από κει που βρισκόταν, χωμένος σ' ένα χώρισμα τουαλέτας. Ρίξ' τα εκεί μέσα, Σάιμ.

Βιαστικά ο Σάιμον ξετύλιξε το μωρό από αλεύρι του Γουέιν από το πουκάμισο όπου το είχε κρύψει και του το έδωσε. Ο Γουέιν ετοιμάστηκε να το σφηνώσει ανάμεσα στους σωλήνες, όταν, ξαφνικά, ο Σάιμον τον ρώτησε:

—Είσαι σίγουρος πως είναι καθαρά;

Τα μάτια του Γουέιν πετάρισαν σαν κουκουβάγιας που την τύφλωσε το φως κάποιου φακού.

—Καθαρά;

—Ναι. Είναι καθαροί οι σωλήνες;

—Έχεις τρελαθεί τελείως, Σάιμ!

Αλλά ήδη ο Σάιμον προχωρούσε προς την τουαλέτα και σκαρφάλωνε στο χώρισμα, πλάι στον Γουέιν. Πέρασε το δάχτυλό του πάνω από το χαμηλότερο από τους δυο σωλήνες.

—Θεοβρόμικα είναι! Χρειάζεται ένα γερό σκούπισμα.

—Σάιμ! Είσαι σκέτη συμφορά! Έχουμε κιόλας αργήσει!

—Ένα λεπτουδάκι θα κάνω.

Γλιστρώντας από το χώρισμα, ο Σάιμον έσκυψε στον κοντινότερο νιπτήρα, γυρεύοντας ένα πατσαβούρι.

—Σάιμ...

—Στάσου λίγο, Γουέιν. Κάπου εδώ θα υπάρχει κανένα πατσαβούρι.

—Σάιμ! Πέτα μου το μωρό! Τώρα!

—Αν είναι δυνατόν! Δέκα τουαλέτες, δέκα νιπτήρες και κανένα πατσαβούρι! Εντάξει, δεν γκρινιάζω, αλλά δε νομίζεις πως...

—Τέλειωνε, Σάιμ!

Ο Γουέιν γλίστρησε κάτω, πήρε το μωρό του, σκαρφάλωσε ξανά ψηλά και το παράχωσε ανάμεσα στους σωλήνες.

—Θα μουντζουρωθεί, Γουέιν.

Ο Γουέιν δεν τον άκουγε. Σκουπίζοντας τη λίγδα από τα χέρια του πάνω στη φόρμα του, προχώρησε κατά την πόρτα.

—Γεια, Σάιμ! Καλή επιτυχία στα πους απς!

Ο Σάιμον έβγαλε το μωρό από αλεύρι μέσα από την αθλητική τσάντα του.

—Έλα, γλυκιά μου, της είπε. Πάμε έξω, που δε βρομοκοπάει τόσο. Θα βρούμε ένα όμορφο μέρος

να σε βάλω εγώ, στον καθαρό αέρα.

Το μέρος που διάλεξε ήταν ένας θάμνος, μερικά μέτρα πίσω από το ένα τέρμα, ακόμα λουσμένο στο φως. Ακούμπησε το μωρό στην αραιή πρασινάδα, ελπίζοντας απελπισμένα πως οι υπόλοιποι της ομάδας που ήδη είχαν αρχίσει να κλοτσάνε την μπάλα για προθέρμανση, θα το περνούσαν για καμιά πετσέτα πεταμένη κουβάρι εκεί. Ο κύριος Φούλερ τον παρακολουθούσε δυσοίωνα από το πλάι του γηπέδου, με τα μπράτσα σταυρωμένα. Παρ' όλα αυτά, ο Σάιμον σιγούρεψε με την ησυχία του το μωρό από αλεύρι σ' ένα ασφαλές μέρος μέσα στο θάμνο. Το λιγότερο που τον ενδιέφερε ήταν ο κύριος Φούλερ. Τουλάχιστον τώρα οι διάφοροι εξυπνάκηδες δε θα έπεφταν όλοι τους επάνω του. Το μωρό ήταν εκεί, το έβλεπε, σε μέρος καθαρό και σίγουρο. Ας τον τιμωρούσε ο κύριος Φούλερ με πενήντα πους απς για την αργοπορία του. Όμως, αν τον απέβαλαν από την εργασία με τα μωρά από αλεύρι, μπορεί και να έχανε τη «Φαντασμαγορική Έκρηξη».

Θα ήταν στ' αλήθεια σπουδαίο. Γι' αυτό ήταν βέβαιος. Μια δυο φορές από τότε που ο κύριος Καρτράιτ τούς μοίρασε τα μωρά από αλεύρι, ο Σάιμον είχε περάσει στιγμές αγωνίας από τις αμφιβολίες που τον βασάνιζαν. Φοβόταν μήπως είχε παρακούσει τη συζήτηση στην αίθουσα των καθηγητών ή μήπως είχε παρεξηγήσει το νόημα. Αλλά και πάλι, αν είχε καταλάβει σωστά, μια ερώτηση έμενε αναπάντητη. Άξιζε όλη αυτή η ιστορία; Ο Σάιμον δε συνήθιζε να αφοσιώνεται σε μια εργασία, έστω και μιας ώρας, πόσο μάλλον για τρεις ολόκληρες βδομάδες. Ήταν δυνατόν, θα μπορούσε η όποια ανταμοιβή που ήταν έτοιμος να τους προσφέρει ο κύριος Καρτράιτ, να αξίζει τον κόπο και το βάσανο να σέρνεις μαζί σου αυτό το μωρό από αλεύρι, διατηρώντας το καθαρό επί είκοσι μία μέρες της ζωής σου;

Ναι! Ναι, θα μπορούσε, και έτσι είχε το πράγμα. Μήπως δεν το είχε ακούσει με τ' αυτιά του από τον ίδιο τον κύριο Φέλδαμ, τον ειδικό σ' αυτά; Ο Σάιμον έτρεξε να συναντήσει τους υπόλοιπους που είχαν αρχίσει το ζέσταμα κι ετοιμάστηκε να αντιμετωπίσει το ύφος του κυρίου Φούλερ, με τη σκέψη του στο τι είχε συμβεί εκείνο το απόγευμα στο διάδρομο του σχολείου. Το ξανάφερε στο νου του σαν μια αγαπημένη στιγμή στο βίντεο. Ο κύριος Καρτράιτ είχε στρατοπεδεύσει κοντά στο καλοριφέρ, έξω από την τάξη, και η μόνη επίπονη προσπάθεια που κατέβαλλε ήταν να θαυμάζει τον κόμπο στα κορδόνια των παπουτσιών του. Σου έδινε την εντύπωση ενός ανεπίσημου διαλείμματος: ο καθηγητής να τεμπελιάζει έξω στο διάδρομο και μέσα στην τάξη να γίνεται κοσμοχαλασιά. Όποιος, όμως, έμπαινε καθυστερημένος πέρσι στην τάξη της δεσποινίδας Άρνοτ τόσο συχνά, όσο ο Σάιμον, ήξερε τι επιφύλασσε εκείνο το σκηνικό. Ο κύριος Καρτράιτ ετοιμαζόταν για την εφόρμηση. Αυτό που έκανε έξω στο διάδρομο ήταν ένα λιγόλεπτο διάλειμμα για να σκεφτεί ποιον από τους γκάνγκστερ εκεί μέσα θα τιμωρούσε με πολύ μεγάλη ευχαρίστηση, αναθέτοντάς του κάποια γραφική εργασία.

Ο Σάιμον ήταν συνηθισμένος σ' αυτή την ιστορία ρουτίνας. Από στιγμή σε στιγμή ο κύριος Καρτράιτ θα μετακινούσε το τεράστιο κορμί του που το είχε ακουμπήσει στο καλοριφέρ, θα λοξοπερπατούσε προς την πόρτα, θα έπαιρνε βαθιά ανάσα και θα έβγαζε ένα τέτοιο τρομακτικό μουγκανητό, που η φτωχή δεσποινίδα Άρνοτ στη διπλανή τάξη, θα γκρεμιζόταν απ' την καρέκλα της από τρομάρα.

Ο Σάιμον ξαναγύρισε στη γωνιά του και περίμενε. Ήξερε πως κατά την άποψη του γερο-ζόρικου, όσο λιγότερες γραπτές τιμωρίες μοίραζε, τόσο το καλύτερο. Όπως και ο Σάιμον, δεν ήταν φανατικός του διαβάσματος. Αν ο Σάιμον εμφανιζόταν εκείνη τη στιγμή, ήταν καταδικασμένος να γίνει η λεία του γερο-ζόρικου, το επόμενο κιόλας λεπτό. Όμως, στάσου να φωνάξει το όνομα κάποιου άλλου ταλαίπωρου θύματος και ο Σάιμον θα έμπαινε σαν σίφουνας στην τάξη και γρήγορα γρήγορα θα καθόταν στο θρανίο του μέσα στην κοσμοχαλασιά από τις φωνές αυτού του άλλου: «Ποιος; Εγώ, κύριε; Μα, κύριε! Γιατί εγώ; Είναι άδικο!»

Άξιζε να το διακινδυνεύσει πάντως. Ο Σάιμον ακούμπησε νωχελικά στον τοίχο, περιμένοντας. Κι έτσι έτυχε να δει το δόκτορα Φέλδαμ και την ακολουθία του, τους πρόθυμους βοηθούς του («τους αυλοκόλακες», όπως έλεγε ο Σάιμον), να στρίβουνε τη γωνιά του διαδρόμου. Κουβαλούσαν στοίβες από κείνα τα πολύπλοκα και ανοικονόμητα εξαρτήματα του εξοπλισμού τους, που χωρίς αυτά φαίνεται πως ο δόκτωρ Φέλδαμ δεν τα κατάφερνε να βγάλει πέρα ούτε ένα σαραντάλεπτο μάθημα τις τελευταίες εβδομάδες πριν από την περίφημή του «Γιορτή της επιστήμης».

Ο Σάιμον διπλώθηκε στα δύο, δήθεν από κάποιο παροξυσμό βήχα. Ο δόκτωρ Φέλδαμ και η ακολουθία του πέρασαν από μπροστά του. Και ο Σάιμον σταμάτησε να βήχει ίσα ίσα τη στιγμή που προλάβαινε ν' ακούσει την παρατήρηση του δόκτορα Φέλδαμ καθώς προσπερνούσε το συνάδελφό του, παρκαρισμένο ακόμα δίπλα στο καλοριφέρ.

—Βλέπω ξεκινάς τη χρονιά με τρόπο εντυπωσιακό, Έρικ.

Ο κύριος Καρτράιτ φιλοδώρησε το δόκτορα Φέλδαμ μ' ένα από κείνα τα φαρμακερά του βλέμματα, όμως την ίδια στιγμή όλες οι αμφιβολίες του Σάιμον διαλύθηκαν και όλες οι ανησυχίες του πέταξαν μακριά. Στο κάτω κάτω ο δόκτωρ Φέλδαμ ήταν διάσημος για τις εκπληκτικές εκπυρσοκροτήσεις του. Όλοι τον ζήλευαν για κείνα τα κονσερβοκούτια με την κρέμα που έσκαγαν σαν βόμβες. Αν κάποιος της δικής του αξίας θαύμαζε εκ των προτέρων οποιαδήποτε εντυπωσιακή επιτυχία του κυρίου Καρτράιτ, αυτό τακτοποιούσε τα πράγματα μια για πάντα. Το πείραμα θα ήταν καταπληκτικό.

Ο Σάιμον χαμογέλασε πλατιά, γεμάτος έκσταση. Και τώρα, ενώ κλοτσούσε την μπάλα στον Γουέιν, χαμογελούσε ξανά. Ήταν, σκέφτηκε ο Σάιμον, κάπως σαν εκείνες τις υποσχέσεις του Θεού προς τους ανθρώπους της Παλαιάς Διαθήκης... μια συμφωνία, μια διαθήκη! Είχαν κάνει ολόκληρη μελέτη γι' αυτά τον πρώτο χρόνο. Ουράνια τόξα, πλημμύρες, νεκρά μωρά —τέτοια. Λοιπόν, ο ερχομός του δόκτορα Φέλδαμ από την άλλη άκρη του διαδρόμου και τα όσα είπε την ώρα που έτυχε να στέκεται εκεί ο Σάιμον, ήταν μια πραγματική συμφωνία. Μια προσωπική υπόσχεση ανάμεσα στην «Έκρηξη» και στον Σάιμον...

Ο κύριος Φούλερ πήρε ξαφνικά σάρκα και οστά πίσω από τον αριστερό αγκώνα του.

—Βλέπω, φοράμε παρωπίδες σήμερα, άρχισε να λέει κεφάτα ενώ ο Σάιμον, ξαφνιασμένος, έδινε αδέξια την επόμενη πάσα. Και δε φοράμε ρολόι, ε;

«Χαμένος κόπος να του απαντήσει κανείς τώρα», σκέφτηκε ο Σάιμον. Το μόνο που θα κατόρθωνε ήταν ν' αρχίσει τίποτα καινούρια παράπονα τώρα ο κύριος Φούλερ, ότι αφήνει να σέρνονται εδώ κι εκεί στις πρασινάδες τα εσώρουχά του. Και τότε, αλίμονο στο μωρό από αλεύρι!

Ο Σάιμον έξυσε απολογητικά το έδαφος με το

παπούτσι του και δεν έβγαλε άχνα. Ευτυχώς εκείνη ακριβώς τη στιγμή ο Φρόγκι Χάινς συγκρούστηκε με τον Σαούλ Επστάιν και κουτρουβαλιάστηκαν κάτω, ένα ανεκδιήγητα μπερδεμένο κουβάρι.

Ο κύριος Φούλερ ανήγγειλε το ίδιο λεπτό την τιμωρία του Σάιμον:

—Τρεις ολόκληρους γύρους μέχρι το τέλος, παρακαλώ. Και γαργαλάμε την μπάλα, δεν την κλοτσάμε! Και με τη στεντόρεια φωνή του απευθύνθηκε στη συνέχεια στους άλλους δύο: Χάινς! Τράβα το πόδι σου μέσα από το αυτί του! Σήκω, νεαρέ! Και φέρε αμέσως εδώ την μπάλα!

Ο Σάιμον έβαλε πλώρη για την πίσω σειρά που φαινόταν πιο ασφαλής όσο τα πράγματα πήγαιναν καλά. Τουλάχιστον είχε γλιτώσει τις κάμψεις. Αλλά και η υπόλοιπη προπόνηση δεν πήγε κι άσχημα, με μια μικρή διακοπή όταν ο καθηγητής τους έμπηξε κάτι αγριοφωνάρες στον Φράνζι Γουντς που χαιρετούσε πέρα από το φράχτη τη φιλενάδα του τη Λουσίντα, κι άλλη μία, λίγα λεπτά αργότερα, όταν το μάτι του κυρίου Φούλερ πήρε τη Λουσίντα για δεύτερη φορά και σταμάτησε την πάσα που είχε ετοιμάσει για να την κατσαδιάσει.

Το να μείνει, λοιπόν, για να κάνει τρεις γύρους στο γήπεδο ντριμπλάροντας με την μπάλα, όταν οι υπόλοιποι είχαν φύγει για τα αποδυτήρια, δεν ήταν και σπουδαίος κόπος. Βέβαια, θα έχανε την πλάκα που θα γινόταν κάτω: ο Φρόγκι να κοιτάζει απορημένος την ώρα που θα έβγαζε το κουτί με τη σκόνη για τα πόδια και τον Γουέιν να τον τσιγκλίζει να διαβάσει αυτά που έγραφε από έξω. Αργότερα ο Γουέιν θα του διηγιόταν τις λεπτομέρειες. Τότε γιατί τέτοιο μπέρδεμα στους γύρους; Γιατί δεν μπορούσε να ελέγξει τα πόδια του;

«Κλότσα την μπάλα... Κλότσα... Κλότσα την...»

—Μα τι σκέφτεσαι, μικρέ; Μην τη σφυροκοπάς έτσι! Φέρσου της απαλά, σαν να ήταν μωρό!

Η αναφορά του κυρίου Φούλερ στα μωρά χειροτέρεψε την κατάσταση. Ο Σάιμον έριξε μια φευγαλέα ματιά πίσω από τον ώμο του, περνώντας μπροστά από το θάμνο. Ήταν ο θάμνος όπου είχε βάλει το μωρό; Πού ήταν το μωρό από αλεύρι; Ήταν ακόμα εκείνο το μικρό παραγεμισμένο σακουλάκι βαλμένο ανάμεσα στα κλαδιά, στη σιγουριά, ή μήπως το είχαν ανακαλύψει τα άλλα παιδιά, όπως έφευγαν πατείς με πατώ σε από το γήπεδο; Ίσως και να τον είχε μαρτυρήσει ο Γουέιν! Βρισκόταν ακόμα εκεί, τυλιγμένο κι ευχαριστημένο και ξένοιαστο ή μήπως είχαν πάει και την έβγαλαν από την κρυψώνα; Μήπως την κλοτσούσαν μέσα στ' αποδυτήρια τώρα, ξεκαρδισμένοι στα γέλια, κάνοντας πως ήταν μπάλα ποδοσφαίρου;

Ο Φρόγκι ήταν αυτός που θα της έδινε τις πιο γερές κλοτσιές. Θα την κατέστρεφε.

Αφηρημένος, ο Σάιμον έχασε τελείως την μπάλα από τα πόδια του.

Από την άλλη άκρη του γηπέδου έφτασε το μουγκρητό του καθηγητή:

—Τον κλόουν πας να μας παραστήσεις, Σάιμον Μάρτιν; Σε διαβεβαιώ πως δεν το βρίσκω διόλου διασκεδαστικό!

Παραλίγο να χάσει πάλι την μπάλα. Ήταν απίστευτο. Δε χρειαζόταν καν να δώσει κανονική κλοτσιά. Ντρίμπλες έκανε μόνο. Κι ωστόσο ήταν αδύνατο να συγκεντρωθεί. Πώς να περιμένεις να πάνε τα πόδια σου στην κανονική κατεύθυνση όταν το μυαλό σου είναι σε άθλια κατάσταση από φρικτά οράματα για το τι μπορεί να συμβεί στο μωρό σου από αλεύρι; Άσχημο αυτό, να τον παραφυλάει από κοντά ο κύριος Φούλερ, αλλιώς θα έστριβε στις μύτες των ποδιών και θα έριχνε μια ματιά στο θάμνο. Λογικά, το μωρό έπρεπε να βρίσκεται ακόμα εκεί, τυλιγμένο και σιγουρεμένο. Να, μόνο που θα μπορούσε να συγκεντρωθεί καλύτερα, αν ήταν βέβαιος γι' αυτό.

Μη θέλοντας να ξεσηκώσει την οργή του κυρίου Φούλερ και να πληρώσει πάλι τα σπασμένα, ο Σάιμον δεν έκανε στροφή. Με το πρόσωπο μπροστά εξακολούθησε να τρέχει ενώ το ένα μετά το άλλο τα τρομακτικά οράματα όργωναν το μυαλό του: το μωρό του από αλεύρι να επιπλέει μπρούμυτα σε κάποιον από τους βρόμικους και αφρισμένους νιπτήρες, μετά σιγά σιγά να βυθίζεται καθώς το νερό μούλιαζε το λεπτό περιεχόμενο του σακιού! Τον Φρόγκι να δανείζεται ένα μαρκαδόρο κι έχοντας στο νου εκείνες τις αυθαίρετες αλλαγές στην ετικέτα της σκόνης για τα πόδια, να παίρνει γλυκιά εκδίκηση ζωγραφίζοντας έργα τέχνης στο πρόσωπο του μωρού: μια μύτη, ένα χασκόγελο, δυο αυτιά σαν κουνουπίδια —ποπό, αυτό ήταν το χειρότερο! Και τη μεγαλύτερη συμφορά απ' όλες, τον Τζίμι Χόλντκροφτ να παίρνει φόρα με το πόδι του καθώς το μωρό βρισκόταν ανυπεράσπιστο στο πάτωμα, έτοιμος να δείξει σ' όλους τη μοχθηρή και θεαματική κλοτσιά του για γκολ.

Ο Σάιμον εκσφενδονίστηκε μπροστά. «Αυτά τραβάνε», αναρωτήθηκε, «κάθε φορά που αφήνουν οι άνθρωποι το μωρό τους μέσα στο καροτσάκι του, έξω από κάποιο κατάστημα». Σίγουρα γι' αυτό ήταν πάντα τόσο κακομούτσουνοι, σπρώχνοντας και τσαλαπατώντας τους άλλους στη βιασύνη τους να βγουν έξω πάλι; Σίγουρα γι' αυτό σκόνταφταν, με κίνδυνο να σκοτωθούν σε κυλιόμενες σκάλες και σε πόρτες, όπου τους έβλεπε να τραβολογάνε καροτσάκια σε τελείως απίθανα κι ακατάλληλα μέρη.

Ξανά πάλι η μπάλα τού ξέφυγε απ' τα πόδια και κύλησε μπροστά.

—Σε παρακολουθώ σαν το γεράκι, Σάιμον Μάρτιν! Εξακολούθησε αυτή την παράσταση και θα συνεχίσεις με κάμψεις!

Δέκα μέτρα μέχρι το κόρνερ. Και μετά, επιτέλους, θα μπορούσε να στρίψει το κεφάλι του και να δει το θάμνο με την άκρη του ματιού. Ένα πράγμα είχε μάθει ωστόσο: πως ήταν αδιανόητο να προσπαθεί να κάνει προπόνηση και να προσέχει το μωρό από αλεύρι. Κανένας δεν μπορεί να κάνει σωστά δύο πράγματα συγχρόνως. Δεν το έλεγαν πάντα αυτό; «Δεν μπορείς να κάνεις τα μαθήματά σου όταν χαζεύεις έξω, απ' το παράθυρο!» «Κανένας δεν μπορεί να μιλάει και συγχρόνως να ακούει αυτά που λένε. Όταν μιλάς, δεν ακούς». Ήταν η μόνιμη γκρίνια τους.

Ακριβώς τα ίδια και η μητέρα του. «Δεν μπορείς να κάνεις τα μαθήματά σου και να έχεις αυτό το ραδιόφωνο να ουρλιάζει, Σάιμον». «Ή θα φτιάξεις φρυγανιές ή θα παίξεις με το σκύλο —το ένα ή το άλλο, αλλά όχι και τα δύο μαζί. Είναι η τέταρτη φέτα ψωμί που καίγεται!» Εκείνη ήξερε πως δεν μπορούσε ο Σάιμον να κάνει δύο πράγματα συγχρόνως. Τίποτε απ' όλα αυτά δε θα συνέβαινε, αν προσφερόταν να προσέξει εκείνη το μωρό από αλεύρι. Στο κάτω κάτω τον είχε μεγαλώσει μόνη της. Έπρεπε να ξέρει πώς είναι αυτά τα πράγματα. Έπρεπε να έχει συνειδητοποιήσει πως η προπόνηση θα κατέληγε σε φιάσκο. Τα 'χε ξεχάσει όλα εκείνα τα απογεύματα που τον έπαιρνε μαζί της στη λέσχη όταν έπαιζε μπάντμιντον; Τι θλιβερά, στ' αλήθεια, απογεύματα. Ακόμα θυμόταν πώς προσπαθούσε να ξεκολλήσει το πίσω μέρος των ποδιών του από κείνα τα φρικτά πλαστικά καθίσματα και να τρέξει να κρεμαστεί από το μπαλκόνι για να της φωνάξει:

—Θα πάμε τώρα σπίτι, μαμά;

Ξανά και ξανά, η ίδια απάντηση ερχόταν κυματιστά από το γήπεδο.

—Κάνε λίγη υπομονή, Σάιμον. Τελειώσαμε σχεδόν.

Ξανακαθόταν περιμένοντας κι όταν πια του φαινόταν πως είχαν κυλήσει ως και δεκαπέντε ώρες και είχε βαρεθεί μέχρι θανάτου, ρωτούσε:

—Να φύγω εγώ σιγά σιγά πρώτος, μαμά;

—Σε παρακαλώ, Σάιμον! Δεν αργούμε. Το τελευταίο παιχνίδι είναι.

Μπορεί να ήταν κι έτσι. Όμως, μόλις τελείωναν το τελευταίο παιχνίδι, η συμπαίκτρια της μαμάς, η Σου, συμπεριφερόταν λες και η ταλαιπωρία και η νευρικότητα του Σάιμον ήταν κάτι που έπρεπε κανείς να αγνοήσει, όπως τις σκνίπες ή τη βροχή, και τραβούσε τη μητέρα του για να πιουν «ένα ποτό στα όρθια». Έτσι κι ο Σάιμον τολμούσε να ανοίξει το στόμα του για να διαμαρτυρηθεί, εισέπραττε μια γερή κατσάδα μαζί με μια κόκα κόλα για φιλοδώρημα.

—Σε παρακαλώ, Σάιμον! Ήταν κουραστικό το παιχνίδι και πεθαίνω στη δίψα. Δυο λεπτά θα μας πάρει. Προσπάθησε να κάνεις λίγη υπομονή.

Καθόταν κάπου χωριστά και ανακάτευε μουτρωμένος τις φουσκάλες του ποτού του με το καλαμάκι του ενώ εκείνη και η Σου άρχιζαν τις πολυλογίες τους: «Ο άντρας της...» «Ο πατέρας μου...» «Οι γείτονές τους...» «Η κόρη του...» Έριχνε μια ματιά στην αίθουσα για εκατοστή φορά. Κανένα παιδί της ηλικίας του. Κανένας να σταθούν πλάι πλάι στα διάφορα μηχανήματα. Κανένας να χαζολογάνε εδώ κι εκεί μέσα στις τουαλέτες.

Κρεμιόταν από το χώρισμα ανάμεσα σ' εκείνον και στη μητέρα του.

—Γιατί να μη μένω στο σπίτι μόνος μου;

—Σε λίγο, μάτια μου! Να μεγαλώσεις πρώτα.

—Θα μπορούσε να μου κάνει συντροφιά καμιά κοπέλα.

—Σάιμον! Μία φορά τη βδομάδα είναι! Για μία ώρα όλη κι όλη! Είναι η μοναδική μου διασκέδαση, η μόνη φορά που βγαίνω έξω. Μη με βασανίζεις!

Κι ήταν εννιά δέκα χρόνων. Δε χρειαζόταν ούτε καν να τον προσέχει η μητέρα του. Δεν είχε φόβο να σκαρφαλώσει σε κάποιο θάμνο, να πέσει και να κυλιστεί στις λάσπες ή να τον αρπάξουν και να τον πεθάνουν στις κλοτσιές στα αποδυτήρια...

Πλησίαζε στη γωνία του τελευταίου κόρνερ! Τώρα θα μπορούσε να δει το χειρότερο! Βρισκόταν ακόμα εκεί το μωρό από αλεύρι, στην ασφάλεια του θάμνου όπου το είχε κρυμμένο; Εκείνη η πετσέτα που την είχε κάνει ένα μπογαλάκι, έδειχνε ακόμα το ίδιο φουσκωμένη, όπως όταν είχε παραχώσει μέσα το μωρό; Ή μήπως;...

Ξανά η μπάλα κύλησε ανάμεσα τα πόδια του ανεξέλεγκτη.

—Σε προειδοποιώ, Μάρτιν! Άλλη μια φορά να τα κάνεις μούσκεμα και θα συνεχίσεις με πενήντα κάμψεις!

Δεν ήταν δουλειά για ένα μόνο άνθρωπο, αυτή ήταν η αλήθεια. Για να φροντίσεις ένα μωρό από αλεύρι, χρειάζονταν δύο. Ένας αντικαταστάτης. Μια εφεδρεία. Κάποιος που δε θα ήθελε να βγαίνει τα βράδια. Είχε ακούσει την ίδια τη μητέρα του να το λέει πολλές φορές, όταν δεν μπορούσε να βρει κοπέλα να τον κρατήσει ή όταν δεν το επέτρεπαν τα οικονομικά τους. Ασύγκριτα ευκολότερο θα ήταν αν υπήρχαν δύο άνθρωποι, αυτό ήταν βέβαιο. Παράξενο, λοιπόν, να συνειδητοποιεί τώρα πως δεν την είχε ακούσει ποτέ του να εύχεται το γυρισμό του πατέρα του (εκτός αν λογάριαζες τότε που είχε σταθεί στην άκρη του κρεβατιού του και είχε πει μ' ένα ύφος μάλλον ξινισμένο: «Μαγουλάδες, λοιπόν. Κρίμα που δεν είναι δω ο πατέρας σου να σε φροντίσει λίγο...»)

Αλλά του Σάιμον του έλειπε. Ω, όχι προσωπικά το συγκεκριμένο άτομο. Πώς ήταν δυνατό να σου λείπει κάποιος που δεν έχεις ποτέ γνωρίσει και που το πρόσωπό του ήταν για σένα μια μάλλον θολή εικόνα; Ο άνθρωπος που έλειπε στον Σάιμον ήταν κάποιος που ο ίδιος είχε φτιάξει το πορτρέτο του. Σκούρα κατσαρά μαλλιά, όπως στις λιγοστές φωτογραφίες που είχε βρει πεταμένες στα συρτάρια. Και με μια υπέροχη φωνή τραγουδιστή, όπως παραδεχόταν ακόμα και η γιαγιά του. «Υπέροχος τενόρος. Όταν τραγουδούσε, αντηχούσανε ακόμα και τα δοκάρια». Αλλά ο Σάιμον είχε προσθέσει από μόνος του τα μισόκλειστα γαλανά μάτια και τα δυνατά χέρια, το πλατύ χαμόγελο και το ταλέντο να ρίχνει και να πιάνει πάσες. Ο Σάιμον, όταν ήταν μικρός, είχε περάσει ώρες με το να σκέφτεται τον τρόπο που θα ξαναγύριζε ο πατέρας του. Θα παρουσιαζόταν έτσι, στα ξαφνικά, απροειδοποίητα, και μαζί με τη μαμά θα δοκίμαζαν ξανά. Κι αυτή τη φορά θα τα κατάφερναν. Θα ήθελε να μείνει κοντά τους. Κάθε απόγευμα, επιστρέφοντας από το πρώτο του σχολείο, κατηφόριζε με το πάσο του την οδό Γουίλμπερφορς κι άφηνε τις σκέψεις του γύρω από τον πατέρα του να καλπάζουν αχαλίνωτες. Θα στεκόταν στην καγκελόπορτα, με τα χέρια ανοιχτά. Θα φώναζε στον Σάιμον να βιαστεί. Και το τρεχαλητό του Σάιμον θα έκανε τις πλάκες στο δρόμο να τρίζουν κάτω από τα πόδια του, μέχρι που θα περνούσε και το τελευταίο σπίτι και θα ορμούσε στην ανοιχτή αγκαλιά που σχημάτιζαν εκείνα τα δυνατά μπράτσα.

Δέκα μέτρα πριν φτάσει στη γωνία, ο Σάιμον επιβράδυνε το ρυθμό του για να διαρκέσει το όνειρο λίγες ακόμα στιγμές. Τότε, όπως ακριβώς είχε κάνει με τη φαντασία του να εμφανιστεί ο πατέρας του, τον έσβησε από μπροστά του. Τον εξαφάνισε προτού στρίψει για να πάρει το δρόμο του σπιτιού του. Ήταν ένα κόλπο που είχε μάθει να βάζει σ' εφαρμογή για να μην αφήνει την απογοήτευση να τον κυριεύει, να σπρώχνει πίσω τα δάκρυα και να μη χαλάει την ευχαρίστηση του γυρισμού στο σπίτι.

Μια φορά, όμως, έκλαψε. Δεν κατάφερε να το αποφύγει. Ήταν πολύ πολύ μικρός —μόλις έξι χρόνων, ο καημένος. Τα παιδάκια των έξι χρόνων συνέχεια κλαίνε. Κρατούσε τον κύριο ρόλο στο χριστουγεννιάτικο έργο. (Στην αρχή εκείνος δεν είχε καταλάβει για τον Ιωσήφ, αλλά του εξήγησε η δεσποινίς Νες, η δασκάλα του). Είχε μάθει τα λόγια του και φορούσε έναν κατακόκκινο μανδύα που σερνόταν πίσω του τόσο επιβλητικά, ώστε η δεσποινίς Νες έλεγε συνέχεια πως έπρεπε να τον βγάλει και να τον δώσει σ' έναν από τους τρεις μάγους. Κάθε φορά που τυλιγόταν γύρω του, άκουγε σάλπιγγες να ηχούν. Περίμενε τη μεγάλη μέρα σε μια κατάσταση έκστασης.

Αλλά η μητέρα του δεν ήρθε. Το ήξερε ότι μπορεί και να μην ερχόταν να τον δει, γιατί εκείνο το πρωί, όταν παρακάλεσε την κυρία Σπάισερ να τον πάει στο σχολείο, μόλις που στεκόταν στα πόδια της και έβηχε φρικτά. Τα μάτια της έτρεχαν. Όμως όλο το πρωινό θα πρέπει να έπεισε τον εαυτό του ότι θα κατόρθωνε να πάει, άρρωστη ξάρρωστη, γιατί όταν ήρθε η στιγμή και η δασκάλα τον έσπρωξε στη σκηνή, το πρώτο που έκανε ήταν να ψάχνει απελπισμένα στις σειρές τα καθίσματα για να τη βρει.

«Θα βρίσκομαι δίπλα ακριβώς στην πόρτα, αν τα καταφέρω», του είχε υποσχεθεί.

Και στη θέση της είδε τη Σου. Περίεργο, πριν από κείνη τη στιγμή δεν είχε συνειδητοποιήσει ότι η μητέρα του θα σερνόταν μέχρι το κάτω πάτωμα για να τηλεφωνήσει την τελευταία στιγμή στη Σου. Και η Σου θα πρέπει να παράτησε τα πάντα —να πήρε άδεια απ' τη δουλειά της ολόκληρο το απόγευμα και να διέσχισε την πόλη με την ψυχή στο στόμα— μόνο και μόνο για να καθίσει εκεί που της είπε η μητέρα του, δίπλα ακριβώς στην πόρτα, προσπαθώντας να τον στηρίξει με την παρουσία της.

Όμως δεν ήταν το ίδιο. Και στη διάρκεια του μικρού διαλείμματος ανάμεσα στις σκηνές, η δεσποινίς Νες, πασχίζοντας να τακτοποιήσει το πελώριο άστρο, ξεχάστηκε για μια στιγμή.

—Δεν πειράζει, του είχε πει. Μήπως ήρθε ο μπαμπάς σου;

Την ώρα που ξεστόμισε τα λόγια, συνειδητοποίησε το λάθος της. Μα ήταν πια αργά. Ο Σάιμον έκλαιγε με λυγμούς. Τον πήρε στα γόνατά της και τον χάιδεψε. Χαμένος κόπος. Τα δάκρυα κυλούσαν και τίποτα δεν τα σταματούσε. Ωστόσο είχε περάσει αρκετή ώρα. Το διάλειμμα δεν μπορούσε να κρατήσει για πάντα. Έτσι, ο Σάιμον αναγκάστηκε να την αφήσει να βγάλει από πάνω του το μεγαλόπρεπο κατακόκκινο μανδύα του και να τον τυλίξει γύρω από τους ώμους του Χάμιντ που κοκορευόταν πως ήξερε από την πρώτη κιόλας μέρα τα λόγια όλων τους.

«Κλότσα την μπάλα!»

Έδωσε στην μπάλα μια άγρια κλοτσιά.

—Αυτή για σένα, μπαμπά, είπε λαχανιασμένος. Για σένα που δεν ήσουν εκεί.

Κλότσησε ακόμα πιο άγρια.

—Επιτέλους!

«Κλότσα! Κλότσα! Κλότσα!»

Άκουγε τον κύριο Φούλερ να βροντοφωνάζει πίσω του, μα δεν τον ένοιαζε.

«Κλότσα! Κλότσα!»

—Αρκεί, Σάιμον Μάρτιν! Μέχρις εδώ.

«ΚΛΟΤΣΑ!»

Πλησιάζοντας στο τελευταίο κομμάτι του γηπέδου, ο Σάιμον πήρε φόρα κι έδωσε στην μπάλα μια τόσο τρομερή κλοτσιά, ώστε έφυγε πάνω από τη σκεπή των αποδυτηρίων.

—Αυτή για σένα, μπαμπά, φώναξε. Με τις ευχαριστίες μου!

Αργότερα συνειδητοποίησε ότι ένιωθε ευγνωμοσύνη για την τιμωρία. Στο κάτω κάτω βρισκόταν στην πιο κατάλληλη φόρμα για τις πενήντα κάμψεις. Η επιπλέον προσπάθεια σχεδόν του νάρκωνε τον πόνο. Όμως το καλύτερο απ' όλα ήταν πως του πήραν κάμποσο χρόνο. Όχι παραπάνω από δυο τρία λεπτά για να πιάσει το ρυθμό και να τα εκτελεί σωστά. Αλλά αρκετό χρόνο —σχεδόν ακριβώς όσο του χρειαζόταν— για να πάψουν να γυαλίζουν με τόσο πάθος τα μάτια του.

5

—Ειλικρινά, αυτό ήταν που είχες στο μυαλό σου;

Ο κύριος Καρτράιτ είχε στήσει καρτέρι στο δόκτορα Φέλδαμ έξω από τις τουαλέτες των καθηγητών και τώρα του πετούσε στα χέρια ένα μάτσο χαρτιά. Ο άλλος τα φυλλομέτρησε.

—Έλα, έλα, τον παρότρυνε ο κύριος Καρτράιτ. Διάβασε ένα.

Σαστισμένος ο δόκτωρ Φέλδαμ έριξε μια ματιά στο κακογραμμένο όνομα στο επάνω μέρος του βρόμικου χαρτιού.

—Σάιμον Μάρτιν; Αυτός δεν είναι απ' τους δικούς μου;

—Όχι, δεν είναι, γρύλισε ο κύριος Καρτράιτ. Αυτός που έχεις στην τάξη σου λέγεται Μάρτιν Σάιμον.

Θα πρέπει να τον θυμάσαι το νεαρό —περνάει τις εξετάσεις του, διαβάζει Μποντλέρ— τέτοια πράγματα. Ετούτος εδώ είναι ο Σάιμον Μάρτιν. Απ' τους δικούς μου. Το μισό χρόνο του τον περνάει λουφάροντας στις τουαλέτες και τον υπόλοιπο μισό κάνοντας άνω κάτω τον κόσμο.

Ο δόκτωρ Φέλδαμ δεν κρατήθηκε να μην επιπλήξει το συνάδελφό του για τον αντιεπαγγελματικό τρόπο που μίλησε.

—Πιστεύω πως εννοείς, Έρικ, ότι δε ζει ακόμα πλήρως και ανάλογα με τις ακαδημαϊκές του δυνατότητες.

—Εννοώ αυτό ακριβώς που είπα, επέμεινε ο κύριος Καρτράιτ. Τριγυρνάει και συμπεριφέρεται σαν βλάκας.

Λιγότερο από ένα μέτρο πιο πέρα, πίσω από την πόρτα της τουαλέτας των αγοριών, ο Σάιμον Μάρτιν είχε καθίσει κουκουβιστά, με το κεφάλι του χωμένο στα χέρια, καθώς ο δόκτωρ Φέλδαμ πάσχιζε να ανοίξει δρόμο ανάμεσα στα δυο συνδυασμένα εμπόδια, τα ορνιθοσκαλίσματα και τη θλιβερή ανορθογραφία, προκειμένου να διαβάσει φωναχτά την πρώτη σελίδα του ημερολογίου του για το μωρό από αλεύρι.

ΗΜΕΡΑ ΠΡΩΤΗ

Πιστεύω ότι η γενικότερη ιδέα να κουβαλάει κανείς εδώ κι εκεί μαζί του ένα μωρό από αλεύρι είναι απολύτως ηλίθια, γιατί αυτό ούτε καν κλαίει ούτε τρώει τίποτα ούτε λερώνει τις πάνες του.

Παρ' όλα αυτά, το δικό μου, ήταν μεγάλο φόρτωμα για μένα όλη τη μέρα.

Νομίζω πως η μητέρα μου φάνηκε πολύ μικρόψυχη που δε δέχτηκε να φροντίσει για δυο βρομοώρες το μωρό, ενόσω θα έπαιζα ποδόσφαιρο. Στο κάτω κάτω έχει αρκετή πείρα να φροντίζει ανθρώπους. Εμένα με φρόντισε επί 122.650 ώρες, αν δουλεύει σωστά η αριθμομηχανή του Φόστερ. Και όπως καταλαβαίνω, εγώ έκανα μπόλικη φασαρία, έτρωγα ένα σωρό και καταλέρωνα τις πάνες μου. Ίσως γι' αυτό ο πατέρας μου δεν κατάφερε να μείνει παραπάνω από 1008 ώρες χωρίς να βοηθήσει και σε κάτι, δηλαδή. Ο Φόστερ λέει ότι κατ' αυτόν τον τρόπο ο πατέρας μου είναι 121.6745 φορές περισσότερο μικρόψυχος από τη μητέρα μου, όμως νομίζω πως ο Φόστερ μπορεί να πάτησε λάθος κάποιο κουμπί.

Όταν κάποια στιγμή ήρθε η απάντηση του δόκτορα Φέλδαμ, το σοκ ήταν πολύ μεγαλύτερο για τον Σάιμον παρά για τον κύριο Καρτράιτ.

—Μα είναι εξαίσιο, Έρικ! Απόλυτα εξαίσιο! Κοίταξε τι έμαθε ήδη ο μικρός. Από την πρώτη κιόλας ημέρα έπιασε το νόημα ότι ακόμα και αποδεσμευμένος από τα τρία κύρια μειονεκτήματα της πατρότητας, οι ευθύνες παραμένουν τεράστιες. Έμαθε μερικά πράγματα για τη δική του ανάπτυξη στα πρώτα παιδικά του χρόνια. Κι ακόμα επεκτείνεται σε κάποιους εκλεπτυσμένους, θα έλεγα, αριθμητικούς υπολογισμούς, συνεργαζόμενος μ' αυτόν τον Φόστερ.

Πίσω από την πόρτα, ο Σάιμον σήκωσε το κεφάλι του από τα χέρια και στάθηκε χαζεύοντας τον τοίχο, απορημένος. Άκουγε σωστά; Τον παίνευαν, δηλαδή;

Από έξω, ο δόκτωρ Φέλδαμ έριξε άλλη μια ματιά στη σελίδα που είχε γραφτεί με τόσο κόπο.

—Ενδιαφέρον το ότι ήδη αντιμετωπίζει το μωρό

του από αλεύρι ως γένους θηλυκού. Τι συμπέρασμα βγάζεις απ' αυτό, Έρικ;

Αλλά αρκετά συνεπαρμένος για να περιμένει την άποψη του κυρίου Καρτράιτ επί του θέματος, συνέχισε την προσπάθεια να αποκρυπτογραφήσει τη δεύτερη σελίδα του Σάιμον.

ΗΜΕΡΑ ΔΕΥΤΕΡΗ

Σήμερα ο Μακφέρσον κοίταζε πολύ περίεργα, άρπαξε το μωρό μου από αλεύρι και βάλθηκε να το μασουλάει σέρνοντάς το μέχρι την άκρη του κήπου μας. Η μαμά λέει πως είμαι τυχερός που ο σκύλος μας έχει τόσο καθαρά σάλια και τα περισσότερα καθάρισαν εύκολα.

Αν ποτέ αποκτήσω πραγματικό μωρό, θα φροντίσω ώστε να κάνει όλα του τα εμβόλια για τη λύσσα.

Παρακολουθώ τον Μακφέρσον άγρυπνα, πάντως.

Ο δόκτωρ Φέλδαμ σήκωσε το χαρτί κι άρχισε να το κραδαίνει στον αέρα.

—Τα βλέπεις; έκρωξε στον κύριο Καρτράιτ. Τα βλέπεις, Έρικ; Τη δεύτερη ημέρα έμαθε για τη δυνατότητα δημιουργίας λεκέδων από σάλιο σκύλου επάνω σε υφασμένο οργανικό υλικό.

—Για τα σάλια επάνω στο τσουβάλι!

Μέσα στον ενθουσιασμό του, ο δόκτωρ Φέλδαμ δεν μπόρεσε να συλλάβει την άφατη περιφρόνηση στον τόνο της φωνής του κυρίου Καρτράιτ.

—Ακριβώς αυτό! συμφώνησε. Και όχι μόνο αυτό, αλλά έχει ήδη αρχίσει να συλλογίζεται τη ζωτική σημασία των έγκαιρων εμβολιασμών στην παιδική ηλικία.

Έδωσε μια στο χαρτί με την άκρη του τεντωμένου δάχτυλού του.

—Απ' ό,τι καταλαβαίνουμε, Έρικ, αυτός ο μικρός ίσως να έχει ήδη μπει στον κόπο να ερευνήσει τα πρώτα συμπτώματα λύσσας. Πώς αλλιώς να ξέρει τι να παρατηρήσει στον Μακφέρσον;

Πίσω από την πόρτα το ύφος του Σάιμον άλλαζε από σαστιμάρα σε περηφάνια. Δεν του συνέβαινε συχνά να παινεύουν τη δουλειά του. Μάλιστα, τώρα που τύχαινε να το σκεφτεί, δε θυμόταν να είχε συμβεί ξανά. Ίσως θα έπρεπε να μείνει στην τάξη του δόκτορα Φέλδαμ, όπου υπήρχε πιθανότητα να τον εκτιμήσουν σωστά. Ήταν απαράδεκτο να έρθει εκείνος ο ενοχλητικός Μάρτιν Σάιμον και να τον πετάξει από κει το πρώτο κιόλας πρωινό. Τι σημασία είχε ποιο από τα δυο ονόματά σου έγραφες πρώτο; Μάρτιν Σάιμον. Σάιμον Μάρτιν. Ποια ήταν, δηλαδή, η διαφορά;

Με ανυψωμένο το ηθικό από τη φρέσκια αυτοπεποίθηση που ένιωσε, ο Σάιμον λικνίστηκε στις φτέρνες του ευτυχισμένος ενώ ο δόκτωρ Φέλδαμ φυλλομέτρησε τα χαρτιά, αναζητώντας την τρίτη σελίδα του ημερολογίου του.

ΗΜΕΡΑ ΤΡΙΤΗ

Σήμερα ο Χούπερ άρπαξε το μωρό μου από αλεύρι για να πάει να κοπροσκυλιάσει έξω και του είπα πως είναι ένα ζώο και μισό και ποδοπάτησα τα σάντουιτς που θα έτρωγε. Τότε ήρθε μέσα ξεφυσώντας ο κύριος Καρτράιτ κι έσωσε το μωρό μου από την καταστροφή και μας τιμώρησε και τους δυο, κρατώντας μας παραπάνω ώρα στο σχολείο.

Όχι εμένα και το μωρό από αλεύρι. Εμένα και τον Χούπερ.

Πίσω από την πόρτα ο Σάιμον χαμήλωσε το βλέμμα μέχρι τα πλακάκια του δαπέδου. Για πρώτη φορά στη ζωή του λυπόταν που δεν είχε προσπαθήσει τοσοδά περισσότερο, δεν είχε κάνει αυτό το τοσοδά πιο πολύ. Αισθανόταν ότι κατά κάποιο τρόπο είχε απογοητεύσει το δόκτορα Φέλδαμ. Και μέσα από την πόρτα άκουσε με κάποια ντροπή τον απογοητευμένο τόνο της φωνής:

—Πολύ λιγότερα έμαθε χθες, ομολογουμένως. Μα δεν πειράζει, Έρικ. Ας ελπίσουμε ότι ο μικρός χρησιμοποιεί με τον καλύτερο τρόπο τον επιπλέον χρόνο που μένει εδώ σαν τιμωρία.

Ο ήχος των βημάτων του έσβησε στο βάθος του διαδρόμου με μοναδική αντήχηση το ηχηρό περιφρονητικό ρουθούνισμα του κυρίου Καρτράιτ καθώς ξεκινούσε προς την αντίθετη κατεύθυνση. Ο Σάιμον σύρθηκε στα κρυφά έξω. Η στοίβα των χαρτιών με την αναφορά για το μωρό από αλεύρι ήταν παραχωμένη στο ράφι του καλοριφέρ. Μη θέλοντας να πάει αμέσως στην αίθουσα όπου θα καθόταν τιμωρία και να διακινδυνεύσει την καλή του φήμη φτάνοντας στην ώρα του, ο Σάιμον βολεύτηκε με τη ράχη στον τοίχο και τα φυλλομέτρησε.

Βρήκε πιο εύκολο να διαβάσει την αναφορά του Σαχίντ, γιατί είχε ήδη ακούσει την ιστορία αρκετές φορές στις τουαλέτες κι ήταν μια καλή αρχή γι' αυτόν.

ΗΜΕΡΑ ΤΡΙΤΗ

Πήρα μαζί μου σήμερα στο λεωφορείο το μωρό μου από αλεύρι. Το κρατούσα παραμάσχαλα, χωρίς να εμποδίζω κανέναν, μέχρι που κάποια γριά καρακάξα που της άρεσε να χώνει παντού τη μύτη της με ανάγκασε να καθίσω κάτω και να το πάρω στα γόνατά μου. Σ' όλη τη διαδρομή μέχρι την οδό Φόλεσχιλ δεν έπαυε να το ψαχουλεύει και να του μιλάει. Μου φαίνεται πως ήταν παλαβή. Όμως, όταν φτάσαμε στη στάση του Οφθαλμιατρείου, εκείνη κατέβηκε.

Ελπίζω να μην καταντήσουν ποτέ κι εμένα έτσι τα μάτια μου.

Από κάτω ήταν του Ρας Μάουλντ. Ο Σάιμον δεινοπάθησε να αποκρυπτογραφήσει τις πρώτες λέξεις. Αποδείχτηκε, όμως, δυσκολότερο από κείνα εκεί τα παιχνίδια που λένε «βρείτε τη μαγική εικόνα», και κάτι βιβλία που μ' αυτά συνήθιζε να χάνει τον καιρό της και να σπαταλάει τα λεφτά της η μητέρα του στο μακρύ ταξίδι με το λεωφορείο για το σπίτι της γιαγιάς.

Στο τέλος τα παράτησε κι έπιασε τα χαρτιά του Ρικ Τάλις. Προς μεγάλη του έκπληξη το βρήκε ιδιαίτερα ευανάγνωστο, ίσως επειδή εκείνος και ο Τάλις χρησιμοποιούσαν, προφανώς, ένα δυο κοινά κόλπα τόσο στο γραφικό τους χαρακτήρα, όσο και στην ορθογραφία.

ΗΜΕΡΑ ΠΡΩΤΗ

Είπα ότι δε θα 'ρχόμουν αν κάναμε το θέμα με τα μωρά κι αν δε με είχε πάρει είδηση κάτω στα μαγαζιά ο κύριος Χέντερσον, δεν επρόκειτο να βρίσκομαι εδώ σήμερα. Οπωσδήποτε δε θα είμαι εδώ αύριο. Ούτε την επόμενη μέρα. Ούτε...

Ξαφνικά, με το που θυμήθηκε ότι ο μικρότερος επιτρεπόμενος αριθμός προτάσεων για την ημερήσια αναφορά ήταν τρεις, ο Ρικ Τάλις είχε διακόψει απότομα το γράψιμο στο σημείο αυτό, θεωρώντας ότι είχε εκτελέσει το καθήκον του.

Ο Σάιμον διέτρεξε με τη ματιά για δεύτερη φορά τη σύντομη και βαρύθυμη αναφορά του Τάλις. Ίσως να ήταν ακόμα ενθουσιασμένος από τα γενναιόδωρα εγκώμια του δόκτορα Φέλδαμ. Ίσως εκείνη η αναλαμπή της επίγνωσης να ήρθε αυθόρμητα. Όμως, κοιτάζοντας την τσιγκούνικη και μίζερη αναφορά του Ρικ Τάλις, μ' εκείνα τα ορνιθοσκαλίσματά του, ο Σάιμον κατάλαβε για πρώτη φορά γιατί οι καθηγητές έδειχναν τόση περιφρόνηση γι' αυτούς που προσπαθούσαν όσο το δυνατό λιγότερο. Κατάλαβε γιατί σε κάθε μάθημα τους βομβάρδιζαν με τα ουρλιαχτά οργής και αγωνίας.

—Πίστεψέ με, Τζορτζ Σπόλντερ, δε θα είμαι εγώ ο χαμένος, αν εσύ δε δίνεις δεκάρα για τα μαθήματά σου. Εσύ θα βγεις χαμένος.

—Αν θες να μάθεις, Τάλις, αυτή η λευκή κόλλα είναι απλώς ένα ακόμα χαρτί που δε θα χρειαστεί να πάρω σπίτι μου να το διορθώσω. Όμως για σένα αντιπροσωπεύει άλλο ένα λευκό κενό στο μυαλό σου.

—Το ξέρω ότι δεν τόνισα ιδιαίτερα πως κι εσύ έπρεπε να το κάνεις, Λουίς. Δε λέω ποτέ «όλοι πρέπει να κάνετε αυτή την εργασία και το ίδιο ισχύει, επίσης, για τον Λουίς Περέιρα».

Ξαφνικά όλα απόκτησαν κάποιο νόημα για τον Σάιμον. Τον εντυπωσίασε το σθένος των καθηγητών. Η γενναιοψυχία τους. Η ακούραστη προσήλωσή τους στο σκοπό τους. Προχωρούσαν αποφασιστικά το ένα τρίμηνο μετά το άλλο, προσπαθώντας να κάνουν τους μαθητές τους να δώσουν τον καλύτερο εαυτό τους. Και με τι αποτελέσματα; Ποιο ήταν το ευχαριστώ; Ο Σάιμον ένιωσε αποτροπιασμό όταν σκέφτηκε πόσες και πόσες φορές ο ίδιος (και τόσοι άλλοι) είχαν προσβάλει αυτούς τους αφιερωμένους στο έργο τους αγίους με ανθρώπινη μορφή, δίνοντάς τους τόσο σκάρτη εργασία. Πώς μπόρεσε να είναι τόσο αχάριστος; Πώς μπόρεσε;

Εκεί, επιτόπου, ο Σάιμον ορκίστηκε να διορθωθεί. Θα ξεκινούσε εκπληρώνοντας τη βαθιά ελπίδα του δόκτορα Φέλδαμ ότι θα χρησιμοποιούσε όσο το δυνατόν καλύτερα όσο χρόνο παρέμενε στην αίθουσα όπου κάθονταν οι τιμωρημένοι μαθητές. Αποφασιστικά, παράχωσε ξανά τη στοίβα των αναφορών για τα μωρά από αλεύρι στο ράφι του καλοριφέρ, βούτηξε τη σάκα του και προχώρησε βιαστικά στο διάδρομο, χωρίς καν να σταματήσει για να ζωγραφίσει τα μικρούλια μίκι μάους του πάνω στους τοίχους, όπως έκανε συνήθως.

Ακούγοντας την πόρτα να τραντάζεται φριχτά στους μεντεσέδες της, η δεσποινίς Άρνοτ σήκωσε τα μάτια. Βλέποντας τον Σάιμον έβγαλε άθελά της έναν αναστεναγμό. Ήταν πολύ συχνός θαμώνας σ' αυτή την αίθουσα μέχρι τώρα και μην ξέροντας για την αλλαγή που είχε συμβεί μέσα του, το μόνο που της πέρασε απ' το μυαλό ήταν πως ο ερχομός του προμηνούσε, ως συνήθως, το τέλος της ηρεμίας· έπρεπε να σταματήσει τη διόρθωση των γραπτών της και να αποχαιρετήσει την ησυχία.

Έγειρε πίσω στην καρέκλα της και περίμενε την παράσταση. Τι θα έχουμε για ορεκτικό; Μια γερή σκουντιά στον Χούπερ με τη σάκα, φυσικά, ίσα ίσα για να του θυμίσει τη συνεργασία τους σε οποιαδήποτε σκανταλιά τούς είχε κάνει να καταλήξουν εκεί.

Ύστερα, ίσως για ζέσταμα, την παράσταση με το μολύβι. Τη φασαριόζικη και γεμάτη διαπληκτισμούς διαδικασία του δανεισμού του ακολουθούσε με απόλυτα φυσιολογική σειρά, το ξύσιμο του μολυβιού, ο βρόντος που έκανε πέφτοντας στο πάτωμα, το επιδεικτικό ψάξιμο απ' άκρη σ' άκρη του πατώματος και το ξύσιμο ξανά του μολυβιού, μετά ο χτύπος της σπασμένης μύτης επάνω σε κάποιο από τα τζάμια. Ακούγοντας το «ντινγκ», η δεσποινίς Άρνοτ θα σήκωνε το κεφάλι της ακριβώς την ώρα που το μολύβι θα άρχιζε επιτέλους να χρησιμοποιείται —σαν ταμπουρλόξυλο επάνω στο θρανίο.

Εκτός κι αν σήμερα διάλεγε να ανεβάσει ένα από τα αγαπημένα της έργα για να τους διασκεδάσει: Τη «Ματωμένη γλώσσα». Την τελευταία φορά που ήταν επιτηρήτρια του Σάιμον Μάρτιν, ο νεαρός είχε καταβάλει φιλότιμες προσπάθειες να ρουφήξει κάμποσο μελάνι από το στιλό του και να βάψει κατακόκκινη τη γλώσσα του. Μετά είχε μείνει με την «καταματωμένη» γλώσσα να κρέμεται έξω από το στόμα του όλη την υπόλοιπη ώρα, με αποτέλεσμα να της κόψει κάθε όρεξη για το σάντουιτς που έτρωγε, αλλά διασκεδάζοντάς την αφάνταστα. Κρυφά μέσα της η δεσποινίς Άρνοτ έλπιζε να ξαναδεί τη «Ματωμένη γλώσσα» σήμερα.

Αν και αυτό που προτιμούσε περισσότερο ήταν όταν παρίστανε τον Ριπ βαν Γουίνκλ.

Το έβρισκε αφάνταστα κατευναστικό. Ο Σάιμον ξαπλωνόταν επάνω στο θρανίο, χασμουριόταν μερικές φορές σαν τον Γαργαντούα κι έπειτα έκανε πως είχε βυθιστεί σ' έναν ύπνο τόσο βαθύ, ώστε δεν μπορούσες να τον ξυπνήσεις ούτε με κανονιές. Κάπου κάπου (όποτε φοβόταν πως τον είχε ξεχάσει), ροχάλιζε: ένα μαλακό, μακρινό κυματάκι που φούσκωνε και δυνάμωνε πλούσιο και βαθύ, μέχρι που κάθε ανάσα που έβγαζε από τα πνευμόνια του ήταν τόσο ηχηρή, ώστε να κροταλίζουν δαιμονισμένα οι κάσες των παραθύρων. Και καθώς εκείνη άρχιζε να φοβάται για την ανθεκτικότητα του κτιρίου, έβγαζε ένα τερατώδες ροχαλητό και προσποιόταν πως είχε ξυπνήσει. Κοιτούσε γύρω γύρω σαν χαζός, κροταλίζοντας τα χείλια του σαν γέρος. Κι ύστερα ξαπλωνόταν πάλι επάνω στο θρανίο και ξανάπαιζε την παράσταση εξαρχής μέχρι τέλους.

Ναι, ο Ριπ βαν Γουίνκλ ήταν το αγαπημένο της νούμερο. Αυτό που δεν της άρεσε ήταν το «Ένας βλάκας και μισός». Το είχε δει τόσες φορές, ώστε της ήταν πια βαρετό. Καθόταν στο θρανίο του και έκανε κάτι τερατώδεις μορφασμούς. Κάπου κάπου ξεσπούσε σε γέλια σαν μανιακός ή μουρμούριζε σαν να είχε πάθει παροξυσμό. Άλλες φορές άφηνε να του τρέχουν τα σάλια του. Έλπιzε να μην είχαν σήμερα το «Ένας βλάκας και μισός». Πάντως, για κάθε ενδεχόμενο, η δεσποινίς Άρνοτ έψαξε στην τσάντα της για να βεβαιωθεί ότι είχε μαzί της τις ασπιρίνες της.

Και τότε το χέρι της κοκάλωσε. Μπροστά στα μάτια της —μήπως ονειρευόταν, συνέβαινε στ' αληθινά;— ο νεαρός Σάιμον Μάρτιν διέσχισε την αίθουσα, αγνοώντας παντελώς τον Χούπερ. Τράβηξε την καρέκλα του θρανίου του μακριά από τα τρία άλλα κακοποιά στοιχεία που της είχαν αναθέσει να επιτηρεί, έβγαλε από τη σάκα του το μωρό του από αλεύρι, ένα κομμάτι χαρτί κι ένα στιλό και χωρίς φασαρία κάθισε το μωρό στο θρανίο, το χάιδεψε στοργικά στο κεφάλι μια δυο φορές κι έπειτα στρώθηκε στο γράψιμο.

Τα μάτια της δεσποινίδας Άρνοτ ανοιγόκλεισαν νευρικά.

—Σάιμον; ψιθύρισε. Σάιμον, μήπως δεν αισθάνεσαι καλά;

Σήκωσε τα μάτια του.

—Πώς είπατε;

Αντήχησε σαν μια ήπια επίπληξη, λες και τον είχε διακόψει από κάποιες πολύ σημαντικές σκέψεις.

—Απλώς αναρωτιόμουν αν αισθάνεσαι καλά.

Την κοίταξε προσεκτικά.

—Ναι, είμαι καλά. Γιατί;

Κούνησε το κεφάλι της.

—Όχι, δεν υπάρχει κανένας λόγος.

Και στ' αλήθεια, δεν έβρισκε κανένα λόγο. Εκτός απ' το ότι δεν ήταν φυσιολογικό. Δηλαδή, ήταν φυσιολογικό, βέβαια. Αλλά εδώ ακριβώς στράβωνε το πράγμα. Το να αντιδρά φυσιολογικά ο Σάιμον Μάρτιν δεν ήταν φυσιολογικό.

Ίσως ο μικρός να ήταν άρρωστος —μπορεί να 'χε και πυρετό. Ή να βρισκόταν κάτω από την επήρεια κάποιου σοκ. Ίσως πριν από λίγο είχε ακούσει πως χτύπησε τη μητέρα του κάποιο φορτηγό ή πως έπαθε ηλεκτροπληξία αλλάζοντας καμιά ασφάλεια ή πως πνίγηκε σε κανένα κανάλι ή...

Η δεσποινίς Άρνοτ προσπάθησε να συνέλθει και να διώξει τις φρικιαστικές σκέψεις της. Μα και βέβαια ένας μαθητής μπορούσε να καθίσει ήσυχος στο θρανίο του να γράψει τα μαθήματά του, χωρίς κάποιος από τους καθηγητές του να συμπεραίνει πως χρειαζόταν ασθενοφόρο ή πως η μητέρα του βρισκόταν ήδη μέσα σ' ένα ασθενοφόρο!

Προσπάθησε να ξαναγυρίσει στα γραπτά της. Αδύνατο! Καθόλου δεν μπορούσε να συγκεντρωθεί. Κάθε τόσο σήκωνε τα μάτια από τα τετράδιά της κι έριχνε μια ματιά στον Σάιμον. Μα τι έγραφε με τόσο ζήλο; Θα 'λεγες πως είχε γράψει σελίδες ολόκληρες. Δύο χρόνια που δίδασκε αγγλικά στην τάξη του ούτε μία φορά δεν τον είχε δει να γράφει περισσότερο από μισή σελίδα στο διπλάσιο χρόνο. Ποιος ή τι μπορούσε να είχε παρακινήσει το παιδί να γράφει σήμερα τόσο πυρετικά;

Η δεσποινίς Άρνοτ έπρεπε να μάθει οπωσδήποτε. Γλίστρησε σιγά σιγά από την έδρα της, προχώρησε νυχοπατώντας με τις λαστιχένιες σόλες των παπουτσιών της, μέχρι που έφτασε πίσω του. Έσκυψε τοσοδά μπροστά, ώστε να καταφέρει να δει πάνω από τον ώμο του. Έχοντας στην επαγγελματική φαρέτρα της μια εμπειρία δύο χρόνων στην αποκρυπτογράφηση των κειμένων του Ρας Μάουλντ, η δεσποινίς Άρνοτ δεν είχε πλέον κανένα πρόβλημα να διαβάσει τις καλικατζούρες του Σάιμον και τη μοναδική, ξεχωριστή ορθογραφία του.

Μέχρι τη μέρα που με ανάγκασαν να τραβολογάω κοντά μου όπου κι αν πάω αυτό το ηλίθιο μωρό από αλεύρι, ποτέ δε σκέφτηκα για την υποχρέωση που είχε ο πατέρας μου να με φροντίζει. Όταν ρώτησα τη μαμά, μου είπε πως δεν τα 'χε καταφέρει κι άσχημα πάντως. Ποτέ δε με χτυπούσε στο κεφάλι ούτε με άφηνε να επιπλέω στην μπανιέρα μπρούμυτα για να πάει να φέρει πετσέτα ή κάτι αντίστοιχο.

Απλώς δεν έμεινε μαζί μας.

Ρώτησα γιατί έφυγε από το σπίτι. Η μαμά και η γιαγιά μού λένε πάντα ότι δεν είχε καμιά σχέση μ' εμένα, δεν ήταν λάθος μου και πως θα συνέβαινε έτσι κι αλλιώς. Όμως χτες ρώτησα τη μαμά για το πώς έφυγε κι όταν προσπάθησε να μου ξεγλιστρήσει ως συνήθως, δεν την άφησα.

Ο Σάιμον σταμάτησε απότομα. Δεν ήξερε πώς να περιγράψει τα υπόλοιπα. Η μητέρα του είχε ανασηκώσει το βλέμμα της, όπως όταν την έπρηζαν με κάποια συζήτηση.

—Πόσες φορές θα σου το πω πια, Σάιμον; Δεν ξέρω γιατί έφυγε.

—Μα εγώ δε σε ρωτάω το γιατί. Σε ρωτάω το πώς.

—Πώς;

—Ναι. Πώς; Πώς έφυγε; Τι είπε; Τι είπες εσύ; Έγινε κανένας μεγάλος καβγάς; Η γιαγιά ήταν κι αυτή εκεί;

Έσκυψε πάνω στο τραπέζι.

—Δε σε ρωτάω να μου πεις τι ακριβώς είχε μέσα στο μυαλό του. Σε ρωτάω κάτι διαφορετικό.

Η μητέρα του βρισκόταν πολύ κοντά στην ήττα.

Εκείνος το ήξερε και πρόβαλε το μεγάλο του επιχείρημα:

—Έχω δικαίωμα να μάθω.

Τον έφτασε πάνω από το τραπέζι και του χάιδεψε το χέρι.

—Το ξέρω, το ξέρω.

Αλλά δε μίλησε περισσότερο. Και ο Σάιμον προχώρησε.

—Ξεμπέρδεψες μαζί του, έτσι; Κι εκείνος σίγουρα ξεμπέρδεψε μ' εμάς. Εξαφανίστηκε, ποτέ δεν έστειλε λεφτά και ποτέ δε μας έγραψε. Στοιχηματίζω πως έπειτα από τόσο καιρό ούτε κι ένας ιδιωτικός ντετέκτιβ δε θα τον έβρισκε, είπε και τράβηξε τα δάχτυλά του κάτω από το χέρι της. Όμως εγώ δεν έχω ακόμα τελειώσει μαζί του. Ξέρεις κάτι; Σκέφτομαι διάφορα πράγματα. Πράγματα που θέλω να ξέρω. Κι αυτό είναι ένα απ' αυτά. Κοίταξε τις σφιγμένες γροθιές του, έτοιμος να κλάψει. Σε παρακαλώ, μαμά. Μίλησέ μου για την ημέρα που έφυγε.

Κι έτσι του είπε —του είπε τα πάντα— ξεκινώντας από το τι έφαγε για πρωινό ο πατέρας του εκείνη την ημέρα, το τι φορούσε, μέχρι κι όλες τις αγένειες που ξεστόμισε για τους ανθρώπους του διπλανού διαμερίσματος, όταν ο σκύλος τους άρχισε να γαβγίζει στον ταχυδρόμο, όπως πάντα. Του είπε για όλα όσα έκανε ο πατέρας του εκείνο το πρωί και τι έφαγαν για μεσημεριανό. Θυμήθηκε ως και τα αστεία με τη Σου, όταν ήρθε στο σπίτι για να κανονίσουν το χαρτζιλίκι που της δίνανε κάθε Σάββατο απόγευμα για να κρατάει το μωρό.

—Εμένα.

—Εσένα.

Άπλωσε τα χέρια της σαν κάποιος που προσπαθεί να πείσει έναν αστυνομικό για την αθωότητά του.

—Ειλικρινά, Σάιμον, του είπε, δεν υπήρχε τίποτα το διαφορετικό. Δεν ήταν μια μέρα αλλιώτικη από τις άλλες. Απ' όσο μπορούσαμε όλοι να σκεφτούμε μετά, ο πατέρας σου δεν είχε ιδιαίτερα κακή διάθεση ούτε κάποια κρίση ζήλιας ούτε ένιωθε παρατημένος —τίποτα. Για να σου πω την αλήθεια, όταν εξαφανίστηκε όλοι πιστέψαμε ότι κάτι τρομερό τού είχε συμβεί —κάποιο τροχαίο ατύχημα, κάτι τέτοιο. Πολύ αργότερα σκεφτήκαμε πως κάποια στιγμή το απόγευμα θα πρέπει να είχε ετοιμάσει τη μεγάλη μπλε βαλίτσα και την κατέβασε σιγά σιγά από ένα παράθυρο της πίσω μεριάς με σκοινί. Όταν έφυγε με το πάσο του από την καγκελόπορτα, δεν κουβαλούσε τίποτα. Είχε τα χέρια στις τσέπες και σφύριζε. Πιστεύαμε ότι πήγαινε ν' αγοράσει μπίρες ή καμιά σοκολάτα. Αλλά εκείνος θα πρέπει να έκανε το γύρο μέχρι την πίσω μεριά του κτιρίου, να πήρε τη βαλίτσα του και να έφυγε για το σταθμό των υπεραστικών —υπολογίζοντας τέλεια το χρόνο για να προλάβει το τελευταίο λεωφορείο για το Λονδίνο. Χαμογέλασε μ' ένα ύφος αξιολύπητο. Φυσικά, μόλις το έμαθε αυτό, η γιαγιά σου έγινε έξαλλη από θυμό.

Τώρα και ο Σάιμον δεν κρατήθηκε να μη γελάσει. Φανταζόταν τη σκηνή. Η γιαγιά στην άλλη άκρη του τηλεφώνου την ημέρα που ο γαμπρός της το έσκαγε μια για πάντα από το σπίτι.

—Έκρηξη ηφαιστείου!

Η μητέρα του βρήκε ευκαιρία να σηκωθεί από το τραπέζι. Φαινόταν καθαρά πως έλπιζε ότι η συζήτηση είχε λήξει.

Ο Σάιμον έστρεψε ξανά την προσοχή της στο θέμα για μια στιγμή.

—Τι σφύριζε;

Γύρισε και τον κοίταξε καλά καλά.

Την ξαναρώτησε.

—Τι σφύριζε; Την ώρα που βγήκε με την ησυχία του από την καγκελόπορτα, με τα χέρια στις τσέπες, τι σκοπό σφύριζε;

Κούνησε το κεφάλι της.

—Αχ, Σάιμον! Πού θέλεις να θυμάμαι;

Δεν ήθελε να βάλει σε δοκιμασία την καλή του τύχη λέγοντάς το αυτό, αλλά που να πάρει η ευχή, δεν καταλάβαινε γιατί αυτό ήταν πιο παράξενο από το να θυμάσαι ότι κάποιος έφαγε κορνφλέικς ή δημητριακά την ημέρα που πέρασε από την καγκελόπορτα, βγήκε στο δρόμο και χάθηκε από τη ζωή σου παντοτινά. Σίγουρα ο σκοπός που σφύριζε ήταν πολύ περισσότερο σημαντικός. Μπορεί, στο κάτω κάτω, να ήταν το κλειδί για το τι σκεφτόταν.

Και τι θα είχε στο νου του κάποιος λίγα μόνο χρόνια μεγαλύτερος από τον Σάιμον, φεύγοντας για να ξαναρχίσει τη ζωή του κάπου αλλού; Τι θα μπορούσε να σφυρίζει; «Ταξιδευτής σε τόπους μακρινούς»; «Μακρύς και μοναχικός ο δρόμος»; «Φεύγω για την πόλη και δεν ξαναγυρίζω»;

Και τώρα, μέσα στην αποπνικτική αίθουσα τιμωρίας των μαθητών, οι σκοποί των τραγουδιών που είχε σκεφτεί γύριζαν ξανά ένας ένας και αργοστρέφονταν στο μυαλό του, καθώς το στιλό του χάραζε τις λέξεις επάνω στο χαρτί, καταγράφοντας στο ημερολόγιο του μωρού από αλεύρι όλα όσα του είχε πει η μητέρα του το προηγούμενο βράδυ. Κι όταν μέσα από τα σφιχτοκλεισμένα δόντια του άρχισε να σιγοσφυρίζει κάποια ρεφρέν τραγουδιών, η δεσποινίς Άρνοτ δεν μπήκε στον κόπο να του πει να σωπάσει. Στο κάτω κάτω, ο Σάιμον δεν είχε καμιά πρόθεση να ενοχλήσει τους άλλους. Ούτε καν έδειχνε να συνειδητοποιεί ότι σιγοσφύριζε. Κι ενώ ήταν τόσο απορροφημένος, εκείνη δεν άντεξε στον πειρασμό, σηκώθηκε κι άρχισε ήσυχα να τριγυρίζει στην αίθουσα. Πλησίασε πίσω του για να κρυφοκοιτάξει πάνω από τον ώμο του και διάβασε τις τελευταίες προτάσεις που είχε γράψει.

Και το πιο παράξενο από όσα είπε η μαμά, ήταν πως ο πατέρας μου δεν ήταν καν αποκαρδιωμένος ή κακοδιάθετος την ημέρα εκείνη. Θα 'λεγε κανείς πως δε μας εγκατέλειπε αλλά πως προχωρούσε σε ό,τι ήθελε να κάνει στη συνέχεια της ζωής του. Και κατάλαβα κάτι άλλο ακόμα. Κατάλαβα πως αν δεν υπήρχα εγώ, αν δεν είχα γεννηθεί, ο πατέρας μου θα ήταν σήμερα απλώς κάποιος από κείνους τους παλιούς φίλους που η μαμά θα είχε ξεχάσει εντελώς. Αν δεν είχαν εμένα, ίσως και να μην καλοθυμόταν σήμερα το όνομά του, πόσο μάλλον το πώς ήταν και τι έφαγε για πρωινό.

Μακάρι μόνο να ήξερα τι σφύρι...

Ξαφνικά ακούστηκε να χτυπάει το κουδούνι.

Η δεσποινίς Άρνοτ έδωσε έναν πήδο προς τα πίσω, ώστε μόλις όλοι τους έστριψαν στη θέση τους για να την κοιτάξουν με ελπίδα, ο Σάιμον να μην καταλάβαινε ότι διάβαζε το γραπτό του.

—Τελειώσαμε;

—Ναι. Πηγαίνετε.

Δε βιάστηκε όπως συνήθως να παραχώσει τα πράγματά του στη σάκα του και να τρέξει στην πόρτα. Η δεσποινίς Άρνοτ βρήκε την ευκαιρία να του μιλήσει.

—Σάιμον...

Γύρισε να τη δει.

Δεν ήξερε πώς να του το πει, μην τυχόν και τον προσβάλει. Τελικά, είπε απλά, με ύφος φιλικό:

—Έγραψες ένα σωρό πράγματα σήμερα.

Σήκωσε τους ώμους του.

Εκείνη ξαναπροσπάθησε:

—Μερικές φορές οι άνθρωποι χρειάζονται απλώς περισσότερο χρόνο για να καταπιαστούν με τα μαθήματά τους. Σαν τα όψιμα φρούτα, ας πούμε. Τριγυρνάνε, χαζολογάνε χρόνια και χρόνια, γιατί δε βρίσκουν να υπάρχει κανένα νόημα σ' αυτά. Και ξαφνικά μια μέρα ανάβει ένα φως και πραγματικά αρχίζουν να το διασκεδάζουν.

Περίμενε.

Ο Σάιμον δεν είπε τίποτα.

Ήξερε ότι θα μπορούσε θαυμάσια να κόψει τη συζήτηση. Αλλά από καθαρή περιέργεια, μια περιέργεια που την έκαιγε, δεν κρατήθηκε να μη δοκιμάσει μια τελευταία φορά.

—Θα έλεγες πως ίσως αυτό να συνέβη σήμερα και σ' εσένα;

Ο Σάιμον παρατήρησε καλά καλά το τεράστιο πόδι του. Πραγματικά, δεν το μετάνιωνε που είχε προσηλωθεί στη δουλειά του όλη την ώρα που τον παρατηρούσε στην τάξη. Όμως ένα μεγάλο μέρος από τον αρχικό του ενθουσιασμό και όλες σχεδόν οι ενοχές είχαν σβήσει τώρα. Αισθανόταν σαν ένα στιλό άδειο απ' το μελάνι του, χρησιμοποιημένο και τελειωμένο. Για μια στιγμή πέρασε από το νου του η ιδέα να προσπαθήσει να παραμείνει ο καινούριος Σάιμον, ο ξαναγεννημένος Σάιμον, που κάνει με θρησκευτική ευλάβεια τη σχολική του εργασία και την παραδίνει έγκαιρα, που περνάει τις ώρες του μεσημεριανού φαγητού στη βιβλιοθήκη, συζητώντας σε βάθος διάφορες μελέτες με τους καθηγητές του. Στο κάτω κάτω, τα τελευταία σαράντα λεπτά δεν ήταν και τόσο φρικτά. Το χέρι του τον πονούσε, εντάξει. Και στο πλάι του δάχτυλού του όπου έσφιγγε το στιλό υπήρχε μια κοκκινίλα, μολονότι δεν ήταν τίποτα σε σύγκριση με το σφυροκόπημα δέκα λεπτών ποδοσφαίρου που το δεχόταν και σαν κάτι δεδομένο. Όχι, αυτό που δεν άρεσε στον Σάιμον —και ακόμα πιο έντονα, αυτό που σιχαινόταν ο Σάιμον— σχετικά με τα τελευταία σαράντα λεπτά, ήταν ότι πέρασαν και φύγανε. Φύγανε παντοτινά. Φσστ! Στο πι και φι! Κι ήταν τόσο προσηλωμένος, ώστε ούτε που κατάλαβε πώς έφυγαν. Επί σαράντα λεπτά συμπεριφερόταν σαν εκείνους τους σπασίκλες στις άλλες τάξεις —τους τύπους που σήκωναν τα μάτια από την τελευταία σελίδα του βιβλίου που διάβαζαν κι έκπληκτοι ανακάλυπταν πως έξω είχε σκοτεινιάσει.

Όχι. Ολόκληρη η ζωή σου θα πήγαινε χαράμι αν δεν είχες το νου σου. Έπρεπε να παραφυλάς άγρυπνος.

Η δεσποινίς Άρνοτ εξακολουθούσε να τον κοιτάζει με ελπίδα. Και ο Σάιμον πάντα είχε αδυναμία σ' αυτήν. Δεν ήθελε να είναι εκείνος που θα έκανε συντρίμμια το όνειρο της δασκάλας του με τα μάτια που έλαμπαν σαν αστέρια.

Μετακινώντας εδώ κι εκεί τα πόδια του, κατέβαλε πραγματική προσπάθεια να φανεί διπλωματικός:

—Πιθανώς, είπε. Κι ύστερα πάλι, κάπως πιο σταθερά: πιθανώς.

Και για να μην τον πιλατεύει περισσότερο, κατευθύνθηκε προς την πόρτα όσο γρηγορότερα μπορούσε.

Έξω στο διάδρομο, ο Σάιμον βρέθηκε κολλημένος στον τοίχο από κάτι που στην αρχή του φάνηκε σαν μια μινιατούρα άρματος μάχης.

Ακριβώς από πάνω, ο Σαχίντ χασκογελούσε σαν χαζός.

—Τι είναι επιτέλους αυτό το πράγμα; ρώτησε ο Σάιμον.

Ο Σαχίντ έκανε λίγο πίσω για να ελευθερωθεί ο Σάιμον και να το δει καλύτερα.

—Ε, δεν το βλέπεις; Παιδικό καροτσάκι.

—Και γιατί έχει οχτώ ρόδες;

Ο Σαχίντ γύρισε τα μάτια μια από δω, μια από κει.

—Γιατί είναι δύο παιδικά καροτσάκια δεμένα με ηλεκτρικό καλώδιο που έστειλα και σούφρωσε ο Τάλις, να γιατί.

—Καλά, και τι το θέλεις;

—Για τα μωρά από αλεύρι. Τα μάτια του Σαχίντ έλαμψαν. Κοίτα, Σάιμ. Πόσα μωρά από αλεύρι λες ότι θα μπορούσες να στριμώξεις σ' αυτό το μπροστινό καροτσάκι χωρίς να σου πέσει κάτω κανένα;

Ο Σάιμον έβγαλε το μωρό του από αλεύρι από τη σάκα του και το κάθισε στη μια άκρη σαν βασίλισσα.

—Γύρω στα δέκα, είπε, αφού σκέφτηκε λίγο. Θα στριμωχτούν λίγο αλλά δε θα πέσουν κάτω.

—Ακριβώς! πανηγύρισε ο Σαχίντ. Δέκα σε τούτο μπροστά και εννιά στο άλλο, πίσω. Και τα δεκαεννιά μωρά από αλεύρι χωράνε σ' αυτά τα δυο καροτσάκια που είναι δεμένα μαζί.

—Ε, και;

Ο Σαχίντ άρχισε να χάνει την υπομονή του.

—Τι καλός που είσαι, Σάιμ! Είναι ένα μικρό κινητό νηπιαγωγείο. Ένας παιδικός σταθμός!

—Μάλλον σαν κονσερβοκούτι με σαρδέλες, είπε ο Σάιμον.

Ο Σαχίντ άρχισε να σπρώχνει. Σφιχτοδεμένα όπως

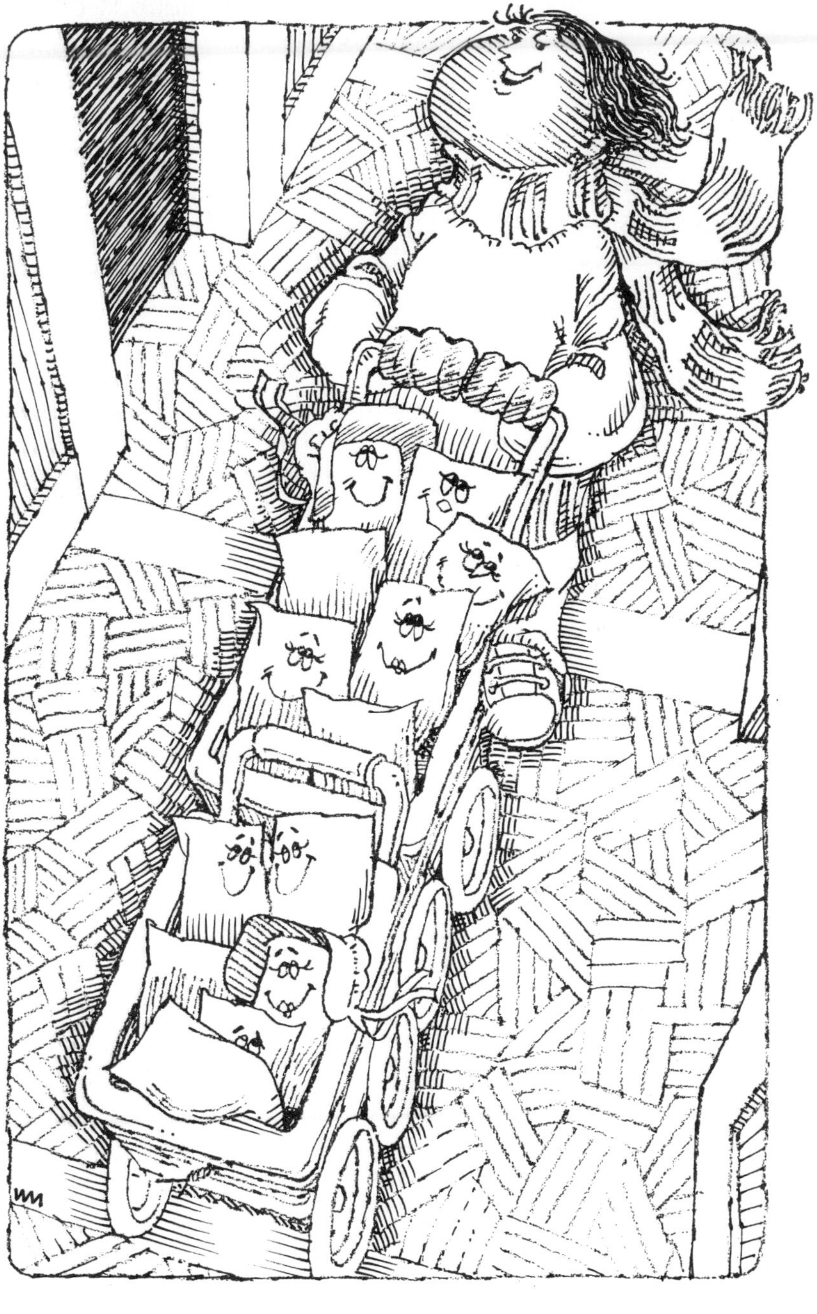

ήταν μεταξύ τους τα καροτσάκια, ήταν αδύνατο να τα κουμαντάρεις για να στρίψουν στη γωνία και ο Σαχίντ πήρε τη στροφή κάτω από τις αδέξιες και τσιριχτές οδηγίες του Σάιμον.

—Εδώ είναι το μυστικό, επέμεινε, καθώς κατάφεραν να πάρουν επιτέλους την ευθεία. Όσα περισσότερα μωρά από αλεύρι μπορώ να στοιβάξω, τόσα πιο πολλά λεφτά θα βγάλω.

Ο Σάιμον τα 'χε χάσει.

—Λεφτά;

Ο Σαχίντ γύρισε και τον κοίταξε καλά καλά.

—Κοίτα, δεν πρόκειται να το κάνω φιλανθρωπικό βρεφονηπιακό σταθμό, είπε κοφτά στον Σάιμον. Αν είναι ν' αναλάβω κάποια ευθύνη, θα πάρω λεφτά. Αυτό λέγεται επιχείρηση.

—Έλα τώρα, Σαχίντ, είπε υποτιμητικά ο Σάιμον. Κανένας δε θα το δεχτεί αυτό. Κανένας!

—Ω ναι, θα το δεχτούν, τον πληροφόρησε χαρωπός ο Σαχίντ. Έχω ήδη δέκα ονόματα γραμμένα και είναι άλλοι τρεις που θα πάνε σπίτια τους απόψε το βράδυ να τινάξουν καλά καλά τις σάκες τους και να δουν αν μπορούν να μου δώσουν...

Μπαμ!

Είχε τρακάρει με το δόκτορα Φέλδαμ που έστριβε την επόμενη γωνία του διαδρόμου με τόση ταχύτητα, ώστε του ήταν αδύνατο να σταματήσει έγκαιρα. Ο Σάιμον περίμενε το χειρότερο. Μια κατσάδα πρώτης γραμμής. Ξανά θα τους κρατούσαν τιμωρία μετά το μάθημα. Συν πενήντα γραμμές γραπτή τιμωρία. Όμως μόλις ξαναβρήκε την ανάσα του ο δόκτωρ Φέλδαμ απλώς έφερε δυο βόλτες γύρω από το παράξενο οκτάτροχο όχημα, παρατηρώντας τα ορατά χαρακτηριστικά του και ζυγίζοντας τις ιδιότητές του.

—Έκτακτο!

Έφερε ένα γύρο για να κοιτάξει τη μικρή ομάδα των ακολούθων του που τον είχαν πάρει το κατόπι, με τα χέρια τους γεμάτα εξαρτήματα από τον εξοπλισμό του εργαστηρίου.

—Έκτακτο! Τι τύχη! Το πρωί μόλις συζητούσαμε για αρθρωτά οχήματα και να μπροστά μου στο διάδρομο ένα τέλειο παράδειγμα του τι ακριβώς προσπαθούσα να εξηγήσω. Σημειώστε ότι μια άκαμπτη ορθογώνια δομή αυτών των διαστάσεων...

Στο σημείο αυτό σταμάτησε απότομα για να ρίξει μια γρήγορη ματιά κάτω από τα καροτσάκια.

—Οχτώ τροχοί...

Η προσοχή του διασπάστηκε και σταμάτησε ξανά.

—Τι είναι αυτό; ρώτησε δείχνοντας. Καλώδιο τριάντα αμπέρ; Δεν πιστεύω, βέβαια, να προέρχεται από κάποιο από τα εργαστήρια του κυρίου Χάιαμ!

Ύστερα, χωρίς καν να περιμένει απάντηση, προπορεύτηκε οδηγώντας τη μικρή ομάδα του, συνεχίζοντας τη διάλεξη για διάφορα μυστηριώδη πράγματα, όπως οι γωνίες προσέγγισης και οι ταχύτητες.

Ο Σάιμον και ο Σαχίντ ακούμπησαν νωχελικά στον τοίχο κοιτάζοντάς τους να απομακρύνονται. Ο Σαχίντ ήταν ανακουφισμένος που η κλεψιά των δέκα μέτρων καλωδίου από τον Τάλις δεν είχε απόλυτα εντοπιστεί και καταγραφεί από το δόκτορα Φέλδαμ και ο Σάιμον είχε βεβαιωθεί ότι η απόφασή του να μη γίνει σπασίκλας ήταν σωστή. Προς το παρόν, τουλάχιστον, αισθανόταν ξανά ασφαλής. Μετά ο Σαχίντ, βλέποντας και τον τελευταίο της ακολουθίας του δόκτορα Φέλδαμ να εξαφανίζεται στη στροφή του διαδρόμου, σκούντησε με τον αγκώνα τον Σάιμον:

—Μίζερη ζωή... είπε κουνώντας το κεφάλι του.

Κι ο Σάιμον επανέλαβε σαν ηχώ:

—Μίζερη ζωή...

Καταβάλλοντας προσπάθεια, τίναξαν από πάνω τους τη ζοφερή διάθεση που τους είχε ανεξήγητα δημιουργήσει αυτό το λίγο που κατάλαβαν από το αυτοσχέδιο μάθημα για τα αρθρωτά οχήματα.

Μαζί κι οι δυο έσπρωξαν το καροτσάκι στο διάδρομο μέχρι να βρουν κάποια κατηφοριά κι έφτιαξαν την κακοκεφιά τους ξεσπώντας σ' ένα τρανταχτό γέλιο.

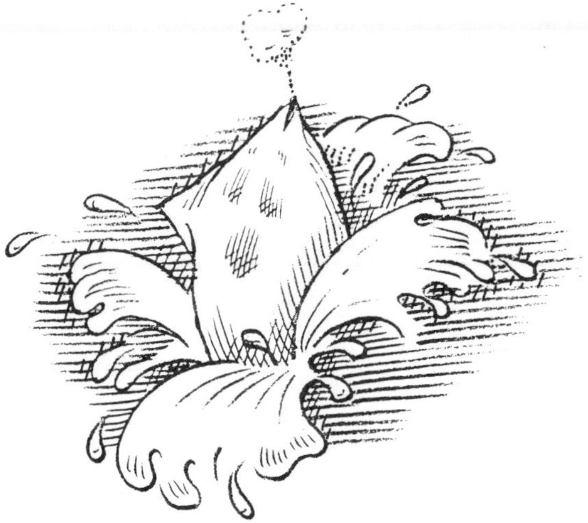

6

Την ενδέκατη μέρα ο Ρόμπιν Φόστερ έχασε την ψυχραιμία του και πέταξε με μια κλοτσιά το μωρό του από αλεύρι στο κανάλι. Βυθίστηκε σχεδόν αμέσως. Τρεις μέρες νωρίτερα, όταν ζυγίστηκε το μωρό από αλεύρι —κάτι που γινόταν δύο φορές την εβδομάδα— τα πράγματα είχαν πάει αρκετά καλά. Το μωρό του δεν είχε χάσει βάρος από κακομεταχείριση. Ούτε και είχε πάρει βάρος από υγρασία. Αλλά στο δρόμο από το σχολείο για το σπίτι την ενδέκατη μέρα, κάτι έσπασε μέσα στον Ρόμπιν, με αποτέλεσμα τα όσα έγιναν: κάμποσες φυσαλίδες που ανέβηκαν στην επιφάνεια του νερού και μια σειρά πρόσωπα όλο περιέργεια να κοιτάζουν ερευνητικά το βρόμικο μαύρο νερό του καναλιού.

—Θανάσιμο χτύπημα!

—Βούλιαξες, Φόστερ!

—Κι εσύ και το μωρό...

—Γιατί το έκανες;

Αλλά ο Ρόμπιν έδειχνε απρόθυμος να εξηγήσει.

—Δεν μπόρεσα να συγκρατηθώ, το καταλαβαίνετε;

—Όχι, είπε ο Σάιμον ισιώνοντας το σκουφάκι του μωρού του. Δεν το καταλαβαίνω. Δεν το καταλαβαίνω καθόλου.

Ο Ρόμπιν τού έριξε μια ιδιαίτερα βλοσυρή ματιά.

—Μπορεί το δικό σου μωρό να είναι πιο εύκολο να το φροντίζεις απ' όσο το δικό μου.

—Μπούρδες! κορόιδεψε ο Σάιμον, αν και κρυφά μέσα του πίστευε πως ίσως να είχε δίκιο. Το δικό του μωρό από αλεύρι είχε έναν τρόπο να σε κοιτάζει μ' εκείνα τα στρογγυλά μεγάλα μάτια του, που λες και σε διευκόλυναν να το φροντίζεις. Συχνά έπιανε τον εαυτό του να του κουβεντιάζει πολύ φιλικά. «Είσαι άνετα;» το ρωτούσε καθώς το στήριζε πάνω από τα υπόλοιπα πράγματά του στη σάκα. «Ευχαριστημένη;» καθώς την ανέβαζε ψηλά ψηλά στην ντουλάπα (το μόνο μέρος όπου δεν την έφτανε ο Μακφέρσον). Τελικά, θα ήταν αρκετά δύσκολο να πάρει μέρος στη «Μεγάλη έκρηξη» μέσω της εργασίας του για το μωρό του από αλεύρι. Αλλά, στο κάτω κάτω, θα ήταν και κάτι το εξαιρετικό, κάτι αρκετά μυστηριώδες. Δεν μπορούσε να φανταστεί ότι θα το πετούσε με τις κλοτσιές μέσα στο κανάλι.

—Τι σ' έσπρωξε να το κάνεις; ξαναρώτησε.

Αν ήταν μόνο η περιέργεια του Σάιμον που είχε κεντριστεί, ο Ρόμπιν θα αγνοούσε στην ερώτηση. Άλλωστε, όλοι στο σχολείο ήξεραν πλέον ότι ο Σάιμον Μάρτιν είχε χαζέψει τελείως μ' αυτό το σακί του από αλεύρι. Μα τώρα ήταν και οι άλλοι τρεις που τον κοίταζαν επίμονα. Ο Γκουίν Φίλιπς είχε, μάλιστα, κατεβεί κι απ' το ποδήλατό του. Όλοι τους στέκονταν περιμένοντας την απάντησή του. «Σαν μια αγέλη τσακάλια», σκέφτηκε, «που σφίγγουν τον κλοιό γύρω από κάποιο δύστυχο πληγωμένο ελαφάκι».

—Δεν ξέρω γιατί το έκανα, πέταξε κοφτά. Έχασα την ψυχραιμία μου, τι θέλετε; Σιχάθηκα να με κοιτάζει απ' το πρωί μέχρι το βράδυ αυτό το ηλίθιο κατασκεύασμα.

—Το δικό σου δεν κοίταζε, είπε ο Σάιμον μην μπορώντας να κρατηθεί. Το δικό σου δεν είχε καθόλου μάτια.

Ο Ρόμπιν γύρισε προς το μέρος του.

—Ωχ, άντε παράτα μας, Σάιμ! Εσύ δεν έχεις πρόβλημα. Ούτε και σε νοιάζει να γυρνάς και να φέρεσαι σαν βλάκας πρώτης τάξεως. Κανένας δε θα γελάσει μαζί σου, έτσι δεν είναι; Κανένας δε θα αρχίσει να κοροϊδεύει έναν τύπο με διαστάσεις γορίλα, επειδή σεργιανίζει χαϊδεύοντας στοργικά το μαγουλάκι ενός σακιού γεμάτου τρία κιλά αλεύρι και του τραγουδάει νανουρίσματα...

—Άκου να σου πω, Φόστερ...

Αλλά ο Ρόμπιν ήταν πολύ φουρκισμένος για να σταματήσει.

—Εσύ την έχεις καλά, χοντροχέρη πίθηκε. Κανείς δεν κοτάει να σε πλησιάσει. Όμως τι γίνεται μ' εμάς τους υπόλοιπους;

—Ναι!

—Αυτή είναι η αλήθεια!

—Ο Φόστερ έχει δίκιο.

Ο Σάιμον γύρισε να δει τη σπείρα των προδοτών πίσω του.

—Τώρα παίρνετε και το μέρος του;

Και ακριβώς αυτό συνέβαινε.

Ο Γουέιν Ντρίσκολ ήταν ο πρώτος που κατέθεσε τη μαρτυρία του.

—Ο Ρόμπιν έχει δίκιο. Κι εγώ το σκυλοβαρέθηκα το δικό μου. Σιχάθηκα να το κουβαλάω μαζί μου παντού, να το έχω πάντα στεγνό και καθαρό. Σιχάθηκα που κάθε μέρα γίνεται και πιο βρόμικο, χωρίς καν να φταίω εγώ! Σιχάθηκα να το ακουμπάω σ' ένα μέρος κατακάθαρο για μισή ώρα κι όταν πηγαίνω να το πάρω να έχει γίνει κατάμαυρο σχεδόν. Σ' το λέω, έτοιμος είμαι να του δώσω μια κλοτσιά να φύγει στο κανάλι.

Ο Σάιμον προσπάθησε να φανεί λογικός:

—Γιατί δεν το δίνεις στο νηπιακό σταθμό του Σαχίντ; Σας τα κρατάει καθαρά κι απόλυτα ασφαλή.

Ο Γουέιν είχε έτοιμη την απάντηση.

—Δεν έχω λεφτά, κατάλαβες; Ακόμα χρωστάω για το κιβώτιο με τα κάρβουνα που δανείστηκα από τους διπλανούς μας.

Ο Σάιμον προσπάθησε να δείξει υπομονή.

—Κοίτα, Γουέιν, είπε. Η μάνα του Λουίς δεν τον αφήνει να κάνει ξανά το πάρτι με το «Στοιχειωμένο σπίτι», ύστερα από όλη εκείνη την ανακατωσούρα την τελευταία φορά. Άρα το κιβώτιο δε θα σου ξαναχρειαστεί να το χρησιμοποιήσεις για φέρετρο, τουλάχιστον για κάμποσο καιρό. Δώσ' το πίσω, λοιπόν.

—Μπορώ; Δεν μπορώ, τον έκοψε ο Γουέιν. Τώρα που έσπασε κι άνοιξε; Κι αν δεν άντεχε να κρατήσει τέσσερις πέντε βρικόλακες χωρίς ν' ανοίξει στις ενώσεις, δεν πρόκειται να βαστήξει, βέβαια, ξανά ένα κάρο κάρβουνα. Το πρόσωπό του κατσούφιασε. Τουλάχιστον αυτό ισχυρίζονται οι διπλανοί μας. Ή καινούριο κασόνι για κάρβουνα ή μια βολτίτσα μέχρι το

αστυνομικό τμήμα. Έτσι κι εγώ θα τους αγοράσω ένα καινούριο κασόνι.

Ο Σάιμον έψαχνε ακόμα να βρει λύση.

—Να πεις στον Σαχίντ ότι θα του τα χρωστάς.

Τώρα ο Γουέιν τού γέλασε κατάμουτρα.

—Κάνε μας τη χάρη, Σάιμ! Αν δεν έπεφτες με τα μούτρα να κανακεύεις την καινούρια σου κούκλα μέρα νύχτα, θα ήξερες πως ο Σαχίντ έχει κιόλας προσλάβει τον Χένρι και τον Μπιλ να τσεπώνουν τα λεφτά απ' όποιον καθυστερεί το νοίκι για το καροτσάκι. Γιατί λες πως ο Τζορτζ γυρίζει μαζί μας με τα πόδια στο σπίτι; Του σούφρωσαν τα ναύλα του λεωφορείου εκείνα τα σκληρά καρύδια του Σαχίντ.

Με ύφος πικρόχολο έγειρε το κεφάλι του στη μια μεριά, παρασταίνοντας πολύ πιστά τον Σαχίντ: «Λυπάμαι πολύ, παιδιά. Εδώ έχουμε επιχείρηση!»

Αλλά ο Τζορτζ τον έσπρωχνε ήδη παράμερα, βιαστικός να προσθέσει και τα δικά του παράπονα.

—Ακριβώς. Σιχάθηκα να γυρνάω σπίτι με τα πόδια. Σιχάθηκα να δίνω όλα τα λεφτά μου στον Σαχίντ για να μου προσέχει λίγες βρομοώρες κάθε μέρα αυτό το ηλίθιο πράγμα. Και σιχάθηκα που δε βρίσκω συμπαράσταση. Χτες βράδυ εξηγούσα στη μάνα μου πόσο άδικο ήταν κι έβαλε απλώς τα γέλια. Μακάρι, λέει, να είχε ανοίξει το νηπιακό σταθμό του ο Σαχίντ όταν εγώ κι ο αδερφός μου ήμασταν μωρά, γιατί θα πλήρωνε ευχαρίστως τα διπλά λεφτά, φτάνει να μας ξεφορτωνόταν για λίγες ώρες. Λέει πως αυτό το μωρό από αλεύρι δεν είναι τίποτα μπροστά στον κόπο και στην τυραννία ενός αληθινού μωρού. Λέει πως όταν έρχεται η ώρα να φροντίσω εγώ ο ίδιος διάφορα πράγματα, δε συνειδητοποιώ καν ότι έχω γεννηθεί.

Το πρόσωπό του σκοτείνιασε.

—Έτσι κι αλλιώς εγώ δεν παίρνω σχεδόν καθόλου λεφτά. Θα πρέπει να δανειστώ από το χαρτζιλίκι της επόμενης βδομάδας για να πληρώσω το νοίκι της προηγούμενης βδομάδας στον Σαχίντ. Δε γίνεται να συνεχίσω έτσι. Ώσπου να δώσω πίσω το μωρό από αλεύρι, θα χρωστάω λεφτά μηνών. Μηνών! Πάω κι εγώ να του δώσω μια κλοτσιά να φύγει στο κανάλι.

Προτού προλάβει ο Σάιμον να μιλήσει, μπήκε στη μέση ο Γκουίν Φίλιπς.

—Κι εγώ το ίδιο! Το βαρέθηκα το δικό μου. Βαρέθηκα να πρέπει να δένω αυτό το ηλίθιο πράγμα πίσω στο ποδήλατό μου κι ύστερα να κάθομαι να το τυλίγω καλά καλά με μια πλαστική σακούλα, μην τυχόν και καμιά ρόδα αυτοκινήτου πατήσει τίποτα λασπόνερα και το μουσκέψει. Βαρέθηκα να μου θυμίζει συνέχεια η μάνα κι ο πατέρας μου να το παίρνω επάνω μαζί κάθε βράδυ και να το κατεβάζω το πρωί. Βαρέθηκα να έχω το νου μου μην το αφήσω μόνο με τη γάτα μας στο ίδιο δωμάτιο. Θα του δώσω μια κλοτσιά να φύγει μέσα στο κανάλι μαζί με τα μωρά των άλλων.

Και για να το αποδείξει, βάλθηκε να σχίζει την πλαστική σακούλα με το μωρό του που είχε στηρίξει στο πίσω μέρος του ποδηλάτου του.

Ο Σάιμον έκανε να το αρπάξει, να το σώσει, όταν ο Γουέιν Ντρίσκολ προχώρησε με το μωρό του στα χέρια ένα βήμα μπροστά, έτοιμος για την κλοτσιά.

—Ελάτε να παραβγούμε! φώναξε. Να δούμε ποιος μπορεί να κλοτσήσει το μωρό του πιο μακριά στο κανάλι!

—Να δούμε ποιανού θα βουλιάξει γρηγορότερα!

—Να δούμε ποιανού θα κάνει τις περισσότερες μπουρμπουλήθρες!

Ο Σάιμον πλησίασε στο κανάλι απλώνοντας τα χέρια, να τους εμποδίσει.

—Μη!

Για μια στιγμή η προσοχή τους στράφηκε ξανά σ' εκείνον.

—Μη μας κουφαίνεις, Σάιμ.

—Είσαι άρρωστος στο μυαλό, Σάιμ.

—Ψώνιο, ε, ψώνιο!

—Σ' το λέω, αυτή η ιστορία με τα μωρά από αλεύρι σ' έχει κάνει σκέτη πληγή.

Ο Σάιμον έμεινε ακλόνητος ανάμεσα στους τέσσερίς τους και στο γλιστερό χείλος του καναλιού.

—Ακούστε με, παρακάλεσε. Το ξέρω ότι τα μισείτε. Ξέρω ότι πιστεύετε όλοι σας πως είναι ηλίθια, πως δεν είναι μια εργασία επιστημονική, πως δεν αξίζει να σκοτιζόμαστε γι' αυτά και πως θα προτιμούσατε να σας πατήσει κάτω ο γερο-ζόρικος που τα χάσατε, παρά να τα σέρνετε πίσω σας έστω και μία μέρα ακόμα. Άπλωσε τα χέρια του. Όμως σας το λέω, αξίζει τον κόπο, τους βεβαίωσε. Αξίζει! Αξίζει! Αν μπορέσετε να κρατήσετε λίγο ακόμα...

Τα μάτια του έλαμψαν στο όραμα που τον στήριζε για έντεκα μέρες.

—Είναι κι η έκρηξη, εξήγησε. Θα είναι σπουδαία. Καταπληκτική! Σαν εκείνα που διαβάζουμε στη Βίβλο —ξέρετε— ποταμοί αίματος, μάστιγες από βατράχους και ακρίδες και τα σχετικά. Σας δίνω το λόγο μου, θα δούμε εκατό κιλά κοσκινισμένο άσπρο αλεύρι να τινάζεται απ' τα σακιά, μέσα στην τάξη!

—Του Φόστερ δεν έσκασε όταν το κλότσησε, τόνισε ξινισμένος ο Τζορτζ. Του Φόστερ απλώς βούλιαξε.

Φλογισμένος από την ακλόνητη πεποίθηση που βλέπει κανείς στους φανατισμένους της θρησκείας, ο Σάιμον δεν είχε κανένα πρόβλημα να βρει το επιχείρημα που θα διέλυε αυτή τη μάλλον ενοχλητική παρατήρηση.

—Δε θα μπόρεσε να το κλοτσήσει αρκετά δυνατά ο Φόστερ.

Εδώ υπήρχε στ' αλήθεια μια πρόκληση. Η μικρή συμμορία κοιτάχτηκε στα μάτια, αποδυναμωμένη.

Ο Γουέιν ήταν από τους πρώτους που έσπασε. Άλλωστε, πόσες και πόσες φορές δεν είχε μιλήσει περιφρονητικά στον Ρόμπιν Φόστερ κατά τη διάρκεια του παιχνιδιού τα τελευταία τρία χρόνια. Και τα γεγονότα είναι γεγονότα. Ο Ρόμπιν δεν μπορούσε να κλοτσήσει ούτε μια μπάλα φτιαγμένη από χαρτοσακούλα.

Και ήταν αλήθεια πως έπειτα από έντεκα άθλιες μέρες, αλυσοδεμένος μ' ένα μωρό από αλεύρι, το να του δώσει μια μικρή κλοτσίτσα να πέσει στο κανάλι δε συγκρινόταν με το φαντασμαγορικό όραμα που έφερνε συνέχεια μπροστά τους ο Σάιμον. Ο Γουέιν πάντως δεν έβαζε και στοίχημα ότι θα έσκαγε πάνω απ' το νερό και οπουδήποτε άλλου το μωρό. Το σουτ του Γκουίν ήταν χειρότερο απ' του Φόστερ. Και του Τζορτζ δεν ήταν και καλύτερο. Τα σακιά τους με το αλεύρι μάλλον θα βουλιάζανε κι αυτά, σαν του Ρόμπινς, χωρίς ν' αφήσουν ίχνος. Το δικό του θα έσκαγε, εντάξει. Καμιά αμφιβολία. Δεν τον είχαν πάρει τζάμπα στην ποδοσφαιρική ομάδα. Αλλά και τότε ακόμα, το αλεύρι απλώς θα σκορπιζόταν πάνω απ' το νερό. Δε θα ευχαριστιόντουσαν μια γερή, καλή ανακατωσούρα, να χαλάσει ο κόσμος.

Όχι, όχι. Απ' όποια μεριά κι αν το έβλεπες, μια δυνατή κλοτσιά πάνω από το κανάλι δε σε αντάμειβε για έντεκα συφοριασμένες μέρες.

—Σύμφωνοι, είπε ο Γουέιν. Κέρδισες. Θα περιμένουμε.

Ωστόσο υπήρχε ακόμα ανάμεσά τους κάποιος δύσπιστος.

—Γιατί; ρώτησε ξαφνικά ο Τζορτζ Σπόλντερ. Γιατί να περιμένουμε; Επειδή ο Σάιμ από δω μας λέει και μας ξαναλέει για την εξαίσια έκρηξη; Θα 'στε τρελοί αν τον πιστεύετε. Σίγουρα κάνει λάθος. Ο γερο-ζόρικος διδάσκει στην τάξη αυτή τετρακόσια χρόνια! Ούτε σ' έναν δε θα επιτρέψει να κλοτσήσει εκατό κιλά αλεύρι εκεί μέσα. Θα πρέπει να 'ναι τρελός. Όχι. Δε θα γίνει ποτέ. Ο Σάιμ κατάλαβε λάθος.

Η φωνή του Σάιμον αντήχησε γεμάτη βεβαιότητα.

—Αυτό είπε, επέμεινε. Τον άκουσα. Μην ξεχνάτε πως ήμουνα με το αυτί κολλημένο ακριβώς έξω από την πόρτα της αίθουσας καθηγητών. «Πάνω από εκατό κιλά κοσκινισμένο άσπρο αλεύρι, να σκορπίσουν μέσα στην τάξη μου». Αυτά είπε. Ακριβώς τα λόγια του.

Ο Γουέιν άρχισε να ταλαντεύεται ανάμεσα στη λογική και στην επιθυμία.

—Δεν ξέρω, είπε ξύνοντας το πλάι του παπουτσιού του σε μια τούφα χορτάρια πάνω στο μονοπάτι. Το βρίσκω αρκετά απίθανο. Μα ίσως και να 'χει δίκιο ο Σάιμ. Στο κάτω κάτω... Η φωνή του δυνάμωσε καθώς η ορμή της σκέψης του υπερκαλύφθηκε από την ένταση των συναισθημάτων του. Στο κάτω κάτω, γιατί άλλο θα μας ανάγκαζαν να φροντίσουμε αυτά τα πλαδαρά, άχρηστα, άβουλα πράγματα για τρεις ολόκληρες βδομάδες, μ' ένα σωρό κόσμο να μας κατασκοπεύει για να βεβαιωθούν πως κάνουμε σωστά τη δουλειά μας, αν όχι για να φουρκιστούμε τόσο, ώστε να τα κάνουμε κομματάκια με τις κλοτσιές;

Στραβοκοίταξε ένα γύρω, απαιτώντας μια απάντηση.

—Μας είπαν το γιατί, του θύμισε ο Τζορτζ Σπόλντερ. Είναι για να μάθουμε διάφορα για τον εαυτό μας και για το πώς αισθανόμαστε στο ρόλο του γονιού. Αυτός ήταν ο σκοπός τους.

—Τότε δεν πειράζει που σουτάρισα το δικό μου στο κανάλι, είπε ευδιάθετος ο Ρόμπιν. Γιατί απ' το δικό μου δεν έμαθα τίποτα. Ούτε ένα τοσοδά πραγματάκι. Έσερνα έντεκα μέρες μαζί μου αυτό το ηλίθιο σακί με τ' αλεύρι και το μοναδικό που έμαθα ήταν πως ποτέ μα ποτέ σ' όλη μου τη ζωή δε θα θελήσω να έχω μωρό, εκτός κι αν κάποιος άλλος προσφερθεί να το φροντίζει τουλάχιστον τη μισή μέρα κι αν υπάρχει νηπιακός σταθμός στη διπλανή πόρτα!

Όλοι τους σώπασαν.

—Εμένα μου φαίνεται, είπε ο Γουέιν, ότι αν οι άνθρωποι είχαν ακόμα και την παραμικρή ιδέα τι βάσανο είναι, κανένας τους δε θα ήθελε ποτέ να έχει μωρό.

—Και, συμπλήρωσε ο Ρόμπιν, αν τύχαινε να κάνουν κανένα κατά λάθος, οποιοσδήποτε που θα είχε μια στάλα μυαλό θα το 'σκαγε τρέχοντας.

Κοίταξε τον Σάιμον, περιμένοντας να συμφωνήσει. Μα ο Σάιμον γύρισε την πλάτη του.

Τότε ο Ρόμπιν κατάλαβε.

Ρίχνοντας μια ένοχη ματιά στους άλλους, άπλωσε το χέρι του στον ώμο του Σάιμον.

Ο Σάιμον τινάχτηκε απότομα κι έφυγε παίρνοντας το μονοπάτι που είχαν έρθει.

—Τι τον έπιασε; ρώτησε έκπληκτος ο Τζορτζ Σπόλντερ.

—Βούλωσ' το, ρε βλάκα, ψιθύρισε ο Ρόμπιν. Δεν κρατήθηκε και πρόσθεσε με ύφος: Δεν το ξέρατε πως ο πατέρας του Σάιμ άντεξε να τον φροντίζει μόνο έξι βδομάδες;

—Όχι, είπε ο Τζορτζ. Δεν το 'ξερα αυτό. Η ματιά του καρφώθηκε πέρα στον Σάιμον. Όχι και πολύ μεγάλο διάστημα για έναν μπαμπά, συνέχισε.

Ο Ρόμπιν πρόσθεσε με στόμφο:

—Χίλιες οχτώ ώρες ακριβώς.

Όλοι τους κοίταξαν τον Ρόμπιν μ' έναν καινούριο σεβασμό. Μετά, ένας ένας στράφηκαν και κοίταξαν με συμπόνια τον Σάιμον που απομακρυνόταν όλο και πιο πολύ πάνω στο μονοπάτι. Ήταν απόλυτα ξεκάθαρο πως δεν ήθελε πια την παρέα τους.

Ο Γκουίν ανέβηκε στο ποδήλατό του.

—Λοιπόν, εγώ φεύγω.

Ο Τζορτζ σκούντησε με τον αγκώνα τον Γουέιν.

—Έλα, πάμε. Τράβηξε και τον Ρόμπιν. Κι εσύ, Ρόμπιν. Δεν υπάρχει λόγος να τριγυρνάς εδώ γύρω. Δεν πρόκειται να ξαναγυρίσει αν δε φύγουμε όλοι.

Και είχε δίκιο. Ένα περίπου λεπτό αφότου εξαφανίστηκαν ανάμεσα στα δέντρα στην καμπή του καναλιού, ο Σάιμον έριξε μια ματιά γύρω γύρω για να ελέγξει ότι το μονοπάτι ήταν έρημο και μόνο τότε ξαναγύρισε πίσω. Αισθανόταν απαίσια. Διόλου κατάλληλος για παρέα εκείνη τη στιγμή. Καλύτερα να τον άφηναν μόνο του.

Έξι βδομάδες! Έξι ολόκληρες βδομάδες! «Οπωσδήποτε», σκέφτηκε κλοτσώντας κακόκεφος τις πέτρες πάνω στο μονοπάτι, «έξι βδομάδες ήταν ένα αρκετά μεγάλο διάστημα! Τι δεν πήγαινε καλά με τον Σάιμον όταν ήταν μωρό; Ποιο ήταν το μελανό σημείο του, μια σταλιά μωρό, ώστε ύστερα από έξι ολόκληρες βδομάδες να μη θεωρεί ο πατέρας του ότι άξιζε να μείνει κοντά τους για χάρη του, ότι άξιζε να τον αναθρέψει;» Ο Σάιμον είχε το μωρό του από αλεύρι μόνο έντεκα μέρες και όπως δεν μπορούσε να φανταστεί ότι θα το έριχνε με μια κλοτσιά στο κανάλι, εκτός εαυτού, έτσι δεν μπορούσε να διανοηθεί πως ήταν δυνατό να σηκωθεί να φύγει, σφυρίζοντας, ένα ωραίο πρωί ο πατέρας του. Στο κάτω κάτω ο Σάιμον ήταν ένα αληθινό μωρό!

Άρα, ποιο ήταν το πρόβλημα με τον Σάιμον; Ο ίδιος είχε δει κι άλλα μωρά. Ακόμα κι εκείνο το ίδιο πρωί, στο δρόμο για το σχολείο, είχε κυριολεκτικά τρακάρει μ' ένα. Το είχαν παραχωμένο σ' έναν από αυτούς τους μάρσιπους και η μητέρα του στεκόταν στο κράσπεδο του πεζοδρομίου στη γωνία, περιμένοντας ν' ανάψει το πράσινο. Πριν από έντεκα μέρες ο Σάιμον θα μπορούσε να περάσει μπροστά από σμήνη ολόκληρα μωρών και να μην τα προσέξει καν. Τώρα τα παρατηρούσε όλα.

Αυτό εδώ φορούσε ένα σκουφάκι στολισμένο με φουντίτσες από μαλλί, με δυο κορδέλες που έδεναν φιόγκο κάτω από το σαγόνι του. «Τόσο το μωρό όσο και το σκουφάκι έδειχναν πεντακάθαρα», σκέφτηκε ο Σάιμον. Μαγουλάκια ροδαλά και να αστράφτουν. Μάλλινα ρουχαλάκια, λευκά σαν το χιόνι. Αναρωτήθηκε πώς τα κατάφερναν οι γονείς. Παρά τις επιμελείς προσπάθειές του να το προστατέψει, το δικό του μωρό από αλεύρι έδειχνε να βρομίζει όλο και περισσότερο καθημερινά.

Σαν να είχε διαισθανθεί τη μάλλον ζηλόφθονη ματιά του, το μωρό γύρισε μέσα στο μάρσιπο και κοίταξε τον Σάιμον. Η κορδέλα κάτω από το σαγόνι του γλίστρησε προς το στόμα και ο Σάιμον πλησίασε το δάχτυλό του για να τη σπρώξει στη θέση της.

Το μωρό είδε το δάχτυλο να έρχεται. Το ανέκφραστο ολοστρόγγυλο προσωπάκι του μεταμορφώθηκε μ' ένα χαμόγελο. Στον Σάιμον φάνηκε λες κι είχε ανάψει στο κεφάλι του μωρού κάποιος μεγάλος γλόμπος. Η επίδραση ήταν μαγική. Το προσωπάκι του έλαμπε.

Ο Σάιμον χαμογέλασε εγκάρδια στο μωρό. Το ατιμούτσικο! Κρίνοντας από τον τρόπο που έλαμπε ολόκληρο, θα έλεγες πως ο Σάιμον είχε κάνει κάποιο τρομακτικά απίστευτο κόλπο, κάποιο εκπληκτικό κατόρθωμα, μια τριπλή τούμπα, να πούμε, βγάζοντας σπίθες από τ' αυτιά του και όχι απλώς να πλησιάσει το βρόμικο δάχτυλό του.

Έβαλε ξανά την κορδέλα κάτω από το σαγόνι του μωρού. Δεν τραβήχτηκε φοβισμένο. Στ' αλήθεια το είχε τόσο συναρπάσει και καταπλήξει η απλή θέα του δαχτύλου που πλησίαζε, ώστε δε συνειδητοποιούσε καν ότι σκοπός του ήταν να ισιώσει το σκουφάκι.

Μεθυσμένος από δύναμη, ο Σάιμον κούνησε το δάχτυλο.

Στη στιγμή το μωρό συνεπάρθηκε από μια αφάνταστη ευφορία και αγαλλίαση. Βάλθηκε να κουνάει ασυγκράτητο χέρια και πόδια μέσα στο μάρσιπο.

Η μητέρα του γύρισε να δει.

—Συγνώμη, είπε ο Σάιμον.

Και τότε άναψε το πράσινο.

Διασχίζοντας το δρόμο, ο Σάιμον προχωρούσε ένα βήμα πίσω από το μωρό, κουνώντας το δάχτυλό του πάνω ακριβώς από το κεφάλι του. Το μωρό κλοτσούσε και έκρωζε. Ο Σάιμον ένιωσε μια σουβλιά όταν αναγκάστηκε να ξεμακρύνει προς την άλλη μεριά. Δε θυμόταν να είχε ποτέ ενθουσιάσει κάποιον τόσο πολύ, τόσο εύκολα. Πόσο ήταν αυτό το μωρό; Δεν είχε ιδέα. Δεν ήξερε σχεδόν τίποτα από μωρά. Υπέθετε πως αν του έβαζαν δίπλα δίπλα κάποιο απ' αυτά τα μικροσκοπικά κοκκινωπά νεογέννητα που είχε δει στην τηλεόραση, ένα από τα μπατάλικα ροδαλά παιδάκια που βλέπεις έξω από καταστήματα, θα κατάφερνε να βρει την ηλικία. Αυτό και τίποτα παραπάνω. «Ίσως κι ο πατέρας μου», σκέφτηκε ο Σάιμον, «να ήταν το ίδιο ατζαμής με τα μωρά». Ίσως, όταν κοιτούσε τον Σάιμον να γουργουρίζει αόριστα μέσα στο κρεβατάκι του, να μην είχε καταλάβει πως μέσα σε λίγες εβδομάδες —ή μήπως μήνες;— θα μεταμορφωνόταν σ' ένα μωρό όπως εκείνο στα φανάρια, που μπορούσε να σε κάνει να νιώσεις σαν εκατομμυριούχος, μόνο με το να του κουνήσεις το δάχτυλό σου.

Εδώ ήταν το μυστικό με τα μωρά, κατέληξε ο Σάιμον. Ήταν διαφορετικά από οτιδήποτε άλλο. Ήταν κάτι ξεχωριστό. Έξαφνα κατάλαβε γιατί σ' ολόκληρο τον κόσμο οι άνθρωποι έκαναν ουρές για να παίξουν μαζί τους. Έστω κι αν ήσουνα ξοφλημένος, αν η ζωή σου ήταν θλιβερή, ένα μωρό θα πίστευε πως είσαι πραγματικός ήρωας, το καλύτερο πράγμα μετά το ψωμί, και θα άξιζε τον κόπο να πέσει από το μάρσιπό του για να γυρίσει να σε κοιτάξει μια τελευταία φορά. Δεν ήταν να απορείς που όλοι άρχιζαν τα «ααα!» και τα «ωωω!» και γουργουρίζανε για το πόσο τα λατρεύανε. Παλιότερα ο Σάιμον συμπέραινε πως παίζανε λιγάκι θέατρο, προσπαθούσαν να δώσουν κουράγιο στους νέους γονείς. Ούτε για μια στιγμή δεν του περνούσε απ' το μυαλό ότι ήταν ειλικρινείς. Τώρα καταλάβαινε ότι το ένιωθαν. Έλεγαν αυτό που πίστευαν. Τα μωρά ήταν υπέροχα. Δεν ήταν παρά η αλήθεια. Ας δούμε τα γεγονότα καταπρόσωπο —ποτέ δε θα βρεις κάτι τόσο καλό, όπου κι αν ψάξεις.

Και το πιο υπέροχο είναι πως δεν ήταν πραγματικοί άνθρωποι —όχι ακόμα, δηλαδή. Μπορούσες, λοιπόν, να τους συμπεριφερθείς διαφορετικά. Σου ήταν ευκολότερο να τα συμπαθήσεις. Στ' αλήθεια, ήταν λίγο σαν τα κατοικίδια ζωάκια, από την άποψη ότι τα τάιζες, τα καθάριζες και τα συγύριζες κάθε μέρα ακόμα κι όταν σ' αποκάρδιωναν, δεν τα συνεριζόσουν. Κανένας με τα λογικά του δε θα πειραζόταν επειδή ένα μωρό δεν έκανε γι' αυτόν όσα έκανε εκείνος για το μωρό.

Με τους ανθρώπους, όμως, ήταν πολύ πιο πολύπλοκη η κατάσταση· αισθάνονται μόνιμα πότε ο ένας πότε ο άλλος ότι πιάστηκαν κορόιδο ή ότι τον θεωρούν σαν κάτι το δεδομένο. Γιατί, μήπως σ' αυτόν ακόμα τον Φράνζι Γουντς δεν είχε δώσει τα παπούτσια στο χέρι η Λουσίντα πριν από τρεις μέρες, για ένα παρόμοιο πρόβλημα; «Τέλειωσα μαζί σου!» του είχε ουρλιάξει. «Βαρέθηκα μια σχέση που γέρνει μονόμπαντα! Εγώ σε στήριξα σ' όλους τους αγώνες ποδοσφαίρου. Μέχρι που προπονήθηκα μαζί σου. Και τι έκανες όταν σου ζήτησα να έρθεις για συμπαράσταση όταν έπαιζα εγώ στον τελικό; Είπες πως δεν είχες καιρό!» Και τώρα, κάθε φορά που της τηλεφωνούσε μετά το σχολείο παρακαλώντας την να βγει να μιλήσουν, το μόνο που του έλεγε ήταν: «Δεν έχω καιρό».

Σε σύγκριση μ' αυτό, το ν' αγαπάς ένα μωρό ήταν παιχνιδάκι. Σε μια ξαφνική έκρηξη τρυφερότητας, ο Σάιμον σταμάτησε απότομα, τράβηξε το μωρό από αλεύρι απ' τη σάκα του και κάθισε κάτω πλάι στο κανάλι παίρνοντάς το αγκαλιά.

—Να σου πω τι μ' αρέσει σ' εσένα, είπε κοιτάζοντας τα μεγάλα στρογγυλά μάτια του. Είναι εύκολο να τα πάει κανείς καλά μαζί σου. Δεν είσαι σαν τη μαμά που συνέχεια μου λέει να βάλω το πιάτο μου στο νεροχύτη ή να κλείνω πιο σιγά τις πόρτες ή να πάρω τα παπούτσια μου από το πάτωμα. Δεν είσαι σαν τη γιαγιά που μου λέει όλη την ώρα πόσο μεγάλωσα και τι θα κάνω όταν τελειώσω το σχολείο.

Εσύ δε θέλεις να είμαι διαφορετικός, όπως οι καθηγητές μου. Δε με πειράζεις όπως η Σου. Και δεν το σκας από το σπίτι σαν τον πατέρα μου. Φέρνοντάς το κάτω από το μπράτσο του, κοίταξε μακριά πέρα από το νερό. Δε θα μ' ένοιαζε και να ήσουνα αληθινή, είπε. Ακόμα κι αν θα είχα περισσότερη δουλειά τότε. Ακόμα κι αν έσκουζες και λέρωνες τις πάνες σου και φουρκιζόσουν και τσίριζες στα καταστήματα. Δε θα με πείραζε.

Την κρυφοκοίταξε, βολεμένη και ασφαλή στη μασχάλη του και τη ζούπηξε με το δάχτυλο εκεί που θα βρισκόταν η μύτη της, αν δεν ήταν απλώς ένα σακί αλεύρι.

—Να σου πω τι δεν καταλαβαίνω, της εμπιστεύτηκε. Δεν καταλαβαίνω πώς μπορούν οι άνθρωποι και κακομεταχειρίζονται τα μωρά.

Τα πελώρια μάτια της τον ατένιζαν. Προσπάθησε να εξηγήσει.

—Η μαμά λέει ότι ξέρει γιατί συμβαίνει. Ο Σάιμον σκυθρώπιασε άθελά του. Λέει πως δε θέλει να σκέφτεται πόσες φορές σχεδόν τις έφαγα από κείνη, όταν έβγαζα δόντια. Κούνησε κατάπληκτος το κεφάλι του. Και η γιαγιά λέει πως η αδερφή της έχασε μια φορά την ψυχραιμία της και πέταξε το μωρό της στην κούνια του με τέτοια δύναμη, που έσπασε το ένα της πόδι. Έσκυψε κοντύτερα το κεφάλι του. Όχι ένα από τα πόδια του μωρού, εξήγησε. Από την κούνια.

Ευχαριστημένος που το είχε ξεκαθαρίσει, συνέχισε:

—Και η Σου ισχυρίζεται ότι ζοχαδιάζεται τόσο αν δεν κοιμηθεί οχτώ ώρες μονοκόμματα το βράδυ, ώστε είναι τυχερή που δεν έχει οικογένεια, γιατί αλλιώς θα τους δολοφονούσε όλους μέσα σε μια βδομάδα.

Τράβηξε το μωρό στο γόνατό του. Και η μαμά πήγε μια φορά κατασκήνωση με τη Σου μόνο για δυο νύχτες και γύρισε λέγοντας πως το πίστευε αυτό.

Το γαργάλησε μαλακά εκεί που θα ήταν η κοιλιά του.

—Κοίτα και τον Ρόμπιν τώρα, είπε. Είναι τύπος ανέμελος και βολικός. Ανέχεται το γερο-ζόρικο που του επιτίθεται γι' αυτά που μαζεύει πάνω στο θρανίο του κι ανέχεται όλες τις πλάκες του Γουέιν ότι έχει, λέει, δυο αριστερά πόδια. Ο Ρόμπιν δεν είναι κόπανος.

Σήκωσε τη ματιά του πάνω από το κεφάλι του μωρού, πέρα στο σκοτεινό κυματιστό νερό. «Δεν είχε συμβεί και τίποτα το τρομερό που να αγριέψει έτσι ο Ρόμπιν», συλλογίστηκε. Σίγουρα τίποτα που να εξηγεί γιατί είδε ξαφνικά μπροστά του το κόκκινο πανί και τον έπιασε τέτοια μανία. Το μόνο που συνέβη ήταν ότι είχε ζητήσει ο Γκουίν να του δανείσει κάποιος το τετράδιό του.

—Γιατί;

—Για να αντιγράψω τα χτεσινά μαθήματα.

—Τότε δε χρειάζεσαι το δικό μου, είχε πει ο Γουέιν. Τα 'χω όλα λάθος.

—Ούτε και το δικό μου σου κάνει, τον διαβεβαίωσε ο Τζορτζ. Ο γερο-ζόρικος μου είπε πως ακόμα και μια γάτα θα τα κατάφερνε καλύτερα.

Για τον Γκουίν η ποιότητα της εργασίας που προσφερόταν ήταν κάτι για το οποίο αδιαφορούσε τελείως.

—Ο γερο-ζόρικος είπε πως έπρεπε να το κάνω, εξήγησε. Δεν ανέφερε πουθενά πως έπρεπε να το κάνω σωστά.

—Πάρε το δικό μου, αν θες, προσφέρθηκε ο Ρόμπιν. Δεν άκουσα να λέει πως είναι για το σκουπιδοτενεκέ, άρα θα του άρεσε.

—Εντάξει, είπε ο Γκουίν. Θα πάρω το δικό σου.

Και στάθηκε όση ώρα ο Ρόμπιν έψαχνε στη σάκα του, παραμερίζοντας το βιβλίο των μαθηματικών και το καινούριο εικονογραφημένο γαλλικό λεξικό που είχε επιμείνει να του δώσει εκείνο το πρωί ο κύριος Ντουπάσκ. Γυρεύοντας τα γραπτά του, σκάλιζε τα πράγματά του γρήγορα κι όλο πιο βαθιά και το μωρό από αλεύρι γλίστρησε στο λασπωμένο μονοπάτι.

—Α, που να πάρει!

Το σήκωσε, καθάρισε τα πολλά πολλά από τη λάσπη και τα χαλίκια και το πέταξε στον Γκουίν να το κρατήσει.

Πιστός στους άγραφους κανονισμούς, ο Γκουίν το πέταξε κάτω.

Το μωρό ξανάπεσε στις λάσπες. Τη φορά αυτή ο Ρόμπιν το σήκωσε και το ισορρόπησε καλά σ' ένα θάμνο πλάι στο μονοπάτι, πριν ξαναρχίσει να ψάχνει βαθύτερα στη σάκα. Με το θόρυβο που έκανε ψαχουλεύοντας σαν μανιακός, δεν άκουσε πίσω του τον απαλό ήχο του πανιού που σκίζεται. Μόνο όταν το μικρό σακούλι σκίστηκε αρκετά κι έγειρε πίσω μέσα στη λάσπη μ' ένα σιγανό «σπλατς», τότε συνειδητοποίησε τι συνέβαινε.

Και τη στιγμή εκείνη ήταν που έχασε την ψυχραιμία του.

—Ηλίθιο! ούρλιαξε. Ηλίθιο! Ηλίθιο! Ηλίθιο!

Ο Γκουίν πισωπάτησε ταραγμένος. Γι' αυτόν τα έλεγε; Όχι, όχι. Το μωρό από αλεύρι ήταν που είχε αγριέψει τόσο τον Ρόμπιν. Το είχε σηκώσει από κάτω και το ταρακουνούσε μέχρι που το αλεύρι άρχισε να σκορπίζεται.

—Ηλίθιο! Ηλίθιο! ούρλιαξε ξανά, γρονθοκοπώντας το με μανία.

Το αλεύρι σηκώθηκε τριγύρω σύννεφα σύννεφα.

Ο Ρόμπιν έγινε έξαλλος.

—Φρόντιzε το μωρό σου! στρίγκλισε, μιμούμενος τους μεγάλους που του γκρίνιαzαν για μέρες. Μην το ξεχνάς! Φέρ' το εδώ! Πήγαινέ το εκεί! Δένε το καλά πάνω στο ποδήλατό σου! Πρόσεξε μην το χάσεις! Κοίτα μη λασπωθεί!

Με κάθε διαταγή, έδινε και μια γερή γροθιά στο μωρό από αλεύρι.

—Μη σου βραχεί! Μη λερωθεί! Μην πέσει! Μην ξεχνάς να φέρεσαι σαν να ήταν αληθινό μωρό!

Το τράνταzε τώρα τόσο αγριεμένα, ώστε το σκίσιμο μεγάλωσε και το αλεύρι χύθηκε στο μονοπάτι.

—Να κάνω σαν να ήσουν αληθινό! Πολύ ωραία! Θα κάνω πως είσαι αληθινό! Και αν ήσουνα αληθινό, αν ήσουνα δικό μου, θα σε πετούσα με μια κλοτσιά στο κανάλι!

Και τότε, μπροστά στα μάτια τους, πήρε φόρα, πέταξε το σακί ψηλά και του έδωσε μια κλοτσιά.

Πλαφ!

Ο Σάιμον κάθισε ήσυχα στην όχθη και θυμήθηκε πόσο γρήγορα είχε σκορπίσει στον αέρα το αλεύρι πάνω στο μονοπάτι, την ώρα ακριβώς που βούλιαzε σαν πέτρα το κατεστραμμένο σακί. Σε λιγότερο από ένα λεπτό δεν έβλεπες παρά μερικές θλιβερές μπουρμπουλήθρες που ανέβαιναν στην επιφάνεια.

Έσφιξε το μωρό του από αλεύρι στο στήθος του.

—Δεν ξέρω και πολλά, είπε. Όμως ένα λέω: εγώ δε θα το έκανα ποτέ σ' εσένα. Ποτέ, ποτέ.

Και τη στιγμή εκείνη ήταν ειλικρινής.

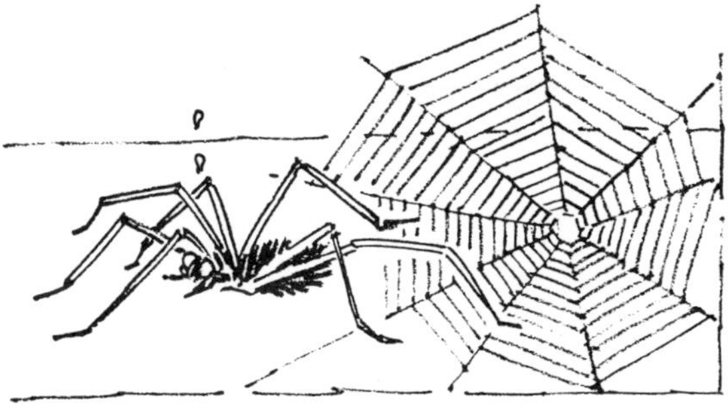

7

Τη δέκατη έκτη ημέρα ο κύριος Καρτράιτ δεν μπορούσε να τους συγκρατήσει με τίποτα. Ο Φίλιπ Μπρούστερ έπεσε από το κάθισμά του, πάνω σ' έναν τσακωμό, όπου υποστήριζε ότι οι Κινέζοι ήταν οι ψηλότεροι άνθρωποι στη γη. Ο Λουίς Περέιρα έσπρωχνε αδιάκοπα το θρανίο του έξω από τη σειρά, μέχρι που ο κύριος Καρτράιτ συνειδητοποίησε ότι ο Χένρι τον είχε πείσει πως η αράχνη που κρεμόταν από το ταβάνι ακριβώς πάνω από το κεφάλι του ήταν θανατηφόρα δηλητηριώδης και μάλιστα αργοστάλαζε δηλητήριο. Ο Μπιλ Σίμονς δεν έπαυε να απευθύνει μάλλον δυσάρεστους λαρυγγισμούς στο πελώριο τατουάζ από μελάνι που είχε μουντζουρώσει το μπράτσο του. Ως κι αυτός ο Ρόμπιν Φόστερ που συνήθως δεν πολυέκανε φασαρία, εκσφενδόνιζε, ασταμάτητα, κομματάκια γομολάστιχας από τη συλλογή που είχε μπροστά του, στην πετούνια στο περβάζι του παραθύρου.

—Πολύ ωραία! είπε ο κύριος Καρτράιτ. Ξέρω τι θα κάνουμε. Θα διαβάσουμε μερικά αποσπάσματα από τα ημερολόγια.

Περίμενε να φτάσει στο αποκορύφωμά του το γενικό μουγκρητό.

—Ειδαλλιώς... απείλησε, θα μπορούσαμε να ξαναδοκιμάσουμε το χθεσινό και φοβερά αποκαρδιωτικό διαγώνισμα.

Όλοι τους στρώθηκαν κάτω βιαστικά για να ακούσουν τα αποσπάσματα από τα ημερολόγια. Ο Γκουίν Φίλιπς ακούμπησε μαλακά το κεφάλι του στο μωρό του από αλεύρι, σαν να ήταν κανένα μαξιλάρι επάνω στο θρανίο. Τα μάτια του έκλεισαν και το δάχτυλό του σκαρφάλωσε μέχρι το στόμα του. Κανένας δε μασουλούσε. Λες και είχε δοθεί κάποιο σήμα ότι σήμερα ήταν αργία. Σήμερα ήταν επιστροφή στο νηπιαγωγείο.

Μέσα σε ελάχιστα λεπτά όλοι είχαν ξαπλωθεί όσο πιο αναπαυτικά γινόταν. Μερικοί μάλιστα μιμήθηκαν τον Σάιμον καθίζοντας τα μωρά τους επάνω στο θρανίο, σαν να παρακολουθούσαν κι αυτά.

Ο κύριος Καρτράιτ άρχισε.

—Ξεκινάω με τον Χένρι, τους είπε. Ο Χένρι, λοιπόν, την ένατη μέρα.

Το χέρι του Χένρι βάρεσε μια γροθιά στο κενό. Ο κύριος Καρτράιτ άρχισε.

—*«Μισώ το μωρό μου από αλεύρι. Το μισώ περισσότερο από καθετί στον κόσμο. Ζυγίζει κοντά έναν τόνο. Ρώτησα τον πατέρα μου πόσο ζύγιζα εγώ όταν γεννήθηκα και είπε ότι με μπερδεύει με τον Τζιμ ή τη Λόρα, αλλά νομίζει ότι ζύγιζα τρία τέσσερα κιλά. Άκου τέσσερα κιλά! Δηλαδή παραπάνω από τούτον εδώ τον Μπόμπο! Ρώτησα τον πατέρα μου πόσο είναι το συνηθισμένο βάρος ενός μωρού κι άρχισε να λέει πως μαγείρευε το βραδινό μου κι έφτιαχνε το ποδήλατό μου, δε θα καθόταν όμως να γράψει και τα μαθήματά μου»*.

Ο κύριος Καρτράιτ σταμάτησε απότομα.

Ένα υπόγειο μουγκρητό επιδοκιμασίας ήρθε από τους μαθητές εκείνους του Γ4 που και ξύπνιοι είχαν μείνει και είχαν παρακολουθήσει μέχρι τέλους.

—Και τώρα του Τάλις, είπε ο κύριος Καρτράιτ. Μια και δεν είναι εδώ. Έχουμε και λέμε λοιπόν, όγδοη μέρα. Σας ενημερώνω, ωστόσο, ότι οι ημέρες 2 έως 7 και 9 έως 13 λείπουν αδικαιολόγητα.

Περίμενε να κοπάσουν τα γέλια πριν αρχίσει να διαβάζει με μια έκφραση αποστροφής:

—*«Το μωρό μου από αλεύρι έχει κάτι πράγματα κολλημένα επάνω του. Δεν τα βγάζω. Δεν είναι δικό μου, λοιπόν σκασίλα μου»*.

Σταμάτησε.

—Αυτό ήταν.

Ζητωκραυγές υποδέχτηκαν αυτή την ανακοίνωση.

Ενθαρρημένος ο κύριος Καρτράιτ διάβασε την προσπάθεια του Ρικ Τάλις για τη δέκατη τέταρτη ημέρα.

—*«Αν δεν πολυεμφανίζομαι, το φταίξιμο ρίξτε το στο μωρό από αλεύρι. Δε λέω πως θα 'μπαινα και στον κόπο να πολυέρχομαι, ούτως ή άλλως. Αλλά μ' αυτό εδώ το κατασκεύασμα, σίγουρα θα την κοπανήσω αύριο»*.

Ο κύριος Καρτράιτ σήκωσε το κεφάλι του και κοίταξε επίμονα την τάξη.

—Έχει αρχίσει και μετράει τις προτάσεις του, τους πληροφόρησε. Μην τύχει και υποπέσει στο τρομακτικό σφάλμα να γράψει περισσότερες από τρεις. Ψαχούλευε στη στοίβα με τα ημερολόγια. Εδώ έχουμε κάτι ενδιαφέρον, συνέχισε. Δύο αποσπάσματα ακριβώς τα ίδια.

Διάβασε το πρώτο φωναχτά. Ήταν του Γουέιν Ντρίσκολ.

—*«Η μαμά λέει πως όταν γεννήθηκα, ήμασταν τόσο φτωχοί, ώστε δεν είχαμε στον ήλιο μοίρα. Κι αυτό επειδή ο παππούς μου είπε ότι έμοιαζα με καλικάντζαρο. Η μαμά έπαψε να του μιλάει κι αυτός έπαψε να της δανείζει λεφτά. Η μαμά νομίζει ότι δε μας ήθελε πια, γιατί εγώ είμαι μαύρος κι αυτός δεν είναι. Αφού δεν είναι πατέρας μου, μόνο παππούς μου, τι τον κόφτει; Ξέρω πως ο μπαμπάς μου, που είναι μαύρος, θα φερόταν ακόμα χειρότερα, αν είχα γεννηθεί άσπρος! Η μαμά λέει πως δεν αντέχει ούτε τον έναν ούτε τον άλλο και θα ευχόταν να ήταν όλοι οι άνθρωποι πράσινοι»*.

Διαλέγοντας ένα άλλο, αθλιότερο φύλλο χαρτί, ο κύριος Καρτράιτ διάβασε την όλη θλιβερή ιστορία ξανά λέξη προς λέξη.

Ένας ένας όλοι τους σήκωσαν το κεφάλι και κοίταξαν τον Γκουίν Φίλιπς.

—Τι τρέχει; ρώτησε ο Γκουίν. Τι με κοιτάτε όλοι σας;

—Δεν μπορείς να αντιγράφεις τα πάντα, του εξήγησε μαλακά ο Ρόμπιν Φόστερ. Πρέπει να βγαίνει και κάποιο νόημα για σένα. Κι όπως ξέρεις δεν είσαι μαύρος.

Ο Γκουίν άρχισε να μουρμουρίζει. Με εξαίρεση τους διπλανούς του, οι υπόλοιποι ελάχιστα μπορούσαν να καταλάβουν. Αλλά κάπου κάπου, κατόρθωνες να πιάσεις κάτι λέξεις που θύμιζαν το «φυλετικές διακρίσεις», να αναφέρονται μέσα στη μουρμούρα του.

Ο κύριος Καρτράιτ τον αγνόησε.

—Μπορούμε να συνεχίσουμε; ρώτησε ευδιάθετος. Για να δούμε τη δέκατη τέταρτη ημέρα του Σαχίντ Μαχμούντ.

Ο Σαχίντ κοίταξε καλά καλά ένα γύρω την τάξη περήφανος, ζητώντας το θαυμασμό τους. Μερικοί μπήκαν στον κόπο να του πετάξουν κάτι περιφρονητικό, όμως οι περισσότεροι έκαναν πως δεν τον είχαν προσέξει.

—*«Σήμερα θα 'πρεπε να είχα ξεπεράσει τις εκατό λίρες, αλλά από τη μια οι έξι που δεν έφεραν τα μωρά τους στον παιδικό σταθμό μου κι ο Τάλις που λείπει μονίμως, απ' την άλλη εγώ που δε σκέφτηκα να ξεκινήσω τη δουλειά παρά την τέταρτη μέρα κατέληξα να έχω μόνο τα μισά λεφτά, άσε που μερικοί δε μου ακουμπάνε τα χρωστούμενα, παρόλο που έχω βάλει τον Χένρι και τον Λουίς να τους γίνουν τσιμπούρι. Αλλά τι να γίνει...»*

Ο κύριος Καρτράιτ σταμάτησε στο λεπτό αυτό σημείο και περίμενε να μαντέψουν το τέλος.

—Αυτά έχουν οι επιχειρήσεις! ούρλιαξαν όλοι εν χορώ.

Ο κύριος Καρτράιτ κέρδισε λίγο χρόνο για να ξαναρίξει μια ματιά στο γραπτό του Σαχίντ.

—Εδώ υπάρχουν μόνο δύο προτάσεις, προειδοποίησε.

Πέρα και πάνω από την παρατεταμένη και οργισμένη λογομαχία του Σαχίντ με τον κύριο Καρτράιτ σχετικά με την ακριβή φύση και το ρόλο που παίζει το σημείο εκείνο στίξης που λέγεται κόμμα, μπορούσες ν' ακούσεις κάποιες σοβαρές κατηγορίες από τους άλλους.

—... μας κλέβουν εν ψυχρώ!

—Μου έχει κιόλας βουτήξει τεσσάρων βδομάδων χαρτζιλίκι!

—... μ' αυτό το χαράτσι, ποτέ δε θα καταφέρω ν' αγοράσω το κασόνι για τα κάρβουνα των διπλανών...

—Καθαρή κλεψιά, μα την αλήθεια...

Ο κύριος Καρτράιτ μετακινήθηκε με δυσκολία στην έδρα του δυσανασχετώντας. Έκανε νόημα με το χέρι στον Σαχίντ να σωπάσει και υπενθύμισε στους άλλους:

—Κανείς δε σας υποχρέωσε να βάλετε τα μωρά σας στο νηπιαγωγείο του.

Μετά, βιαστικά, έπιασε ένα άλλο φύλλο χαρτί.

—Να και του Σάιμον, είπε. Ο Σάιμον, τη δωδέκατη ημέρα: *«Πραγματικά στενοχωρήθηκα με τον Φόστερ που πέταξε το μωρό του από αλεύρι στο κανάλι. Δεν πίστευα μέχρι τώρα πως ο Φόστερ ήταν τόσο σκληρό καρύδι. Για να πω την αλήθεια, είναι ένας πολύ καλός μου φίλος. Νομίζω ότι το πρόβλημά του είναι αυτό που λέει πάντα η δεσποινίς Άρνοτ. Είναι μάλλον ανώριμος»*.

Ο κύριος Καρτράιτ σήκωσε το κεφάλι του από το χαρτί, διακόπτοντας, και είπε στον Σάιμον:

—Ελπίζω να συνειδητοποιείς ότι το να διαβάζω το γραπτό σου τόσο άνετα και ακόμπιαστα, αποτελεί αληθινό θρίαμβο της τέχνης της αποκρυπτογράφησης.

Ο Σάιμον δεν κατάλαβε σε όλη της την έκταση την προσβολή του κυρίου Καρτράιτ και αρκέστηκε σ' ένα ξινισμένο γρύλισμα, το οποίο ο κύριος Καρτράιτ αποφάσισε να εκλάβει ως συγκατάθεση για να συνεχίσει την ανάγνωση.

—*«Η μητέρα μου πήρε κι αυτή το μέρος του Ρόμπιν. Είπε ότι δεν μπορείς να στιγματίζεις τους αν-*

θρώπους, επειδή έκαναν μια χαζομάρα, γιατί τότε θα ήμουν κι εγώ το μαύρο πρόβατο, τότε που πέταξα εκείνον τον κάκτο στη Σπάισερ ή που έδωσα την περούκα της γιαγιάς να τη μασουλήσει το λυκόσκυλο του Τάλις και για μερικά ακόμα πράγματα που δε θέλω να τα γράψω σ' αυτό το ημερολόγιο».

Δυστυχώς για τον Σάιμον, ο Τζορτζ Σπόλντερ δε φάνηκε να συμμερίστηκε την έντονη ανάγκη του συμμαθητή του να κρατήσει μυστικά κάποια πράγματα.

—Νομίζω πως εννοεί τότε που έριξε μέσα στον καμπινέ την εργασία της γεωγραφίας και πλημμύρισαν όλες οι τουαλέτες, εμπιστεύτηκε σ' όλους.

—Όχι, είπε ο Ταρίκ. Μιλάει για τη φορά που τάισε εκείνο το ζωάκι με τις ασπιρίνες της δεσποινίδας Άρνοτ και το φτωχό πλάσμα έπεσε σε κώμα.

Κοίταξε γύρω του για να βεβαιωθεί πως τον είχαν καταλάβει όλοι.

—Όχι η δεσποινίς Άρνοτ, διευκρίνισε, μην τυχόν και υπήρχε κάποια σκιά αμφιβολίας στο μυαλό οποιουδήποτε. Το ζωάκι.

—Όχι, όχι. Ανυπόμονος ο Γουέιν παραμέρισε τη θεωρία του Ταρίκ. Εννοεί τη φορά που χρησιμοποίησε εκείνη τη μεγάλη κόκκινη πινακίδα που έγραφε «ΚΙΝΔΥΝΟΣ» για σκαλοπάτι, για να πηδήξει το συρματόπλεγμα και τον τσάκωσαν ακουμπισμένο σ' εκείνον τον τεράστιο κύλινδρο γκαζιού να καπνίζει με την ησυχία του.

Τώρα ο κύριος Καρτράιτ κοίταζε τον Σάιμον μ' έναν καινούριο σεβασμό. Ένας νεαρός γίγαντας, ναι. Και δυνατός. Αλλά αυτό που δεν είχε φανταστεί ποτέ, ήταν το μακελειό που άφηνε πίσω του ο νεαρός, καθώς περπατούσε αβέβαια στο δρόμο της ζωής του.

Ύστερα, παρατηρώντας ξαφνικά ότι τον κοίταζαν

όλοι με προσδοκία, ο κύριος Καρτράιτ αισθάνθηκε υποχρεωμένος να αναφερθεί σε κάποια κατάλληλη για την περίσταση, παιδαγωγική παρατήρηση.

—Δε θα έπρεπε να καπνίζεις, μάλωσε τον Σάιμον. Μπορεί να ανακόψει την ανάπτυξή σου.

Και συνέχισε με το κείμενο του Φίλιπ Μπρούστερ, για τη δέκατη ημέρα.

—*«Δύσκολοι καιροί! Πίστευα ότι το μωρό μου από αλεύρι ήταν το χειρότερο αλλά οι διπλανοί έχουν ένα αληθινό, ένα στριγκλιάρικο και μισό. Κλαίει και σκούζει συνέχεια. Η φωνή του φτάνει ως εδώ, μέσ' από τον τοίχο. Όπως έλεγα στον Τρις, το χρυσόψαρό μου, αν ήτανε δικό μου, θα του περνούσα ωραία ωραία στο λαιμό του ένα σκοινί με ναυτικό κόμπο...»*

Συνεπαρμένος ο κύριος Καρτράιτ φυλλομέτρησε τα χαρτιά ώσπου βρήκε την ενδέκατη ημέρα του Φίλιπ Μπρούστερ.

—*«Εκείνο που με διαολίζει είναι ότι με κατσαδιάζουν να βάζω το ραδιόφωνό μου τόσο σιγά, που δεν μπορώ ν' ακούσω. Αυτό το μωρό ουρλιάζει στη διαπασών όλη νύχτα κι όταν κατεβαίνω κάτω το πρωί και γκρινιάζω επειδή έμεινα άυπνος, όλοι μου λένε πως είμαστε τυχεροί που δεν είναι δικό μας το μωρό. Μακάρι να ήταν. Θα το 'κανα εγώ να πάψει να βελάζει»*.

Όλοι τους γύρισαν και κοίταξαν τον Φίλιπ που αναψοκοκκίνισε.

—Συνεχίστε, παρακάλεσε τον κύριο Καρτράιτ ο Ταρίκ. Συνεχίστε, κύριε. Βρέστε τη δωδέκατη μέρα του Φίλιπ.

Ο κύριος Καρτράιτ βρήκε τη δωδέκατη ημέρα του Φίλιπ.

—*«Πήγα και είπα σ' αυτή τη διπλανή ότι δεν μπορούσα να κοιμηθώ κι έγινε έξαλλη. Μόλις που πρό-*

λαβα να ξεμακρύνω απ' το κατώφλι, πριν με σκεπάσει η λάβα του ηφαίστειου. Δεν καταλαβαίνω αυτούς τους ανθρώπους που έχουν μωρά, ειλικρινά δεν τους καταλαβαίνω».

Μια εγκάρδια, τρανταχτή ζητωκραυγή χαιρέτησε αυτή την τελευταία αναγγελία.

—Ναι! Όσοι έχουν μωρά είναι ξεβιδωμένοι.

—Τρελοί για δέσιμο.

Και ως συνήθως, ήταν ο Σαχίντ αυτός που ανέπτυξε το θέμα πιο κατανοητά.

—Ξέρετε, σεργιανάνε όλη μέρα μ' αυτά τα αληθινά μωρά παραμάσχαλα κι εκείνα σκούζουν ασταμάτητα, λερώνονται και πρέπει μετά να καθαρίσουν τους πισινούς τους...

—Όχι μόνο τους πισινούς τους! διέκοψε ο Χένρι. Η μάνα μου λέει πως πρέπει να σκουπίζεις και τη μύτη τους συνέχεια.

—Φρικαλέο!

—Αηδιαστικό!

—Και μόνο η σκέψη σού φέρνει εμετό.

—Και μετά ουρλιάζουν όλη νύχτα!

Ένα φρέσκο θυμωμένο μουρμουρητό από την πίσω σειρά, ήταν η προσωπική επιβεβαίωση του Φίλιπ Μπρούστερ σχετικά με το τελευταίο αυτό παράπονο.

—Αυτό της είπα κι εγώ, ότι ούρλιαζε όλη νύχτα. Κι εκείνη έγινε θηρίο να με φάει.

Ο Σαχίντ εξακολούθησε τις κατηγόριες του.

—Και μερικά είναι ακόμα πιο βαριά από τα δικά μας. Η θεία μου φέρνει στο σπίτι το δικό της και να δείτε που ζυγίζει κάπου δεκαπέντε κιλά. Δεκαπέντε κιλά! Και η θεία μου είναι αναγκασμένη να το κουβαλάει ακόμα. Γιατί ακόμα δεν μπορεί να περπατήσει!

Στο σημείο αυτό μπήκε στη μέση ο Γουέιν Ντρίσκολ.

—Αυτό ακριβώς είναι που με τσατίζει μαζί τους. Δεν μπορούν να περπατήσουν. Δεν μπορούν να μιλήσουν. Δεν μπορούν να κλοτσήσουν μια μπάλα ούτε και να φέρουν το κουτάλι κάπου κοντά στο πρόσωπό τους.

—Είναι σκέτος μπελάς.

—Μην τα βάζουμε με τον Ρόμπιν που το κλότσησε ρίχνοντάς το στο κανάλι.

—Το μωρό ήταν τυχερό, είπε συννεφιασμένος ο Ταρίκ. Τον παλιό καλό καιρό ο κόσμος παράχωνε τα μωρά του στις πλαγιές των βουνών.

—Ή τα μαγείρευε και τα έτρωγε.

Ο κύριος Καρτράιτ αισθάνθηκε υποχρεωμένος να επέμβει στο σημείο αυτό, για να επαναφέρει στην τάξη τη ζωηρή συζήτηση του Γ4, που είχε εκτροχιαστεί.

—Όχι, δεν το νομίζω, Τζορτζ. Δεν τα μαγείρευαν και τα έτρωγαν.

—Α ναι, κύριε! Ο Τζορτζ ήταν ανένδοτος. Έχουν ακριβώς τη γεύση του χοιρινού. Το διάβασα σ' ένα βιβλίο.

Η γενική κατακραυγή για περισσότερες πληροφορίες καταπνίγηκε από τις ερωτήσεις επίδοξων ερευνητών.

—Ποιο βιβλίο;

—Το έχεις ακόμα;

—Θα μου το δανείσεις;

—Χοιρινό;

—Κάνουν και κριτσανιστή πέτσα τα μωρά;

Βιαστικά ο κύριος Καρτράιτ ξαναμπήκε στη μέση.

—Οι άνθρωποι που έχουν μωρά δεν είναι όλοι τρελοί για δέσιμο, τους είπε. Στην πραγματικότητα, οποιοσδήποτε από σας πιθανώς να αποφασίσει να αποκτήσει ένα κάποτε. Για να μην αναφερθώ στο ότι πολλοί άνθρωποι αποκτούν μωρά κατά λάθος.

Το κύμα των αντιδράσεων που ξεσήκωσε αυτή του η παρατήρηση, κατέπληξε ακόμα και τον κύριο Καρτράιτ.

—Αυτό είναι φοβερό!

—Να αποκτήσεις μωρό κατά λάθος!

—Φρίκη!

—Εγώ ποτέ δε θα κάνω μωρό κατά λάθος. Ποτέ!

Ο Μπιλ Σάιμον έδειχνε έτοιμος να αναλυθεί σε δάκρυα στην ιδέα και μόνο.

—Είναι φρικτό ακόμα και να το σκέφτεσαι. Μια στιγμή επιπολαιότητας και μετά —φωτιά στα μπατζάκια σου!

Ο Γκουίν συμφώνησε μαζί του.

—Ολόκληρη η ζωή σου να καταστραφεί με ένα παραπάτημα.

—Τρομακτικό!

Ο Λουίς Περέιρα επωφελήθηκε απόλυτα της φήμης του ότι είχε γνωρίσει περισσότερα κορίτσια από οποιονδήποτε άλλο στην τάξη.

—Και μπορεί να μην είναι και δικό σου λάθος, τους προειδοποίησε συνωμοτικά.

Τρόμος και σαστιμάρα κυριάρχησε στη σκέψη ότι οποιοσδήποτε από τους παρόντες θα μπορούσε να καταλήξει μ' ένα μωρό στην αγκαλιά, χωρίς να φταίει ο ίδιος. Για δεύτερη φορά μέσα σε τρεις βδομάδες, απόλυτη σιγή επικράτησε στο Γ4.

Ο Ρας Μάουλντ σηκώθηκε όρθιος.

—Ας υποθέσουμε...

Οι λέξεις δεν έρχονταν στο στόμα του.

Ο κύριος Καρτράιτ τον κοίταξε ενθαρρυντικά.

—Ναι, παιδί μου;

—Ας υποθέσουμε...

Ξανά ο Ρας δεν μπορούσε να συνεχίσει

Ο κύριος Καρτράιτ κοιτούσε με ύφος χαμένο. Μα οι υπόλοιποι μπορούσαν πολύ ευκολότερα να αποκρυπτογραφήσουν τη ματιά της αμηχανίας και της φρίκης στην όψη του Ρας.

—Ναι, ναι! Ο Ρας έχει δίκιο. Φαντάσου πως έχεις μπλέξει...

—Με κάποιαν...

—Και δεν είσαι απόλυτα βέβαιος...

—Μπορείς να πεις «όχι», απάντησε με ύφος ενάρετου ο Γουέιν Ντρίσκολ.

Οι άλλοι έδειξαν ικανοποιημένοι μ' αυτό.

—Ακριβώς.

—Απλώς να πεις «όχι».

—Δεν αξίζει να το διακινδυνεύεις, είπε συνετά ο Φιλ Μπρούστερ.

—Καλύτερα ασφαλής παρά μετανιωμένος.

—Το παραπάτημα μιας στιγμής και δεν ορίζεις πια τη ζωή σου.

Ο κύριος Καρτράιτ ατένισε τα ανήσυχα πρόσωπα, με το άγχος ζωγραφισμένο πάνω τους στην ιδέα ότι θα υποχρεώνονταν κάποτε να υπερασπιστούν τον εαυτό τους απέναντι στους τεράστιους κινδύνους που διαγράφονταν στον ορίζοντα. Ένας μόνο μαθητής δεν έδειχνε παρασυρμένος από τη γενικότερη αγωνία κι αυτός ήταν ο Σάιμον Μάρτιν. Ο Σάιμον καθόταν στο θρανίο του μασουλώντας το στιλό του και ατένιζε σκεφτικός έξω από το παράθυρο. Είχε παραμείνει ήσυχος μέσα σ' όλη εκείνη την οχλαγωγία. Ο κύριος Καρτράιτ ήταν σχεδόν βέβαιος ότι καταλάβαινε γιατί ο Σάιμον δεν είχε πάρει μέρος στη γενική κατακραυγή για τα μωρά από αλεύρι. Είχε δείξει τόσο ζήλο για το δικό του, ώστε η ψυχολογική του κατάσταση στάθηκε θέμα παθιασμένων συζητήσεων για περισσότερες από δύο εβδομάδες τώρα στην αίθουσα καθηγητών, με τους μισούς καθηγητές να επιμένουν ότι το φτωχό παιδί χρειαζόταν άμεσα βοήθεια από ειδικό και οι υπόλοιποι να ευθυγραμμίζονται με τον κύριο Ντουπάσκ και τη δεσποινίδα Άρνοτ, οι οποίοι ισχυρίζονταν ότι η αντίδρασή του ήταν «πολύ συμπαθητική» και μάλλον έπρεπε να τον επαινέσουν παρά να τον λυπηθούν.

Τώρα όμως, τι σκεφτόταν; Τι στριφογυρνούσε στο μυαλό του;

Επίτηδες, ο κύριος Καρτράιτ διάλεξε τον σχεδόν αναλφάβητο Ρας Μάουλντ να διαβάσει τα ονόματα στο επάνω μέρος των ημερολογίων και να τα μοιράσει στους κατόχους τους. Στη συνέχεια, κάτω από την κάλυψη της οχλοβοής που απλωνόταν, γλίστρησε από την έδρα, έκανε το γύρο της τάξης, έφτασε δίπλα στον Σάιμον και τον ρώτησε εμπιστευτικά:

—Θα μου πεις κι εμένα τι σκέφτεσαι;

Ο Σάιμον σήκωσε τα μάτια του.

—Σκεφτόμουν τον πατέρα μου, απάντησε εκείνος.

Ο κύριος Καρτράιτ στάθηκε λίγο και συλλογίστηκε την απάντηση. Έπρεπε να είναι προσεκτικός. Τις μέρες αυτές οι γονείς άλλαζαν συζύγους σαν τα πουκάμισα. Μόλις την προηγούμενη βδομάδα είχε γλιστρήσει πίσω από δύο μαθητές που δούλευαν πλάι πλάι κι άκουσε τον ένα να λέει αρκετά εγκάρδια στον άλλο: «Τώρα έχεις εσύ το γέρο μου, ε;» Όχι, όχι, έπρεπε να 'χει κανείς τα μάτια του δεκατέσσερα.

—Έχεις τώρα καινούριο πατέρα και δεν το ξέρω; ρώτησε ευγενικά τον Σάιμον.

—Όχι, απάντησε ο Σάιμον. Σκεφτόμουν τον πραγματικό μου πατέρα. Συνέχεια αναρωτιέμαι γι' αυτόν. Διαρκώς είναι μέσα στο μυαλό μου.

Ο κύριος Καρτράιτ συνέχισε όσο πιο προσεκτικά μπορούσε.

—Υπάρχει κάτι που σε απασχολεί ιδιαίτερα;

—Ναι, υπάρχει, είπε ο Σάιμον. Υπάρχει κάτι που θέλω πραγματικά να μάθω.

Ο κύριος Καρτράιτ ύψωσε τη φωνή του πάνω από τον όλο και μεγαλύτερο σαματά πίσω τους.

—Τι πράγμα;

—Τι σφύριζε;

Ο κύριος Καρτράιτ σάστισε.

—Τι σφύριζε;

—Όταν έφυγε, εξήγησε ο Σάιμον. Θέλω να μάθω τι σφύριζε τη μέρα που μας εγκατέλειψε.

Ο κύριος Καρτράιτ ένιωσε τρομερά αμήχανος. Ύστερα από ένα λεπτό, χτύπησε στοργικά τον Σάιμον στον ώμο.

—Λυπάμαι, μικρέ, είπε μαλακά. Αυτό δεν είναι στο πρόγραμμα των μαθημάτων.

Έτοιμος ήταν να προσθέσει με μια ανάσα: «Τίποτα ιδιαίτερα χρήσιμο δεν είναι στο πρόγραμμα», όταν ξαφνικά συνειδητοποίησε ότι δεν το πίστευε κι ότι δεν ήταν αλήθεια. Είχαν μάθει πολλά από αυτή την εργασία για τη «Γιορτή της επιστήμης», για παράδειγμα. Ο δόκτωρ Φέλδαμ είχε δίκιο. Είχαν μάθει για τη βαθιά κόπωση που προκαλεί η ευθύνη, για την ατέλειωτη αγγαρεία που αποτελεί στοιχείο της και για το πώς αισθάνονταν γι' αυτό. Ο μαλακός, μικρόσωμος Ρόμπιν Φόστερ είχε, μάλιστα, ανακαλύψει πως διέθετε έναν ευέξαπτο χαρακτήρα. Ο Σαχίντ είχε μάθει (αν δεν το ήξερε ήδη) πως είχε ένα υγιές εμπορικό δαιμόνιο. Και ο καθένας τους, ξεχωριστά, ήξερε τώρα πως, μόλο που ήταν αρκετά μεγά-

ΑΝΑΤΡΟΦΗ ΠΑΙΔΙΩΝ

λος για να αποκτήσει παιδί, δεν ήταν ακόμα αρκετά μεγάλος ώστε να γίνει πατέρας.

Ο καθένας τους;

Ίσως όχι. Ο κύριος Καρτράιτ διατηρούσε ακόμα τις αμφιβολίες του για τον Σάιμον. Ο νεαρός καθόταν εκεί, με τα πελώρια πόδια του στριμωγμένα κάτω από το θρανίο του, πασπατεύοντας την γκρίζα δαντέλα στο σκουφάκι του μωρού του, κακόκεφος και βυθισμένος στις σκέψεις του.

Αναρωτιόταν ακόμα για τον πατέρα του; Ή μήπως, όπως ισχυρίζονταν οι μισοί στην αίθουσα καθηγητών, είχε μελαγχολήσει, λαχταρώντας ένα δικό του, αληθινό μωρό;

Όπως και να 'χε το πράγμα, ήταν ώρα να μπει ένα τέλος. Ο κύριος Καρτράιτ δεν είχε ποτέ του ισχυριστεί ότι ήταν υπομονετικός άνθρωπος. Και τη στιγμή εκείνη ακριβώς αποφάσισε ότι ίσαμε εδώ και μη παρέκει. Στο κάτω κάτω, είχε μπροστά του έναν ολόκληρο χρόνο που θα δίδασκε το νεαρό. Δεν άντεχε να βλέπει αυτή την αξιοθρήνητη όψη, αυτό το κατσουφιασμένο ύφος. Μέχρι τώρα, ο κύριος Καρτράιτ δεν είχε πραγματικά προσέξει πόσα οφέλη αποκόμιζε από τη διδασκαλία στο Γ4. Τώρα, όμως, έβλεπε πως οι περισσότεροί τους, ακόμα κι αν δεν ήταν όλοι τόσο σπιρτόζοι, έκαναν τουλάχιστον την προσπάθεια να παραμείνουν χαρωποί. Υπήρχε, άραγε, κανένα παλιό θαλασσινό τραγούδι που να μιλάει για κέφι και χαρά;

«Μ' ένα σμπάρο δυο τρυγόνια», σκέφτηκε ο κύριος Καρτράιτ.

Κατέβηκε από την έδρα, άρπαξε το μωρό από αλεύρι του Σάιμον από το θρανίο και το ακούμπησε πίσω του, όπου δεν μπορούσε να το βλέπει ο Σάιμον. Μόνον όταν βεβαιώθηκε πως όλη η προσοχή του νεαρού ήταν στραμμένη σ' αυτόν, είπε:

—Θα σου πω τι σφύριζε ο πατέρας σου.

Ο τόνος της απόλυτης πεποίθησης με την οποία ο κύριος Καρτράιτ έκανε αυτή την ανακοίνωση, έκανε τον Σάιμον να γουρλώσει τα μάτια του.

—Όταν έφυγε από το σπίτι ο πατέρας σου σφύριζε το «Σαλπάρω μακριά», είπε τελεσίδικα ο κύριος Καρτράιτ στο νεαρό. Αυτό σφύριζε: «Σαλπάρω μακριά».

Δε χρονοτρίβησε, ώστε να μην αρχίσει ο Σάιμον να ρωτάει πώς το ήξερε ή του ζητήσει να τραγουδήσει το σκοπό ή να θυμηθεί τα λόγια. Απλώς άφησε πάλι το μωρό από αλεύρι του Σάιμον επάνω στο θρανίο και πήρε δρόμο γρήγορα, όσο δηλαδή μπορούσε ένας άντρας του εκτοπίσματός του, χωρίς καν να κοντοσταθεί για να χωρίσει το ζευγάρι των πυγμάχων εκείνης της ημέρας ή να πει στον Λουίς να πάψει να πελεκάει το επάνω μέρος του θρανίου του.

Δε σταμάτησε μέχρι που έφτασε στην έδρα του.

—Λοιπόν! γάβγισε. Τελειώσαμε. Αρκετά! Η ώρα πέρασε, επομένως δρόμο, όλοι σας. Σπίτια σας.

Αυτό επέφερε τη συνηθισμένη εκνευριστική παράσταση, αλλά αντίστροφα αυτή τη φορά.

—Όμως, κύριε! Κύριε! Δε χτύπησε ακόμα το κουδούνι!

—Σήκω και φεύγα, Ταρίκ. Σπίτια σας, όλοι, προτού αλλάξω γνώμη.

Κάθισε παρατηρώντας τη συνηθισμένη οχλαγωγία και σύγχυση καθώς ορμούσαν όλοι μαζεμένοι έξω. Ο Σάιμον δεν ήταν ο πρώτος που έφτασε στην πόρτα. Πρόσεξε, ωστόσο, πως δεν ήταν και ο τελευταίος. Και η σαστιμάρα από το πρόσωπό του είχε εξαφανιστεί. Η περπατησιά του είχε ξαναβρεί το σφρίγος της.

Ικανοποιημένος, ο κύριος Καρτράιτ άρχισε να συμμαζεύει τα πράγματά του στο χαρτοφύλακά του, έτοιμος για το σπίτι. «Διόλου άσχημο μάθημα για το Γ4», συλλογίστηκε. «Διόλου άσχημο. Διόλου».

Αντίθετα με τις προσδοκίες —ενάντια στις αντιξοότητες— είχε καταφέρει κάτι μ' αυτούς.

8

—Έλα, είπε ο Σάιμον. Τραγούδησέ το.

—Δεν μπορώ. Η μητέρα του Σάιμον κοπάνισε με την πετσέτα του φαγητού τον Μακφέρσον που σουρνόταν στα κλεφτά, με κατεύθυνση το μωρό από αλεύρι. Το ξέρεις πως δεν τραγουδάω καλά.

—Δεν πρόκειται να σου βάλω βαθμό, τη βεβαίωσε ο Σάιμον. Θέλω μόνο ν' ακούσω τα λόγια και να μάθω το σκοπό.

—Δεν τα ξέρω όλα τα λόγια. Δεν είμαι καν βέβαιη πως τραγουδάω σωστά το σκοπό.

—Έλα, έλα, επέμεινε ο Σάιμον. Κάνε μια προσπάθεια.

Κι έτσι η κυρία Μάρτιν άρχισε. Σκούπισε τα χέρια της που ήταν βρεγμένα, έγειρε πίσω στο νεροχύτη και ενόσω ο Σάιμον λίκνιζε στην αγκαλιά του το μωρό από αλεύρι, προκαλώντας επίτηδες τη ζήλια του Μακφέρσον που γάβγιζε σαν λυσσασμένος, έπιασε να τραγουδάει όσο καλύτερα μπορούσε.

—«Όρτσα τα πανιά, παιδιά, να 'ρθει ο άνεμος σ' εμένα που το απαλό, ηλιόλουστο, γαλάζιο πέλαγο άφοβα ατενίζω».

Σταμάτησε απότομα.

Ο Σάιμον σήκωσε τα μάτια του.

—Λοιπόν; ρώτησε. Τι συμβαίνει;

—Ξέχασα τη συνέχεια.

Ο Σάιμον αναστέναξε απελπισμένος.

—Μα ήταν μόνο δύο γραμμές. Τραγούδησες δύο γραμμές μόνο.

Η κυρία Μάρτιν ξανακοπάνισε με την πετσέτα της τον Μακφέρσον που επωφελούμενος από την ανάπαυλα στο νανούρισμα, προχωρούσε λαθραία για να μασουλίσει λίγο παραπάνω μια από τις άκρες του μωρού από αλεύρι.

—Μόνο δύο γραμμές μπορώ να θυμηθώ.

—Απογοητευτικό, είπε ο Σάιμον.

Έδειχνε τόσο κατσουφιασμένος, ώστε η κυρία Μάρτιν τον λυπήθηκε.

—Ίσως το θυμηθώ αργότερα το υπόλοιπο, προσπάθησε να τον παρηγορήσει.

Μα ο Σάιμον δεν μπορούσε να περιμένει.

—Ξέρω τι θα κάνουμε, είπε. Θα τηλεφωνήσουμε στη Σου.

Παραχώνοντας το μωρό από αλεύρι στο κάθισμά του, κατευθύνθηκε προς το τηλέφωνο.

Κουνώντας το κεφάλι της, η κυρία Μάρτιν τον ρώτησε:

—Και γιατί θα έπρεπε να ξέρει η Σου τα λόγια;

Δεν τόλμησε να της πει ότι αν ήταν το τραγούδι

που σφύριζε ο πατέρας του την τελευταία φορά που τον είδε η Σου, θα είχε συγκρατήσει κάποια στιχάκια στο νου της.

Έδωσε το τηλέφωνο στη μητέρα του.

—Πάρ' την και ρώτα.

—Μη γίνεσαι ανόητος, Σάιμον! είπε η κυρία Μάρτιν. Έσκυψε να απελευθερώσει το μωρό από τα δόντια του Μακφέρσον που, αρπάζοντας την ευκαιρία, επιχείρησε να το σκάσει ελαφροπατώντας, κατά την πόρτα, περνώντας από μπροστά της. Δεν μπορώ να πάρω τη Σου και να της ζητήσω να μου τραγουδήσει απ' το τηλέφωνο.

—Γιατί όχι;

Στην ερώτηση αυτή η κυρία Μάρτιν δεν μπορούσε να βρει καμιά απάντηση. Κι έτσι, την ώρα που ο Σάιμον πήρε και καθάριζε τα πολλά πολλά από τα σάλια του Μακφέρσον πάνω στο μωρό, μ' ένα καθαρό εσώρουχο από τη στοίβα τα πλυμένα ρούχα, εκείνη έκανε το τηλεφώνημα.

Πάντως η Σου δε φάνηκε καθόλου να παραξενεύεται από την παράκληση. Προτού ακόμα προφτάσει ο Σάιμον ν' αρπάξει το ακουστικό από το αυτί της μητέρας του και να το βάλει στο δικό του, άκουγε το τιτίβισμα από την άλλη άκρη της γραμμής.

—«Αφήνω πίσω τα βάρη και τα βάσανα, τέτοιο βαρύ φορτίο ορκίζομαι ποτέ πια να μην κουβαλώ».

Μετά, ακριβώς όπως κι η μητέρα του, η Σου σταμάτησε απότομα.

—Ξέχασα το ρεφρέν, του είπε. Λέει κάτι για ανατολή του ήλιου και για καλή διάθεση.

Η προειδοποιητική ματιά στην όψη της μητέρας του, και μόνο, μπόρεσε ν' αλλάξει τα παράπονα που υπαγόρευε η απογοήτευση του Σάιμον, ο οποίος τελικά άρθρωσε μερικά ευχαριστώ ειπωμένα με μισή καρδιά. Έδωσε το τηλέφωνο πίσω στη μητέρα του, χτύπησε τη γροθιά του στην πόρτα της κουζίνας εκνευρισμένος, κι έπειτα, όταν άνοιξε η πόρτα, υποχρεώθηκε να προχωρήσει και να βγει έξω, γιατί η μητέρα του τον παρακολουθούσε ακόμα.

Στην κοινόχρηστη αυλή, η Υακίνθη Σπάισερ καθόταν κομψά επάνω σ' έναν αναποδογυρισμένο κουβά, βάφοντας πράσινα ένα ζευγάρι πέδιλα. «Η Υακίνθη μάλλον θα ξέρει ολόκληρο το τραγούδι», σκέφτηκε θλιμμένος ο Σάιμον. Το είχε μάθει στο Μπράουνιζ, το είχε ξαναθυμηθεί στο Λιτλ Γούντλαντ Φολκ και είχε τραγουδήσει τη μελωδία στη χορωδία της εκκλησίας των Βαπτιστών. Αλλά καλύτερα να τον ζεματούσαν με βραστό λάδι, παρά να ζητούσε κάποια χάρη από την Υακίνθη Σπάισερ. Ήδη την υποπτευόταν για κατάσκοπο του κυρίου Καρτράιτ: μια καλή ερασιτέχνις που έγινε επαγγελματίας. Ετοιμαζόταν να ξαναγυρίσει στο σπίτι, όταν η ίδια η Υακίνθη έφερε αυθόρμητα τη συζήτηση εκεί.

—Η μητέρα σου τραγουδούσε; ρώτησε. Μετά στρώνοντας προσεκτικά το χρώμα στο λουράκι του πέδιλου: Δεν τα πολυκαταφέρνει ε;

Μια ιδέα πέρασε από το μυαλό του Σάιμον. Όπως και να 'χε, άξιζε να το δοκιμάσει.

—Είναι πολύ δύσκολο τραγούδι, είπε.

Η Υακίνθη σήκωσε το κεφάλι και τον κοίταξε έκπληκτη.

—Όχι, καθόλου.

—Ω και βέβαια είναι, επέμεινε ο Σάιμον. Το ρεφρέν είναι γεμάτο παγίδες.

—Όχι, καθόλου.

Και με πάντα ακμαία την ικανότητά της να επιδεικνύεται, από την ημέρα που η δεσποινίς Νες της πρωτοκαρφίτσωσε το πελώριο άστρο της Βηθλεέμ από αλουμινόχαρτο στο πουλόβερ της, τότε στο νηπιαγωγείο, η Υακίνθη έριξε πίσω το κεφάλι της κι άρχισε να τραγουδάει με καθαρή φωνή.

—«Σαλπάρω για μια ανατολή που καίει, για νέα "ίσως" και "μπορεί". Αγαπημένοι, έχετε γεια, να 'χετε κέφι και χαρά. Άλλοι ίσως μένουν να ντακτέψουν τα μωρά τους».

Τη στιγμή εκείνη ακριβώς κοίταξε κάτω και πρόσεξε την μπογιά να στάζει επάνω στο πέδιλό της.

—Άι σιχ... στην ευχή!

Ο Σάιμον προσπάθησε να τη δελεάσει για να τραγουδήσει αυτό που, απ' ό,τι καταλάβαινε από το απότομο ανέβασμα της μελωδίας, θα πρέπει να ήταν ο τελευταίος στίχος που όλο του ξέφευγε.

—Πιστεύω ότι επίτηδες έχυσες την μπογιά, είπε, επειδή το τέλος τραγουδιέται πιο δύσκολα.

Αλλά το ενδιαφέρον της Υακίνθης Σπάισερ είχε τελείως εξατμιστεί. Τώρα είχε προσηλωθεί στο καθάρισμα του παπουτσιού της.

—Χάσου, Σάιμον, είπε αρκετά σιγανά, ώστε να μπορέσει εκείνος να προσποιηθεί ότι δεν είχε ακούσει.

Ο Σάιμον ξαναγύρισε στο σπίτι. Κλείνοντας προσεκτικά την πόρτα, ώστε να μην ακούει η Υακίνθη Σπάισερ, τραγούδησε ό,τι είχε μάθει από το ρεφρέν στη μητέρα του. Αλλά, μολονότι εκείνη ισχυρίστηκε ό,τι και προηγουμένως και αρκετές φορές αργότερα εκείνο το βράδυ, πως ο τελευταίος στίχος ήταν στην άκρη της γλώσσας της, δεν κατάφερνε τελικά να τον θυμηθεί.

Όταν έφτασε το πρωί, ο Σάιμον βρισκόταν στην ψυχολογική κατάσταση στην οποία υποθέτει κανείς ότι βρίσκονται τα θύματα του βασανιστηρίου της σταγόνας.

—Πάει, θα μου στρίψει, είπε στη μητέρα του την ώρα που έτρωγε το πρωινό του. Με πιάνει τρέλα.

—Πήγαινε να δεις την Υακίνθη. Μίλα της ευγενικά και θα σου τραγουδήσει το τελευταίο στιχάκι.

Ο Σάιμον έκανε μια γκριμάτσα άφατης περιφρόνησης.

Η κυρία Μάρτιν σήκωσε τους ώμους.

—Τότε θα πρέπει να ρωτήσεις τον κύριο Καρτράιτ.

Να ρωτήσει τον κύριο Καρτράιτ! Ο Σάιμον μπουκώθηκε με μια ακόμα κουταλιά δημητριακά και με το φρεσκογλειμμένο κουτάλι του έδωσε μια σκουντιά στο μωρό από αλεύρι.

—Εσύ φταις για όλα, του είπε.

Κι ήταν αλήθεια. Αν δεν είχε εμφανιστεί αυτό το μωρό από αλεύρι, δεν επρόκειτο ποτέ να ενδιαφερθεί για τον πατέρα του και για ό,τι έγινε χρόνια πριν. Αν δεν ήταν αυτό το ηλίθιο, άχρηστο πλαδαρό σακί αλεύρι, δε θα βρισκόταν ποτέ του σ' αυτή τη φρικτή, εξευτελιστική θέση σήμερα —να θέλει να πάει μια ώρα αρχύτερα στο σχολείο για να μάθει κάτι, σαν τους σπασίκλες.

Ξανασκούντησε το μωρό από αλεύρι. Τη φορά αυτή λίγες στάλες λασπερό καφετί γάλα από τα δημητριακά του γλίστρησαν από το κουτάλι του και κατρακύλησαν στο μέτωπο του μωρού.

—Θα 'χεις μπελάδες, τον προειδοποίησε εύθυμα η μητέρα του. Κοίτα το καημένο το πιτσιρίκι. Σάλια, δαγκωματιές, λεκέδες από δημητριακά. Κι όλ' αυτά, μέσα σε πέντε λεπτά.

—Δεν είναι ανάγκη, είπε κοφτά ο Σάιμον. Της έδωσε άλλη μια σκουντιά. Εσύ φταις, έτσι;

Το μωρό από αλεύρι δεν πρόβαλε αντιρρήσεις. Αλλά παρατηρώντας το πιο εξεταστικά την ώρα που το έχωνε στη σάκα του, ο Σάιμον είδε πως δεν είχε πολλές πιθανότητες να περάσει την επιθεώρηση που γινόταν δύο φορές τη βδομάδα για τον έλεγχο βάρους. Δεν ήταν μόνο που είχε καταβρομίσει σε απίστευτο βαθμό τις τελευταίες μέρες, αλλά οι γωνιές του σακιού είχανε ξεφτίσει και από το κάτω μέρος του έχανε αλεύρι.

Ο Σάιμον του έριξε μια ματιά σαν εκείνες που έκαναν με μαθηματική ακρίβεια τη δεσποινίδα Άρνοτ να τρέχει για τις ασπιρίνες της. Πώς ήταν δυνατόν ένα πράγμα που δεν μπορούσε ούτε να περπατήσει, να γίνεται σε τέτοια χάλια; Τι πονοκέφαλος!

Η μητέρα του του έδινε τώρα μια πλαστική σακούλα.

—Καλύτερα να το σκεπάσεις μ' αυτό, τον προειδοποίησε. Το δελτίο καιρού είπε ότι θα βρέξει.

Θα μπορούσε να της επισημάνει πως αν έπεφτε λίγη βροχή στο μωρό από αλεύρι, θα το καθάριζε λίγο, ή τουλάχιστον, θα του πρόσθετε λίγο βάρος σ' αυτό που έχανε. Όμως, στ' αλήθεια, δεν άντεχε να πονοκεφαλιάζει γι' αυτό. Τον είχε αρρωστήσει η όλη υπόθεση.

Μπουκώνοντας με το ζόρι το ήδη γεμάτο στόμα του με τις τελευταίες κουταλιές δημητριακά, μούγκρισε κάτι σαν αποχαιρετισμό, ελπίζοντας στην κατανόηση της μητέρας του και μάζεψε τα πράγματά του και το μωρό από αλεύρι.

Η κυρία Μάρτιν στάθηκε αποφασιστικά ανάμεσα σ' εκείνον και στην πόρτα.

—Γεια σου, Σάιμον, είπε επικριτικά.

Με το στόμα ακόμα μπουκωμένο, έτοιμο να εκραγεί, ξαναμούγκρισε.

Εκείνη δεν έκανε ρούπι πίσω.

—Γεια σου, Σάιμον, ξανάπε υπομονετικά.

Κατάλαβε πως του είχε δείξει κίτρινη κάρτα.

Στάθηκε εκεί που βρισκόταν, σαν μια πελώρια μαριονέτα, προσπαθώντας να μασήσει και να καταπιεί την τεράστια μπουκιά τα δημητριακά.

Σε λίγο:

—Γεια σου, μαμά.

Χαμογέλασε, επιτέλους, απελευθερώνοντάς τον. Ξεκίνησε να κατηφορίζει το μονοπάτι, αφήνοντας πίσω του την πόρτα να πηγαινοέρχεται στους μεντεσέδες της. Παράξενο, σκεφτόταν, πώς οι γονείς όπως και οι καθηγητές, άντεχαν και εξακολουθούσαν την γκρίνια τους χρόνια και χρόνια για πράγματα ασήμαντα, όπως το να λένε «ευχαριστώ» και «αντίο». Δεν καταλάβαινε πώς τα κατάφερναν. Αυτός θα τρελαινόταν μέσα σε μια βδομάδα. Κάθε πρωί είχαν την ίδια ακριβώς παράσταση, με τη μητέρα του να επιμένει να καταπιεί την μπουκιά του και να πει κανονικά «αντίο». Κάθε πρωί που θα πήγαινε σχολείο! Αυτό μας έκανε πέντε φορές τη βδομάδα, δεκατρείς βδομάδες στο σχολικό τρίμηνο, τρία τρίμηνα το χρόνο. Κάθε χρόνο. Πόσες φορές ήταν; Εκατομμύρια, θα έλεγε. Πώς τα κατάφερνε, λοιπόν, να στέκεται εκεί κάθε μέρα και να επαναλαμβάνει ολόκληρη την ιστορία, χωρίς να γίνεται θηρίο απ' το θυμό της, έτοιμη να του ορμήσει με τον μπαλτά; Αυτός, πάντως, δε θα το μπορούσε, στα σίγουρα. Πίστευε πως διέθετε την υπομονή ενός κοινού ανθρώπου. Όμως, αν έπρεπε να υπενθυμίζει στο μωρό από αλεύρι πάνω από μια ντουζίνα φορές στη σειρά να μην αφήνει την πίσω πόρτα ορθάνοιχτη ή να κλείνει καλά τη βρύση του ζεστού νερού ή να μη μιλάει με γεμάτο το στόμα του, θα γινόταν σαν τον Φόστερ και θα της έδινε ένα σουτ, να φύγει ίσια στο κανάλι. Ίσως ο λόγος που τους εγκατέλειψε ο πατέρας του να ήταν πως, σαν τον Σάιμον, να συνειδητοποίησε σχεδόν αμέσως ότι δεν του ταίριαζε ο ρόλος αυτός.

Φτάνοντας στο τέρμα της οδού Γουίλμπερφορς, ο Σάιμον βάλθηκε, ανεξήγητα, να τραγουδάει.

«Άλλοι ίσως μένουν, να ντατέψουν τα μωρά τους...» τραγουδούσε με στεντόρεια φωνή, στρίβοντας τη γωνία, όταν έπεσε πάνω στον Γουέιν Ντρίσκολ που χαζολογούσε πλάι στην υδρορρόη.

—Τι κάνεις εκεί στον υπόνομο; ρώτησε ο Σάιμον, κόβοντας το τραγούδι, και μην πιστεύοντας στα μάτια του, γιατί ο Γουέιν έδειχνε να μαζεύει λάσπες σκυμμένος πάνω από τη σχάρα και να παραγεμίζει μ' αυτές το μωρό του, μέσα από ένα μικρό σχίσιμο στο ύφασμα.

Τα φρύδια του Γουέιν είχαν σμίξει κι είχε ένα ύφος υπέρτατης αυτοσυγκέντρωσης.

—Κράτησέ μου το λίγο σταθερά, Σάιμ. Δεν μπορώ να ρίξω λάσπη μέσα στην τρύπα.

Ο Σάιμον κάθισε στις φτέρνες του και πήρε το σακί με το αλεύρι του Γουέιν.

—Κάνε του μεγαλύτερη τρύπα, πρότεινε.

Ο Γουέιν έκανε έναν περιφρονητικό μορφασμό.

—Μμμ, σπουδαία ιδέα! Για να 'χει ο γερο-ζόρικος δύο λόγους τώρα να με κοπανίσει!

Με το ελεύθερο χέρι του ο Σάιμον έβγαλε το δικό του μωρό από τη σάκα του.

—Δε θα 'χεις μόνο εσύ μπλεξίματα, είπε. Το δικό μου είναι πολύ χειρότερο.

Ο Γουέιν σταμάτησε λίγο να ρίχνει λάσπη κι έριξε μια ματιά στο μωρό του Σάιμον.

—Αμάν, βρε Σάιμ! Τι βρόμα και κακό είναι αυτό! Την έχεις άσχημα, φίλε.

—Όχι, καθόλου, είπε με σιγουριά ο Σάιμον. Ύστερα, με κάπως λιγότερη αυτοπεποίθηση, κοίταξε ξανά. Ίσως και να 'ταν αλήθεια. Σίγουρα, το μωρό του από αλεύρι είχε τα χάλια του. Πώς έγινε έτσι; Πώς βρόμισε τόσο γρήγορα; Για ένα διάστημα ο Σάιμον ήταν το αστέρι της εργασίας που τους είχαν αναθέσει — καθηγητές που μόλις ήξερε, του έγνεφαν στοργικά στους διαδρόμους. Και την άλλη κιόλας στιγμή, να τος να κουβαλάει ένα συφοριασμένο σακί αλεύρι που έτρεχε από μια μεριά, με δυο μουντζουριασμένα μάτια και φαγωμένες γωνιές. Τι είχε συμβεί;

—Δεν έπρεπε ν' αφήσεις τον Χούπερ και τον Φίλιπς να το χρησιμοποιήσουν σαν σημάδι για γκολπόστ, έλεγε ο Γουέιν.

Ο Σάιμον βάλθηκε να υπερασπίσει τον εαυτό του όσο καλύτερα μπορούσε.

—Όχι, όχι, δεν έφταιξε αυτό. Τη ζημιά την έπαθε όταν το χρησιμοποίησα για να τσατίσω τη γάτα της Υακίνθης Σπάισερ.

—Τα σκισίματα δεν ήταν τόσο φρικτά, όσο οι μασουλημένες άκρες, παρατήρησε ήρεμα ο Γουέιν.

—Ο Μακφέρσον φταίει, είπε στενοχωρημένος ο Σάιμον. Από την πρώτη στιγμή τού μπήκε στο μάτι το μωρό από αλεύρι.

—Κι αυτές οι καψαλισμένες άκρες;

—Α, αυτό είναι δικό μου λάθος, παραδέχτηκε ο Σάιμον. Την είχα αφήσει πάνω στο γκριλ, όση ώρα έψηνα τις φρυγανιές.

—Και τι είναι όλα αυτά που έχουν κολλήσει στον πισινό της;

Ο Σάιμον αναποδογύρισε το μωρό και το κοίταξε ερευνητικά.

—Κόλλα, είπε. Ένα κομμάτι καραμέλα. Λάσπη. Ξεραμένα σάλια του Μακφέρσον. Κοτόσουπα...

Υπήρχαν μπόλικα, ώστε να συνεχιστεί για κάμποσο διάστημα ο κατάλογος. Αλλά ο Γουέιν τον διέκοψε βιαστικά.

—Έλα, Σάιμ. Ώρα να φεύγουμε.

Και βέβαιος πως τουλάχιστον δε θα ήταν ο χειρότερος στην πρωινή επιθεώρηση, ο Γουέιν τράβηξε τον Σάιμον να ξεκινήσουν. Φτάνοντας στη διασταύρωση της πλατείας, ο Σάιμον άρχισε να εξηγεί το πρόβλημά του με το μωρό από αλεύρι.

—Δεν είμαι αυτού του είδους ο τύπος, ξέρεις. Στην αρχή πίστεψα πως ήμουν. Όμως αποδείχτηκε ότι έκανα λάθος. Μερικοί άνθρωποι τα καταφέρνουν να φροντίζουν το ένα ή το άλλο. Μερικοί αποτυχαίνουν. Εγώ μάλλον ανήκω στους δεύτερους. Σαν τον πατέρα μου.

Ο Γουέιν τού έριξε ένα περίεργο βλέμμα και ο Σάιμον κατάλαβε πως θα πρέπει να ήταν η πρώτη φορά που ο φίλος του άκουγε να του θίγει το θέμα του πατέρα του. Ωστόσο, εξακολούθησε.

—Δεν μπορούσε να τα βγάλει πέρα, αυτό είναι φανερό. Ίσως μερικοί άνθρωποι να μην μπορούν. Ίσως να είναι έτσι φτιαγμένοι και δεν μπορείς να τους κατηγορήσεις.

Ως συνήθως, προχώρησε άφοβα μέσα στο ρεύμα των αυτοκινήτων που έκοβαν ταχύτητα στη διασταύρωση.

—Δεν ήταν ο τύπος που θα μείνει και θα νταντέψει τα παιδιά του, ούρλιαξε πάνω από το πανδαιμόνιο της κυκλοφορίας.

Ως συνήθως, ο Γουέιν βίασε το βήμα του, γνέφοντας απολογητικά σ' όλους εκείνους τους οδηγούς που είχε αναγκάσει ο Σάιμον να σταματήσουν μ' ένα εκκωφαντικό στρίγκλισμα των φρένων.

—Δεν ήταν ο τύπος που θα έκανε τι;

Αλλά ο Σάιμον είχε διασχίσει τώρα το δρόμο και προχωρούσε με μεγάλες δρασκελιές, επίτηδες πάνω από το γρασίδι, με κατεύθυνση τα σχολικά κτίρια.

Υπήρχε ένα τελευταίο πράγμα που ήθελε να μάθει, ένα τελευταίο κλειδί για το μυστήριο της εξαφάνισης του πατέρα του. Ένα πράγμα που χρειαζόταν ακόμα να μάθει.

—Δεσποινίς Άρνοτ! Δεσποινίς Άρνοτ!

Γύρισε το κεφάλι της στο άκουσμα της φωνής του.

—Τι είναι, Σάιμον;

Κατάπληκτη, τον άκουσε να της τραγουδάει με την πλούσια, ρωμαλέα άνετη φωνή του του τενόρου, που είχε συχνά ακούσει στις συνελεύσεις και ποτέ δεν είχε συνειδητοποιήσει ότι ανήκε σ' αυτόν.

—«Όρτσα τα πανιά, παιδιά, να 'ρθει ο άνεμος σ' εμένα...»

—Σάιμον;

—«Που το απαλό, ηλιόλουστο γαλάζιο πέλαγο άφοβα ατενίζω...»

Μήπως της αυθαδίαζε λίγο;

—Βιάζομαι, Σάιμον, του είπε προειδοποιητικά. Μα εκείνος συνέχισε να περπατάει πλάι της, τραγουδώντας από την καρδιά του.

—«Αφήνω πίσω τα βάρη και τα βάσανα...»

—Τι είδους αστείο είναι αυτό, Σάιμον; Κανένα στοίχημα; Κανένα τραγούδι που διαφημίζουν;

—«Τέτοιο βαρύ φορτίο ορκίζομαι ποτέ πια να μην κουβαλώ».

Εκνευρισμένη, έστριψε και πήρε το στενότερο δρομάκι που έβγαζε στην είσοδο των καθηγητών. Αγνοώντας εντελώς τον αυστηρό κανόνα του σχολείου και την ταμπέλα στο μικρό ξύλινο στύλο «Μόνο οι ανήκοντες στο προσωπικό», ο Σάιμον όρμησε πλάι της, τραγουδώντας το ίδιο βροντερά.

—«Σαλπάρω για μια ανατολή που καίει, για νέα "ίσως" και "μπορεί". Αγαπημένοι, έχετε γεια...»

Η δεσποινίς Άρνοτ σταμάτησε απότομα. Δεν είχε

αντιμετωπίσει ξανά παρόμοιο πρόβλημα με τον Σάιμον. Κατσούφης και αδέξιος μπορεί να ήταν. Και απόλυτα ανυπάκουος σε κάποιες περιπτώσεις. Όμως έπρεπε να παραδεχτεί πως παρά την εμπειρία που είχε με το παιδί αυτό, ποτέ της δεν τον είχε δει τόσο ολοκληρωτικά απείθαρχο. Τι έπρεπε να κάνει τώρα; Να τον αντιμετωπίσει δυναμικά; Ή να τον αγνοήσει; «Ας τα πάρουμε ένα ένα με τη σειρά», σκέφτηκε η δεσποινίς Άρνοτ. Ποιος ήταν αυτός που παρακολουθούσε;

Έριξε μια ματιά ψηλά, εκεί που κολλημένος στο παράθυρο της αίθουσας καθηγητών, ο κύριος Καρτράιτ φυσούσε ανάμεσα στις πτυχές της κουρτίνας τον καπνό του τελευταίου τσιγάρου που κάπνιζε λαθραία πριν από το μάθημα.

Της κούνησε το χέρι· μετά, εκλαμβάνοντας το ύφος της εκείνο της στιγμιαίας αναποφασιστικότητας ως μια αξιολύπητη ικεσία, ανασήκωσε το παράθυρο και βάλθηκε να ουρλιάζει στον Σάιμον που είχε τολμήσει να πατήσει το πόδι του στον καθαγιασμένο χορτοτάπητα.

—«...να 'χετε όλο κέφι και χαρά», άκουσε τον Σάιμον να ξελαρυγγιάζεται.

Να 'χετε όλο κέφι και χαρά; Η φράση του τραγουδιού χτύπησε ακαριαία κάποιο καμπανάκι στο μυαλό του κυρίου Καρτράιτ. Άθελά του, κοίταξε τον Σάιμον μ' ένα δασκαλίστικο συναίσθημα ικανοποίησης και περηφάνιας. Τι αξίζει η ψυχολογία τώρα; Εδώ ο νεαρός ήταν ένας ζωντανός έπαινος στην παλιά καλή τετράγωνη λογική. Κοιτάχτε την αλλαγή που συντελέστηκε πάνω του, για τ' όνομα του Θεού! Πριν από μία μόλις μέρα τριγυρνούσε κλαίγοντας τη μοίρα του σαν χαζός, όλο αγάπη για εκείνο το απεχθές τσουβαλάκι με το αλεύρι. Μια κουβέντα στο αυτί του από το σοφό γερο-δάσκαλό του και κοιτάχτε τον! Πίσω στη φυσιολογική κατάσταση (δηλαδή φυσιολογική για κείνον, βέβαια) και να φλερτάρει μάλιστα τη μόνη αγάπη της ζωής του, τη θεϊκή δεσποινίδα Άρνοτ, με υπέροχη φωνή και στη διαπασών.

«Άλλοι ίσως μένουν, να ντατνέψουν τα μωρά τους...» Η ζεστή, υπέροχη φωνή τενόρου του Σάιμον αντιλαλούσε τριγύρω.

Η παύση που ακολούθησε παραήταν μακριά. Ήταν, σκέφτηκε ο κύριος Καρτράιτ, λίγο σαν εκείνο το παλιό ανατολίτικο μαρτύριο, να περιμένεις την επόμενη στάλα του νερού.

Όταν κάποια στιγμή σώθηκε η υπομονή του, σήκωσε ψηλότερα το τζάμι, έσκυψε έξω και βρυχήθηκε με τη φωνή εκείνη του βαρύτονου που χρησιμοποιούσε για να επαναφέρει τους μαθητές του στο ρυθμό, στους ύμνους:

—«Η καρδιά μου είναι πλοίο ψηλό και δυνατοί αέρηδες ζυγώνουν».

Ο Σάιμον έπεσε στα γόνατα εξουθενωμένος. Η δεσποινίς Άρνοτ το έβαλε στα πόδια. Και ο Γουέιν έφτασε κοντά, βαριοχτυπώντας το πλακόστρωτο.

—Τι μουγκάνιζε εκεί πάνω ο γερο-ζόρικος;

—«Η καρδιά μου είναι πλοίο ψηλό», κοντανάσανε ο Σάιμον, «και δυνατοί αέρηδες ζυγώνουν».

Ο Γουέιν στραβομουτσούνιασε.

—Τι πάει να πει αυτό;

Ο Σάιμον σήκωσε τα μάτια να ρωτήσει τον κύριο Καρτράιτ. Απόλυτα ευχαριστημένος με την ικανοποιητική ολοκλήρωση ενός όμορφου παλιού θαλασσινού τραγουδιού, ο κύριος Καρτράιτ είχε σβήσει το τσιγάρο του, είχε κατεβάσει το παράθυρο και είχε εξαφανιστεί.

Όπως είχε αποδειχθεί πολλές φορές στο ποδο-

σφαιρικό γήπεδο, η ακλόνητη αποφασιστικότητα αποτελούσε ένα από τα πιο εντυπωσιακά προσόντα του Γουέιν.

—Και πώς μπορεί μια καρδιά να είναι ένα ψηλό πλοίο; επέμεινε.

—Και πού θες να ξέρω εγώ; έκανε απότομα ο Σάιμον. Πρέπει να ρωτήσουμε κάποιον.

—Ποιον;

Ο Γουέιν κοίταξε γύρω. Ο μοναδικός άνθρωπος εκεί γύρω ήταν ο Μάρτιν Σάιμον που σιγοπερπατούσε στο δρομάκι διαβάζοντας το «Αναζητώντας το Άγιο Δισκοπότηρο».

—Ρώτα αυτόν που είναι σπασίκλας. Μπορεί να ξέρει.

Η όψη του Σάιμον φωτίστηκε. Ναι, ο Μάρτιν Σάιμον θα ήξερε. Αυτός που τριγυρνούσε ολημέρα διαβάζοντας ποίηση —και συχνά στα γαλλικά— δε θα δυσκολευόταν να τους μεταφράσει μια απλή φρασούλα τραγουδιού στην καθομιλουμένη. Διόλου δε θα δυσκολευόταν.

Ο Σάιμον σηκώθηκε όρθιος, προχώρησε πάνω στο γρασίδι κι έφτασε σχεδόν μπροστά από τον Μάρτιν. Τέντωσε το πόδι του και περίμενε ήρεμα, μέχρι να σκοντάψει επάνω του ο Μάρτιν και να πέσει το βιβλίο του από τα χέρια του στο χορτάρι.

—Συγνώμη, είπε ο Σάιμον κι έσκυψε να το σηκώσει για να του το δώσει.

—Ευχαριστώ, απάντησε ο Μάρτιν κάπως επιφυλακτικά.

Αλλά ο Σάιμον πίστεψε πως έχοντας σκύψει να του πιάσει το βιβλίο, είχε ήδη εδραιώσει την καλή του πίστη. Δεν υπήρχε λόγος να συνεχίσουν τις ευγένειες.

—Κοίταξε, είπε. Εσύ είσαι φωστήρας. Διαβάζεις

ποίηση. Τι σημαίνει όταν κάποιος λέει ότι είναι ένα ψηλό πλοίο;

Ο Μάρτιν δίστασε. Μπορεί να του ετοίμαζε καμιά πλάκα. Όμως από την άλλη, έβλεπε τον Σάιμον να έχει ένα ύφος σοβαρό και αποφασιστικό, σαν να αναζητούσε κάτι, όπως ο σερ Γκάλαχαν στο βιβλίο που μόλις πριν του έδωσε πίσω.

—Ένα ψηλό πλοίο;

—Ναι, ένα ψηλό πλοίο.

Έπρεπε, όμως, να τους παραδεχτείς αυτούς τους διανοούμενους τύπους, αναλογίστηκε ο Σάιμον, καθώς στάθηκε και περίμενε την απάντηση. Αν εκείνον τον πλησίαζε κάποιος και τον ρωτούσε κάτι παρόμοιο, θα του 'δινε μια σκουντιά στη μούρη και θα του γύριζε την πλάτη. Αλλά ο Μάρτιν δεν έδειχνε να το βρίσκει ούτε παράξενο ούτε προσβλητικό να του κάνουν μια ερώτηση για κάτι που ίσως ήταν ποίημα. Απλώς έβγαλε τα γυαλιά του, τα καθάρισε, σκέφτηκε λίγο και μετά ρώτησε:

—Τι λέει ακριβώς αυτό το άτομο;

Χαμένος κόπος να μασάει τα λόγια του, σκέφτηκε ο Σάιμον. Ρίχνοντας, λοιπόν, πίσω το κεφάλι του, τραγούδησε με όλη τη δύναμη της φωνής του:

—«Ίσως άλλοι μένουν να ντεντέψουν τα μωρά τους. Η καρδιά μου είναι πλοίο ψηλό και δυνατοί αέρηδες ζυγώνουν».

Το σάστισμα στο ύφος του Μάρτιν χάθηκε στη στιγμή.

—Α, προφανώς είναι μια μεταφορά, άρχισε. Ο πρωταγωνιστής διάλεξε να χρησιμοποιήσει την αναλογία του...

Σταμάτησε, εν μέρει από τρόμο και εν μέρει επειδή ο Σάιμον τον είχε αρπάξει ξαφνικά από το λαιμό, κόβοντάς του την ανάσα.

—Δε σου ζήτησα να μου κάνεις διάλεξη, τον πληροφόρησε βλοσυρά ο Σάιμον. Θέλω απλώς να μάθω τι σημαίνει.

Τράβηξε το χέρι του και περίμενε.

Ο Μάρτιν Σάιμον ξαναδοκίμασε.

—Σημαίνει, είπε, ότι ο άνθρωπος αυτός είναι αναγκασμένος να φύγει. Όπως ακριβώς ένα πλοίο με τα πανιά του ανοιχτά είναι αναγκασμένο να κινηθεί με το σπρώξιμο του ανέμου, έτσι κι αυτός ο τύπος ξέρει πως έρχεται η στιγμή που, όσο κι αν θα ήθελε να μείνει, εξαιτίας του χαρακτήρα του —εξαιτίας της ψυχοσύνθεσής του— θα αναγκαστεί να φύγει. Δεν έχει άλλη επιλογή.

Ο Σάιμον κοίταξε ψηλά τον ουρανό. Τα μάτια του έκαιγαν και κατάπινε με δυσκολία.

—Καμιά επιλογή;

Ο Μάρτιν είπε σταθερά:

—Καμιά απολύτως. Έτσι γίνεται με κάποιον σαν κι αυτόν.

Στο σημείο αυτό μπήκε στη μέση ο Γουέιν που ρώτησε καχύποπτα τον Μάρτιν:

—Και πώς είσαι τόσο σίγουρος;

—Το λένε και τα λόγια, εξήγησε υπομονετικά ο Μάρτιν. Αυτό σημαίνουν.

—Ναι, αλλά πώς το ξέρεις;

Τώρα ήταν ο Σάιμον που ήρθε να σώσει τον Μάρτιν, βάζοντας τον Γουέιν στη θέση του.

—Άκου δω, είπε. Εσύ κι εγώ ξέρουμε να παίζουμε ποδόσφαιρο και να σπάμε πλάκες, εντάξει; Ο Μάρτιν από δω είναι φωστήρας. Στο ποδόσφαιρο είναι άχρηστος. Δεν μπορεί να κλοτσήσει ούτε βόλο. Αλλά ξέρει από τραγούδια, ποίηση και τα τέτοια. Γύρισε στον Μάρτιν. Έτσι δεν είναι;

Ο Μάρτιν έγνεψε καταφατικά.

—Εντάξει λοιπόν, είπε ο Σάιμον. Κι ύστερα, μια και η συζήτηση για δυνατότητες και αδυναμίες γύρω από μορφωτικά θέματα έδειχνε να έχει ξεφτίσει, αποτελείωσε τη φράση του: Λοιπόν, ευχαριστώ πολύ.

Παρορμητικά, έτεινε το δεξί του χέρι. Για μια στιγμή ο Μάρτιν δεν μπόρεσε να διανοηθεί το γιατί, μετά συνειδητοποίησε ότι ο Σάιμον ήθελε να σφίξουν τα χέρια.

—Εντάξει, τίποτα, απάντησε όσο γρηγορότερα μπόρεσε. Στη διάθεσή σου πάντα.

—Όχι, τον βεβαίωσε ο Σάιμον. Αυτό μόνο ήθελα. Είμαι σίγουρος πως όλα είναι εντάξει τώρα. «Και πράγματι», σκέφτηκε άθελά του ο Μάρτιν, «είχε ξανά πάρει ένα παράξενο, υπερκόσμιο ύφος, κάτι σαν αύρα, λες και, όπως ο σερ Γκάλαχαν, είχε δει το όραμα του Αγίου Δισκοπότηρου και ήξερε πως επιτέλους είχε βρει αυτό που αποζητούσε η καρδιά του».

9

Η δεσποινίς Άρνοτ βάλθηκε να σκαλίζει την τσάντα της αναζητώντας τις ασπιρίνες της.

—Είναι η τρίτη φορά που περνάει μπροστά από αυτή την πόρτα, τραγουδώντας στη διαπασών. Στράφηκε στον κύριο Σπένσερ που σκυμμένος ολόκληρος πάνω από το τραπέζι στην αίθουσα καθηγητών, έσβηνε τα μαυρισμένα με μολύβι τέταρτα από τις περισσότερες νότες στα βιβλία μουσικής, προσπαθώντας να τα μετατρέψει σε δεύτερα. Γιατί δεν τους μαθαίνεις πιο ήσυχα τραγούδια;

Χωρίς να σηκώσει τα μάτια από το έργο διάσωσης του μουσικού υλικού του, ο κύριος Σπένσερ υπερασπίστηκε ήρεμα τον εαυτό του.

—Ποτέ δεν του έμαθα αυτό το τραγούδι. Αλλά

ό,τι και να τους διδάξεις, δεν αλλάζει τα πράγματα. Αυτά τα παιδιά του Γ4 είναι ικανά να αποδώσουν ένα νανούρισμα λες και είναι πολεμικό εμβατήριο. Δυστυχώς δεν μπορώ να κάνω τίποτε. Απλώς να ευχαριστείς την καλή σου τύχη που ο νεαρός έχει θαυμάσια φωνή.

Η δεσποινίς Άρνοτ έριξε μια δεύτερη ασπιρίνη μέσα στο ποτήρι με το νερό.

—Τώρα με παρηγόρησες, μουρμούρισε με πίκρα. Απλώς είναι ένας διαφορετικός τρόπος να υποφέρεις. Σήκωσε το κεφάλι της. Ξανάρχεται πάλι; Δε θα το αντέξω. Μα τι κάνει, επιτέλους, αυτό το παιδί και πάει κι έρχεται κάθε τόσο στο διάδρομο;

Ο κύριος Χέντερσον σταμάτησε να ρουφάει τον καφέ του.

—Αν πρόκειται για τον Σάιμον Μάρτιν που παραπονιέσαι, της είπε, τον έχει αγγαρέψει ο δόκτωρ Φέλδαμ να του μεταφέρει το μικροϋπολογιστή για την ελεγχόμενη διάβαση πεζών του Νίμονσμιθ, στον πάγκο του για τη «Γιορτή της επιστήμης». Για πρώτη φορά ο νεαρός κάνει απλώς αυτό που του είπαν.

—Του είπαν και να τραγουδάει θαλασσινά τραγούδια στη διαπασών, ενόσω τα κουβαλάει;

—Θες να του πω να χαμηλώσει την ένταση; Ο κύριος Χέντερσον πρόβαλε το κεφάλι του στην πόρτα της αίθουσας καθηγητών, αλλά ήρθε δεύτερος με διαφορά ενός λεπτού. Ο κύριος Καρτράιτ είχε κιόλας εμφανιστεί από την άλλη άκρη του διαδρόμου.

—Σάιμον Μάρτιν! ούρλιαξε, κόβοντας τον ενθουσιώδη τενόρο στο ξεκίνημά του. Γιατί δε βρίσκεσαι μέσα, στο ζύγισμα των μωρών;

Ο Σάιμον σταμάτησε απότομα, με τον καθοδικό παλμογράφο αγκαλιά.

—Μεταφέρω υλικό του δόκτορα Φέλδαμ, κύριε,

απάντησε με το ενάρετο ύφος εκείνου που γνωρίζει ότι τον περιβάλλει η δύναμη ενός ισχυρότερου καθηγητή. Είναι η «Γιορτή της επιστήμης».

Η όψη του κυρίου Καρτράιτ σκοτείνιασε. Η «Γιορτή της επιστήμης!» Η «Γιορτή της επιστήμης!» Είχαν ακόμα μισή βδομάδα μπροστά τους για ν' αρχίσει και ήδη η υπομονή του έφτανε στα όριά της. Μα, τέλος πάντων, αυτή η ιστορία είχε κάνει άνω κάτω ολόκληρο το σχολικό τρίμηνο. Αν κάθε σχολείο σ' ολόκληρη την Πλάση μπορούσε να κουμαντάρει αυτό το νόμιμο και εγκεκριμένο χάος, γιατί στην ευχή να μην μπορεί ο δόκτωρ Φέλδαμ; Ειλικρινά, ο άνθρωπος υπερέβαινε τις δυνατότητές του.

Ο κύριος Καρτράιτ αγρίεψε. Προτού μπορέσει να ελέγξει τον εαυτό του, ένας χείμαρρος από ανάρμοστα για καθηγητή λόγια ξεπήδησαν από τα χείλη του και αντιλάλησαν στο τέρμα του διαδρόμου με τόση βιαιότητα, ώστε ο Σάιμον αιφνιδιάστηκε. Όχι πως δεν είχε χρησιμοποιήσει κι ο ίδιος τόσο άσχημη γλώσσα. Τα ίδια και χειρότερα μάλιστα. Και αρκετά συχνά. Αλλά το να βλέπεις το γερο-ζόρικο να βγάζει αφρούς απ' το στόμα και να ξεστομίζει τέτοια λόγια —ε, αυτό κι αν ήταν!

Ο Σάιμον κοίταξε τον καθηγητή του με έναν καινούριο σεβασμό.

—Κι όσο για σένα, απόσωσε ο κύριος Καρτράιτ στραβοκοιτάζοντας με ανείπωτη αγριάδα τον Σάιμον, ν' αφήσεις κάτω αυτά τα παλιοσίδερα και να γυρίσεις στην τάξη για το ζύγισμα των μωρών.

—Μάλιστα, κύριε.

Ο Σάιμον παράτησε στο πάτωμα τους καθοδικούς παλμογράφους και την ψηφιακή γεννήτρια ημιτονοειδούς κύματος του Γουίσαρτ και ακολούθησε υπάκουα τον καθηγητή του που προχωρούσε βιαστικά.

—Έτσι μάλιστα, μουρμούρισε ο κύριος Καρτράιτ. Πάρα πολύ ωραία, συλλογιζόταν, που ο Σάιμον ήταν καλοδιάθετος. Όμως, δυστυχώς, όπως και με οτιδήποτε άλλο σ' ένα σχολείο, μπορούσε κανείς να το παρατραβήξει το σκοινί.

Η κακή του διάθεση κράτησε μόνο μέχρι την τάξη.

—Λοιπόν! ούρλιαξε μπαίνοντας έγκαιρα ώστε να τσακώσει τον Φίλιπ Μπρούστερ την ώρα που έκανε πηδήματα-ψαλίδα πάνω από τα καροτσάκια του Σαχίντ. Λοιπόν! Μέχρις εδώ! Σπρώχτε εκείνο το τενεκεδένιο άρμα στη γωνία και μπείτε στη γραμμή, με τα σακιά το αλεύρι στα χέρια. Θα τα πάρω και θα τα επιστρέψω στο δόκτορα Φέλδαμ.

—Θα τα επιστρέψετε;

Ο κύριος Καρτράιτ παρανόησε πέρα για πέρα την αιτία της έκπληξης και της ανησυχίας τους.

—Μάλιστα. Θα τα επιστρέψω. Ξέρω ότι είναι τέσσερις ημέρες νωρίτερα, ωστόσο μπορείτε να αξιοποιήσετε το χρόνο σας ενημερώνοντας τα ημερολόγιά σας.

—Μα...

—Δεν έχει «μα!» μούγκρισε ο κύριος Καρτράιτ. Φέρτε τα μωρά σας από αλεύρι εδώ, παρακαλώ, όλοι σας. Στάθηκε πλάι στη ζυγαριά.

—Ποιος θα είναι ο πρώτος;

Από την καταλυτική σιωπή που ακολούθησε, θεώρησε πως κανένας δεν ήθελε να είναι ο πρώτος.

—Τι λες, Τζορτζ;

Ο Τζορτζ ήταν τόσο σαστισμένος, ώστε δεν μπορούσε ούτε να κουνήσει το κεφάλι του.

—Χένρι;

Ο Χένρι κοίταξε τους άλλους, μήπως και βρει μια εξήγηση γι' αυτό το ολοφάνερο λάθος. Αλλά βλέποντάς τον να γυρνάει αλλού, ο κύριος Καρτράιτ προχώρησε ανυπόμονος στον επόμενο.

—Τι λες εσύ, Ρικ; Δεν είναι εδώ; Α, μα βέβαια, Τότε εσύ, Ρας. Είσαι έτοιμος να μας δώσεις το σακί σου με το αλεύρι; Θα το ζυγίσουμε για τελευταία φορά και μετά θα το ξεφορτωθείς για πάντα. Πώς σου φαίνεται;

Ο Ρας σταμάτησε να καθαρίζει τις τρίχες του γάτου από το μωρό του και σήκωσε τα μάτια. Δεν είχε καταλάβει ότι τώρα όλοι τους στην τάξη κοίταζαν με προσδοκία τον Σάιμον Μάρτιν, περιμένοντας εκείνον που πρώτος είχε εγκωμιάσει αυτό το συγκεκριμένο πείραμα, να συνέλθει από τη μουγκαμάρα, να ξαναβρεί το χρώμα του που είχε πάρει μια νεκρική χλομάδα και να ξεκαθαρίσει αυτή την ολοφάνερη παρεξήγηση σχετικά με τον τρόπο που θα τελείωνε το πείραμα. Στρέφοντας ξανά την προσοχή του στο καθάρισμα από τις τρίχες του γάτου, ο Ρας ρώτησε μόνο:

—Όμως τι θα γίνει με τη «σούπερ έκρηξη»;

Ο κύριος Καρτράιτ τον ατένισε προσεκτικά.

—Με τη σούπερ... τι πράγμα είπες;

—Με τη «σούπερ έκρηξη». Ο Ρας ξανακοίταξε επάνω. Ο Σάιμον μας είπε ότι την τελευταία ημέρα θα γίνει η «σούπερ έκρηξη». Θα κάνουμε όλοι κομματάκια με τις κλοτσιές τα μωρά μας από αλεύρι.

—Θα τα κάνετε κομματάκια με τις κλοτσιές; Ο κύριος Καρτράιτ με κόπο έκρυβε την ευθυμία του. Θα κάνετε τα μωρά από αλεύρι κομματάκια με τις κλοτσιές; Και τον πιστέψατε;

Κοίταξε γύρω και είδε την έκφραση της απογοήτευσης στα πρόσωπά τους.

—Τον πιστέψατε! βροντοφώναξε. Ναι, τον πιστέψατε όλοι σας!

Στράφηκε προς τον Σάιμον που η αποβλακωμένη

έκφρασή του μετατρεπόταν τώρα σε μια βαθιά αμηχανία.

—Κατόρθωσες να τους πείσεις ότι την τελευταία ημέρα θα κλοτσήσουν στον αέρα εκατό κιλά ψιλοκοσκινισμένο λευκό αλεύρι;

Ο Σάιμον έγνεψε καταφατικά.

Ο κύριος Καρτράιτ άνοιξε διάπλατα τα χέρια του.

—Εδώ; Στην τάξη μου;

Ο Σάιμον έγνεψε και πάλι καταφατικά.

Και τότε, αργά, σαν σεισμική δόνηση, ο κύριος Καρτράιτ άρχισε να γελάει πνιχτά. Καθώς πιάστηκε από τα πλαϊνά της έδρας για να κρατήσει την ισορροπία του, το πνιχτό γέλιο δυνάμωσε. Δυνάμωσε κι από πνιχτό γέλιο έγινε ηχηρό χαχανητό κι από ηχηρό χαχανητό έγινε τρανταχτό δυνατό γέλιο. Από τρανταχτό δυνατό γέλιο κατέληξε σε μια σεισμική δόνηση ευφορίας. Ποτάμι κυλούσαν τα δάκρυα της ευχαρίστησης από τα μάτια του. Η έδρα από κάτω του ταρακουνήθηκε και τσούλησε πιο πέρα. Τα τζάμια στα παράθυρα έτριξαν και στη διπλανή αίθουσα η δεσποινίς Άρνοτ φοβήθηκε ότι θα έρχονταν κάτω όσα είχαν κρεμασμένα στον τοίχο.

Ο κύριος Καρτράιτ έδειξε τον Σάιμον.

—Τους εί.. τους εί... Για αρκετή ώρα δεν κατάφερνε να αποσώσει τα λόγια του. Τους είπες ότι θα τους επιτρεπόταν να κλοτσήσουν στον αέρα μέσα στην τάξη μου, εκατό κιλά ψιλοκοσκινισμένο αλεύρι!

Από την τσέπη του σακακιού του ψάρεψε ένα πελώριο πιτσιλωτό μαντίλι. Σκούπισε τα μάτια του που έτρεχαν.

—Και σε πιστέψανε!

Σκασμένος στα γέλια, έπεσε από την έδρα και προσγειώθηκε στο πάτωμα. Τα σανίδια τραντάχτηκαν. Η έδρα αναποδογύρισε με φόρα, σπάζοντας στα δύο τον ξύλινο χάρακα του μαυροπίνακα με το μεταλλικό πλαίσιο, μάγκωσε το μισό από κάτω της και εκσφενδόνισε το υπόλοιπο μισό στο ταβάνι, όπου χτύπησε το φωτιστικό.

ΜΠΑΝΓΚ!!!

Ήταν μια σούπερ έκρηξη. Μυριάδες σπινθήρες και σκλήθρες γυαλιού έπεσαν βροχή στα κεφάλια τους και τα επιφωνήματα έκπληξης και αγαλλίασης πνίγηκαν από τα σφυρίγματα και τις διακοπές των παμπάλαιων και υπερφορτισμένων καλωδίων.

Ακολούθησε μια σιωπή που μπορούσες να την κόψεις με το μαχαίρι.

—Βλέπετε; είπε πιστός στο φίλο του ο Ρόμπιν. Ο Σάιμον είχε δίκιο.

Με την ίδια αφοσίωση έτρεξε έξω μαζί με το φίλο του να φέρουν σκούπα και φαράσι. Μαζί οι δυο τους μάζεψαν σ' έναν καλοσχηματισμένο σωρό τα γυαλιά πίσω από την πόρτα κι έστησαν όρθια ξανά την έδρα του κυρίου Καρτράιτ.

Ο κύριος Καρτράιτ έφτιαξε τη ζυγαριά.

—Λοιπόν, είπε. Το αστείο τέλειωσε. Έδειξε τον Ρας που ήταν ο κοντινότερος.

—Φέρε εδώ το μωρό σου από αλεύρι.

Μην ξέροντας τι άλλο να κάνει, ο Ρας έδωσε το μωρό του στον κύριο Καρτράιτ που το απίθωσε στη ζυγαριά.

—Όχι κι άσχημα, Ρας. Ελάχιστο βάρος έχει χάσει και αν εξαιρέσουμε τις τρίχες του γάτου, είναι σχεδόν παρουσιάσιμο. Μπράβο σου!

Ο κύριος Καρτράιτ πέταξε το μωρό από αλεύρι στην πελώρια, διπλής χρήσης μαύρη σακούλα που φύλαγε στην έδρα του για την περίσταση.

—Ένα! είπε φανερά ευδιάθετος. Έδειξε ξανά με το δάχτυλο: Γκουίν!

Ο Γκουίν κοίταξε τον Σαχίντ που, ανασηκώνοντας τους ώμους, πλησίασε τα καροτσάκια και τράβηξε το τσουβαλάκι με τ' αλεύρι του Γκουίν.

—Κανονίζουμε το λογαριασμό τώρα, έτσι; ρώτησε γλυκά γλυκά ο Σαχίντ, επίτηδες κρατώντας το μωρό από αλεύρι του Γκουίν πάνω από τα λασπωμένα αθλητικά παπούτσια με τα καρφιά του Φίλιπ Μπρούστερ. Στο κάτω κάτω, άλλο η επιχείρηση άλλο η φιλία.

Στραβομουτσουνιάζοντας, ο Γκουίν βύθισε τα χέρια στις τσέπες του και έβγαλε τόσα ψιλά, όσα χρειαζόταν για να πληρώσει τα λύτρα του μωρού του από αλεύρι.

—Ορίστε, είπε ξινισμένος, δίνοντάς το στον κύριο Καρτράιτ.

Ο κύριος Καρτράιτ απίθωσε χωρίς πολλές πολλές διατυπώσεις το σακί με το αλεύρι στη ζυγαριά του.

—Θαυμάσια, είπε. Ωραίο σημάδι! Και το πέταξε χαρωπά στη σακούλα. Ποιος είναι ο επόμενος;

Προτού να είναι πολύ αργά, ο Σαχίντ αποφάσισε να αρπάξει την ευκαιρία να επιβάλει την πληρωμή δημοσίως σε μερικούς από τους πιο αμετανόητους οφειλέτες. Έσκυψε στο καροτσάκι και ανέσυρε το μωρό από αλεύρι του Λουίς Περέιρα. Αποδεχόμενος την ήττα με όση περισσότερη αξιοπρέπεια μπορούσε, ο Λουίς πλήρωσε και πήγε το σάκο με το αλεύρι στον κύριο Καρτράιτ που το ζύγισε.

—Τούτο εδώ πήρε λίγο βάρος, είπε. Ύστερα πρόσεξε τα σάντουιτς που είχε προσεχτικά καρφιτσώσει η μητέρα του Λουίς στο κάτω μέρος του σακακιού. Όχι, διόρθωσε το λάθος του, ξεκαρφιτσώνοντάς τα και ξαναβάζοντας στη ζυγαριά το σακί με το αλεύρι. Μόλις μέσα στα όρια. Μόλις.

Μια αδύναμη επευφημία χαιρέτησε αυτή την αναγγελία. Τώρα η γενική απογοήτευση είχε αρχίσει να σβήνει καθώς, ένας ένας, οι μαθητές του Γ4 άρχιζαν να συνειδητοποιούν ότι, έστω κι αν δε θα μπορούσαν να κάνουν κομματάκια τα μωρά από αλεύρι, θα έβρισκαν παρηγοριά χρησιμοποιώντας τον Σάιμον στη θέση τους. Ολόγυρα, οι συμμαθητές του, είχαν αρχίσει να εκμεταλλεύονται το παγωμένο ύφος της δυστυχίας του Σάιμον και τα σφυρίγματα κι οι κοροϊδίες έπεφταν βροχή.

—Η σούπερ έκρηξη, ε, Σάιμ;

—Περίμενε να 'ρθει το διάλειμμα και θα δεις!

—Να δεις τι σούπερ εκτίναξη που θα σου κάνουμε!

Ο κύριος Καρτράιτ εξακολουθούσε το ζύγισμα, προσπαθώντας να αγνοήσει τα διασταυρούμενα πυρά της δυσαρέσκειας και της κακεντρέχειας που στροβιλίζονταν γύρω του. Η καλή του διάθεση ανέβαινε συνέχεια και δεν τη σταματούσε ούτε κι αυτή η γενική δυσφορία που επικρατούσε. Καθώς φώναζε ένα ένα τα ονόματα και παράχωνε τα σακιά από αλεύρι στη γυαλιστερή μαύρη σακούλα, μακριά από τη θέα όλων, ένιωθε ένα βάρος να φεύγει από πάνω του.

—Ποιος έμεινε; φώναξε. Μπιλ Σίμονς, πήρα το δικό σου; Ναι; Ο Γουέιν, λοιπόν.

Ο Γουέιν έφερε στην έδρα το μωρό από αλεύρι.

—Σαν λιγάκι αδύνατο δείχνει, είπε επικριτικά ο κύριος Καρτράιτ.

Πέταξε το μωρό από αλεύρι στη ζυγαριά. Ο μικρός ατσάλινος δείκτης έκανε ό,τι μπορούσε, αλλά έπειτα από κάμποσο απελπισμένο τρεμόπαιγμα, έμεινε σκαρφαλωμένος στα μισά της υποδιαίρεσης.

—Ένα κιλό κι εφτακόσια γραμμάρια! Ο κύριος Καρτράιτ δεν πίστευε στα μάτια του. Μόνο ένα κιλό κι εφτακόσια γραμμάρια; Καταλαβαίνεις πως αυτό εδώ το πράγμα έχει χάσει το μισό βάρος του;

Ο Γουέιν στραβομουτσούνιασε σε τέτοιο βαθμό, ώστε κι αυτός ακόμα ο κύριος Καρτράιτ θεώρησε καλύτερο να κλείσει το θέμα.

Κι έτσι έμεινε μόνο ένας.

—Σάιμον;

Ο Σάιμον έμεινε παγωμένος στη θέση του.

Ο κύριος Καρτράιτ σήκωσε τα μάτια.

—Σάιμον; είπε ξανά.

Και πάλι ο Σάιμον δεν κουνήθηκε. «Έχει μια νεκρική χλομάδα επάνω του», σκέφτηκε ο κύριος Καρτράιτ. Πολύ περισσότερο αναστατωμένος από όσο πιθανώς μπορούσε να δικαιολογήσει ο κλοιός των εχθρικών ψιθύρων γύρω του. Στο κάτω κάτω, ο νεαρός ήταν μέχρι στιγμής ο δυνατότερος μέσα στην τάξη. Και άφοβος από πάνω. Αν σκούραιναν τα πράγματα, θα μπορούσε και να τους πετάξει όλους στο πάτωμα γύρω του, μαύρους στις μελανιές. Τότε γιατί στην ευχή καθόταν εκεί πέρα τόσο συντριμμένος; Ο κύριος Καρτράιτ τον κοίταξε εξεταστικά και με περιέργεια. Μήπως στ' αλήθεια είχε πιστέψει όλες εκείνες τις ανοησίες ότι θα κλοτσούσαν τα σακιά από αλεύρι, να τα κάνουν κομματάκια; Μήπως επρόκειτο για ένα λαμπρό όνειρο που έσβησε;

Α, στ' αλήθεια, άμα αρχίσεις να σκέφτεσαι το καθετί τόσο πολύ, κατέληξε ο κύριος Καρτράιτ, θα σου λασκάρουν οι βίδες στο τέλος, μ' αυτό το Γ4.

—Σάιμον! ούρλιαξε. Έλα κι εσύ και το μωρό σου από αλεύρι εδώ. Τώρα!

Σαν άνθρωπος σε βαθιά έκσταση, ο Σάιμον σηκώθηκε, έψαξε καλά στη σάκα του και έβγαλε το μωρό από αλεύρι. Σαν υπνωτισμένος, έφτασε μέχρι τη ζυγαριά. Απρόθυμα, παρέδωσε το μωρό.

Ο κύριος Καρτράιτ γούρλωσε τα μάτια του.

—Τι είναι αυτό;

Ο Σάιμον προσπάθησε να ξυπνήσει από το ονειροπόλημά του.

—Πώς είπατε, κύριε;

Ο κύριος Καρτράιτ έδωσε μια σπρωξιά στο μωρό από αλεύρι. Το σκουφάκι του έπεσε και τον κοίταζε υπό γωνία και γερμένο πίσω, με το ένα καταμουντζουρωμένο μάτι του.

—Τι είναι αυτό; ξανάπε ο κύριος Καρτράιτ.

Ο Σάιμον τα είχε χάσει.

—Είναι το μωρό μου από αλεύρι, κύριε.

Το ύφος του κυρίου Καρτράιτ έδειχνε τώρα μια δυσαρέσκεια που δεν προμηνούσε τίποτα καλό.

—Μα είναι αηδιαστικό, βροντοφώναξε. Είναι πέρα για πέρα αποκρουστικό. Βρίσκεται σε εξευτελιστική κατάσταση. Είναι ένα απόλυτα βδελυρό πράγμα.

—Ναι, βρόμισε λιγάκι, παραδέχτηκε ο Σάιμον.

—Βρόμισε λιγάκι; Ο κύριος Καρτράιτ σήκωσε το μωρό από αλεύρι απ' τη μια άκρη του. Αυτό δεν είναι βρόμικο. Αυτό είναι κατάμαυρο.

—Όχι και κατάμαυ...

Αλλά ο κύριος Καρτράιτ δεν του έδωσε την ευκαιρία να διαμαρτυρηθεί.

—Απορώ πώς είχες το θράσος να φέρεις αυτή την καρικατούρα, αυτό το αίσχος μέχρι την έδρα μου. Γύρισε ανάποδα το μωρό από αλεύρι. Και τι είναι όλα αυτά; μούγκρισε. Καψίματα! Καραμέλες! Λάσπη! Κόλλα! Σάλια!

—Δεν είναι τα δικά μου σάλια κύριε, βιάστηκε να τονίσει ο Σάιμον. Ήταν έτοιμος να απαγγείλει το κατηγορητήριο που είχε προετοιμάσει εναντίον του Μακφέρσον, όταν κατάλαβε πως ήταν πολύ αργά. Ο κύριος Καρτράιτ είχε φτάσει στο σημείο ανάφλεξης. Κι ενώ όλοι οι άλλοι στην τάξη στρογγυλοκάθισαν γέρνοντας πίσω στα θρανία τους για να απολαύσουν τη συντριβή του Σάιμον, ο κύριος Καρτράιτ έσκυψε πάνω από την έδρα του και πλησίασε κοντύτερα το θυμωμένο πρόσωπό του.

—Έχω ήδη ανεχτεί αρκετά από σένα αυτό το τρίμηνο, φώναξε στον Σάιμον. Ανέχτηκα τα ορνιθοσκαλίσματά σου και τις τρέλες σου στη συνέλευση και την αδιάκοπη καταδίωξη της δύστυχης δεσποινίδας Άρνοτ. Όμως αν νομίζεις έστω και μία στιγμή πως πρόκειται να ανεχτώ να μου φέρεις αυτό το... αυτό το... Σήκωσε το μωρό από αλεύρι τρέμοντας ολόκληρος. Αυτό το αηδιαστικό φριχτό τσουβαλάκι... Το κράτησε πάνω από το καλάθι των αχρήστων. Τότε κάνεις μεγάλο λάθος. Μεγάλο λάθος.

Το μωρό από αλεύρι τρεμούλιασε στο αγριεμένο άδραγμά του, έτσι όπως κρεμόταν πλαδαρό και στραπατσαρισμένο πάνω από όλων των ειδών τα γλιστερά υπολείμματα φαγητών που είχαν φτύσει πρόσφατα εκεί μέσα μετά από διαταγή.

Τα μάτια του Σάιμον γούρλωσαν από πανικό. Ο κύριος Καρτράιτ δεν μπορούσε να το πετάξει εκεί μέσα. Σίγουρα δεν μπορούσε να το κάνει αυτό.

Κι όμως μπορούσε και το έκανε.

Ακαριαία, με μια από κείνες τις αστραπιαίες κινήσεις που τον είχαν καθιερώσει στην ομάδα ποδοσφαίρου, ο Σάιμον έσωσε το μωρό από αλεύρι. Την ώρα που ο κύριος Καρτράιτ πέταξε το μικρό τσουβαλάκι αλεύρι και στράφηκε μακριά όλος εκνευρισμό και αηδία, τα χέρια του Σάιμον τινάχτηκαν μπροστά και το άρπαξαν. Με την ίδια σβελτάδα κινήθηκε η σκέψη του και κλότσησε άγρια το καλάθι των αχρήστων μακριά.

—Ωραία! είπε ο κύριος Καρτράιτ, ικανοποιημένος με εκείνο το «μπανγκ» που θεώρησε σαν το γδούπο του μωρού από αλεύρι στο καλάθι των αχρήστων.

Μπορούμε τώρα, παρακαλώ, να συνεχίσουμε με λίγη σοβαρή δουλειά;

Άρπαξε ένα κομμάτι κιμωλία κι άρχισε να γρατσουνίζει τον πίνακα. Βιαστικά ο Σάιμον παράχωσε το μωρό από αλεύρι κάτω από το πουλόβερ του και γύρισε να κοιτάξει τους συμμαθητές του. Κανένας τους δεν έδειχνε να πρόσεξε την πονηριά του. Ωραία. Βέβαια, όλοι τους τον κοίταζαν αγριεμένοι. Όμως καθώς γύρισε παραπατώντας στη θέση του, κανένας δεν άπλωσε το χέρι να σπρώξει ή να γραπώσει το αποκαλυπτικό εξόγκωμα στο πουλόβερ του. Προς το παρόν το μωρό δεν κινδύνευε.

Ο Σάιμον σωριάστηκε στην καρέκλα του και προσπάθησε να προσέξει τον κύριο Καρτράιτ που τους μιλούσε.

—Γράφω κάποια ονόματα εδώ, τους έλεγε αυστηρά. Είναι τα ονόματα όλων εκείνων που λείπουν ημέρες από το ημερολόγιό τους για το μωρό από αλεύρι. Δε με νοιάζει αν τις βρείτε, τις ξαναγράψετε η τις βγάλετε απ' το μυαλό σας. Όμως όλοι σας πρέπει να μου δώσετε υλικό για δεκαοχτώ ημέρες.

Και, πράγμα διόλου παράξενο, αν σκεφτεί κανείς το μάκρος της λίστας, ο κατάλογος πήρε κάμποση ώρα να γραφτεί με την κιμωλία στον πίνακα. Ενόσω οι συμμαθητές του ήταν απορροφημένοι να ψάχνουν για το όνομά τους και, κατ' επέκταση, για την ευκαιρία ενός σαματατζίδικου και παρατεταμένου τσακωμού γύρω από τον ακριβή αριθμό των σελίδων που έλειπαν, ο Σάιμον κατάφερε να βγάλει λαθραία μέσ' από το πουλόβερ του το μωρό του από αλεύρι και, εντελώς απαρατήρητος, να το στριμώξει στο ασφαλές καταφύγιο του θρανίου του.

Ο κύριος Καρτράιτ έγραψε το τελευταίο όνομα —Ρικ Τάλις— πολύ καθαρά στην επάνω αριστερή γωνία, έξω έξω και στην άκρη, δεδομένου ότι οι πιθανότητες να παραμείνει εκεί ήταν μεγάλες.

Μετά γύρισε στους μαθητές του.

—Όποιος τελειώνει, τους παρηγόρησε, μπορεί να φεύγει και να πηγαίνει στη βιβλιοθήκη για να μελετήσει μόνος του.

Η γενικότερη μνησικακία που πλανιόταν στην ατμόσφαιρα καθάρισε κάπως μ' αυτή την αναγγελία. Ένας δυο, μάλιστα, αναθάρρησαν τόσο, ώστε βάλθηκαν να γρονθοκοπάνε στον αέρα. Για τους περισσότερους μαθητές του Γ4, τα λόγια «μελετώ μόνος μου», ήταν πλέον συνώνυμα με το «θα σπάσουμε πλάκα».

Μόνο ο Τζορτζ Σπόλντερ έδειχνε ακόμα δυσαρεστημένος.

—Και με τους κατασκόπους, τι γίνεται;

—Τους κατασκόπους;

—Μάλιστα, κύριε. Οπωσδήποτε θα μας πείτε ποιοι ήταν οι κατάσκοποι.

—Οι κατάσκοποι...

Ένα συναίσθημα ανησυχίας άρχισε να κυριεύει τον κύριο Καρτράιτ. Οι κατάσκοποι... Παίρνοντας στα χέρια το πελώριο μνημόνιο του δόκτορα Φέλδαμ για τη «Γιορτή της επιστήμης», γύρισε στη σελίδα των κανονισμών για να φρεσκάρει τη μνήμη του και η ματιά του έπεσε στο σημείο εκείνο που ανέφερε ότι ορισμένα άτομα —γονείς, μαθητές, καθηγητές ή ακόμα και οποιοσδήποτε άλλος— θα έλεγχαν μυστικά για τα μωρά από αλεύρι.

Δε χρειαζόταν να ασχοληθεί εκείνος με το θέμα αυτό. Ή μήπως έκανε λάθος;

Ο κύριος Καρτράιτ γύρισε μια σελίδα και είδε τον αριθμό στην επάνω γωνία —84. Γύρισε μια σελίδα πίσω. Αριθμός 81. Δεν ήταν από τα λάθη εκείνα που μπορούσε να κάνει ο δόκτωρ Φέλδαμ. Ένας άνθρωπος που έφερνε βόλτα το σχολείο, διορθώνοντας όχι μόνο τα λάθη όλων τους στην αριθμητική, από μνήμης αλλά και επισημαίνοντας το πως κατέληξαν να κάνουν το λάθος, θα πρέπει να ήξερε να αριθμεί σωστά τις σελίδες. Τι στην ευχή, ακόμα και ο κύριος Καρτράιτ ήξερε να μετρήσει.

Μαλακά, προσεκτικά, τρομαγμένος, ο κύριος Καρτράιτ ξεδιάλεξε την περί ης ο λόγος αφύσικα χοντρή σελίδα, ανακαλύπτοντας, όπως το υποπτευόταν, ότι οι κολλημένες σελίδες 82 και 83, αν τις ξεχώριζες, αποκάλυπταν λεπτομερείς οδηγίες για τον καθηγητή, σχετικά με την επιστράτευση και εποπτεία των εκτός της τάξης παρατηρητών.

Κλείνοντας το μνημόνιο με βρόντο, ο κύριος Καρτράιτ είπε αποφασιστικά στον Τζορτζ:

—Α, δε νομίζω πως χρειάζεται να πονοκεφαλιάζουμε για τους κατασκόπους.

Πιο έντονη αντίδραση από του Τζορτζ δε θα μπορούσε να υπάρξει.

—Θα πρέπει να μας πείτε ποιοι ήταν, επέμεινε. Για να πάμε να τους τις βρέξουμε.

Φαινόταν ότι σ' αυτό το θέμα τουλάχιστον, ολόκληρη η τάξη ήταν σύμφωνη.

—Ναι! Να τους αλλάξουμε τα φώτα!

—Να τους φτιάξουμε τη μούρη καινούρια!

—Να τους κάνουμε τη φάτσα πίτα!

Ο κύριος Καρτράιτ το 'ριξε στην πονηριά.

—Ξέρω τι θα γίνει, είπε. Θα κάνετε μια λίστα με όλους όσους υποπτεύεστε ότι σας κατασκόπευαν κι εγώ θα σας πω αν τους βρήκατε.

Επιδόθηκαν στο έργο με ζήλο. Και ο κύριος Καρτράιτ έκπληκτος ανακάλυψε ότι όλοι και ο καθένας ξεχωριστά δούλευαν πυρετωδώς για να συμπληρώσουν έναν κατάλογο με καμιά ντουζίνα ή περισσότερα ανορθόγραφα γραμμένα ονόματα, με συνοδεία ένα συρφετό από προσβλητικές παρατηρήσεις.

—Αυτή πρώτη θα γράψω. Α, την περίεργη καρακάξα!

—Η γριά παλιοκουτσομπόλα! Ούτε λεπτό δεν πήρε από πάνω μου τα τσίμπλικά της μάτια!

—Είδες καλά αυτά που ήθελες; τον ρώτησα. Δεν καταλαβαίνω για τι πράγμα μου μιλάς, είπε. Όμως εγώ ήξερα. Ω ναι, ήξερα.

Ο κύριος Καρτράιτ σουλατσάρισε πάνω-κάτω στην τάξη, παρατηρώντας κατάπληκτος καθώς οι κατάλογοι των υπόπτων γίνονταν όλο και μακρύτεροι και η μουρμούρα τους όλο και περισσότερο δυσοίωνη. «Ήταν εκπληκτικό», σκέφτηκε. Και υπήρχε κάτι που έπρεπε να πει στο δόκτορα Φέλδαμ. Θα ήταν χάσιμο χρόνου να επιστρατεύσουν πραγματικούς κατασκόπους. Δεν υπήρχε καμιά μα καμιά ανάγκη γι' αυτό.

Πέρασε μπροστά από τον Ταρίκ την ώρα που ο νεαρός παραπονιόταν πικρόχολα:

—Φυσικά ισχυρίστηκαν πως απλώς ενδιαφέρονταν, μα οποιοσδήποτε άλλος θα έλεγε ότι φυτρώνουν εκεί που δεν τους σπέρνουν.

Την όλη υπόθεση επιβεβαίωσε ο Μπιλ Σίμονς στην τελευταία εγγραφή στο ημερολόγιό του.

ΜΕΡΑ ΔΕΚΑΤΗ ΟΓΔΟΗ

Ευτυχώς που είναι η τελευταία μέρα, γιατί δεν άντεχα άλλο να χώνουν τη μύτη τους και να μου γκρινιάζουν. Οι άνθρωποι που έχουν αληθινά μωρά θα πρέπει να είναι πολύ ευάλωτοι στόχοι, αν ακόμα και τα μωρά από αλεύρι κάνουν ανθρώπους που ούτε καν έχεις συνα-

ντήσει ως τώρα να σε πλησιάζουν και να σε διατάζουν. «Εγώ δε θα το άφηνα εκεί, αγαπητέ μου. Μπορεί να λασπωθεί». «Δε νομίζεις ότι θα έπρεπε μπλα-μπλα-μπλα». «Δε θα έπρεπε να μπλα-μπλα-μπλ...»

Ο κύριος Καρτράιτ έσκυψε και σήκωσε το στιλό του Μπιλ Σίμονς την ώρα που έγραφε το τελευταίο «μπλα».

—Κόλλησε η βελόνα; ρώτησε ευδιάθετος. Επίτρεψέ μου να σε βοηθήσω.

Αγνοώντας το φαρμακερό βλέμμα του Μπιλ, συνέχισε για να διαβάσει την τελευταία προσπάθεια του Φίλιπ Μπρούστερ. Ξανά κι εδώ, το θέμα των κατασκόπων ήταν στο προσκήνιο.

Αυτό που με τσάτιζε περισσότερο στα μωρά από αλεύρι ήταν το πόσο ύπουλοι είναι οι άνθρωποι. Σε περιτριγυρίζουν, τάχα μου ότι είναι φιλικοί και σου πιάνουν κουβεντούλα, αλλά στην πραγματικότητα αρχίζουν να σου λένε πως πρέπει να τα κάνεις όλα διαφορετικά. «Να σου πω εγώ πώς τα βόλευα με το δικό μου», σου λένε χαμογελώντας ανατριχιαστικά. Ή «αυτό που είχε τα καλύτερα αποτελέσματα ήταν το εξής». Κι εσύ θα πρέπει να τους ανταποδίδεις το χαμόγελο και να καμώνεσαι ότι είσαι τόσο χοντροκέφαλος ώστε δεν κατάλαβες πως σε κατσαδιάζουν.

Και ως συνήθως ο Σαχίντ, πειστικότατος, συνόψισε το όλο θέμα.

Να σας πω τι δεν μπορώ να καταλάβω. Με το που θ' ανοίξεις την εφημερίδα όλο και θα διαβά-

σεις για κάποιον που συνέλαβαν επειδή ξυλοκόπησε το μωρό του και δεν είναι η πρώτη φορά που το κάνουν. Αυτό δεν το καταλαβαίνω, στ' αλήθεια δεν το καταλαβαίνω. Εγώ με το που αγριοκοίταζα το μωρό μου από αλεύρι, σηκωνόταν όλη η οικογένεια κι έκανε ουρά για να με καταδώσει στην αστυνομία. Τότε, λοιπόν, πού μένουν όλοι αυτοί που ξυλοκοπάνε τα μωρά τους; Δεν έχουν οικογένειες; Δεν έχουν γείτονες; Δεν έχουν φ...

Ο Σαχίντ σήκωσε το κεφάλι του.

—Πώς γράφεται το «φίλοι;» ρώτησε γενικά όλη την τάξη.

«Ας καλοπιάσουμε κάνα δυο», σκέφτηκε ο Σάιμον και του απάντησε:

—Νομίζω, γράφεται «φείλοι». Το έγραψα έτσι πριν από δύο λεπτά και μου φάνηκε εντάξει.

Πιστός στο καθήκον ο κύριος Καρτράιτ έκανε το γύρο της τάξης και πλησίασε να διορθώσει την αξιοθρήνητη ορθογραφία του Σάιμον. Αλλά προτού σκύψει για να πέσει σαν γεράκι με το κόκκινο στιλό του επάνω στην τελευταία εγγραφή του ημερολογίου, στάθηκε ήσυχα για λίγα λεπτά πίσω από το θρανίο, εξασκώντας την τέχνη της αποκρυπτογράφησης στην οποία ήταν πλέον μαέστρος.

ΜΕΡΑ ΔΕΚΑΤΗ ΟΓΔΟΗ. Τελεία και παύλα.

Έκανα, λοιπόν, μεγάλο λάθος σχετικά με τη σούπερ έκρηξη κι ότι θα κάναμε κομματάκια με τις κλοτσιές τα μωρά από αλεύρι στο τέλος. Και ποιος νοιάζεται; Εγώ σχεδίαζα να μπλοφάρω, έτσι ή αλλιώς. Θα έκρυβα το δικό μου και θα άρχιζα στις κλοτσιές των αλλονών. Μπορεί να βρίσκομαι στο Γ4, αλλά δεν είμαι και τελείως βλάκας. Είναι μέρες τώρα που κατάλαβα ότι δε θα μπορούσα να κάνω κακό στο δικό μου, όχι τώρα που αρχίζω και το συμπαθώ. Και ειδικά όχι τώρα που όλοι με μισούν και δεν έχω φ...

Ο κύριος Καρτράιτ είχε μόλις σκύψει από πάνω, με το καπάκι του στιλό βγαλμένο, έτοιμος να διορθώσει το λάθος, όταν ξαφνικά τα φωνήεντα εξαφανίστηκαν από τα μάτια και των δυονών, έχοντας διαλυθεί και μετατραπεί σε μια μικροσκοπική μπλε λιμνούλα.

Ένα δάκρυ. Καμιά αμφιβολία γι' αυτό. Και όπως οτιδήποτε άλλο επάνω στο αγόρι, ήταν πελώριο. Βιαστικά, πριν αρχίσουν να πέφτουν κι άλλα, ο κύριος Καρτράιτ ανασκάλεψε την τσέπη του σακακιού του, ψάρεψε το τεράστιο πιτσιλωτό μαντίλι του και το έσπρωξε στο χέρι του Σάιμον.

Ο Σάιμον κοίταζε με ορθάνοιχτα μάτια το μεγάλο μπλε λεκέ πάνω στο τετράδιό του. Καμιά αμφιβολία. Ήταν ένα δάκρυ. Τι είχε πάθει; Αν δεν επιβαλόταν στον εαυτό του, ίσως να τον έπαιρναν είδηση οι άλλοι. Και όταν έφτανε η ώρα του διαλείμματος, θα ήταν πια χαμένος.

Πήρε με ευγνωμοσύνη το μαντίλι που του προσφέρθηκε. Κι ενόσω ο κύριος Καρτράιτ μετακινούσε με κόπο τα ογκώδη οπίσθιά του στο θρανίο του Σάιμον, καλύπτοντάς τον επίτηδες από τα μάτια όλων, εκείνος προσπαθούσε να συνέλθει.

Όταν ο κύριος Καρτράιτ κατάλαβε να του σπρώχνουν στο χέρι το υγρό μαντίλι, θεώρησε ότι ήταν ασφαλές να γλιστρήσει από το θρανίο και να εξακολουθήσει την ανάγνωση.

Στ' αλήθεια μου άρεσε να φροντίζω αυτό το μωρό από αλεύρι, ακόμα κι αν το είχα βαρεθεί και με έκανε έξαλλο. Μ' άρεσε να το βλέπω να κάθεται πάνω από την ντουλάπα και να με παρατηρεί, ενόσω ήμουν ξαπλωμένος στο κρεβάτι μου το βράδυ. Μ' άρεσε να του κουβεντιάζω τρώγοντας το πρωινό μου. Και μ' άρεσε να το αγκαλιάζω και να το χαϊδεύω για να ζηλεύει ο Μακφέρσον. Χτες το βράδυ, όταν το νανούριζα στην αγκαλιά μου, η μαμά είπε ότι της θύμισα κάποιον. Δεν είπε ποιον και εγώ δε χρειάστηκε να ρωτήσω. Αλλά χάρηκα που έμαθα ότι εκείνος με νανούριζε έτσι όταν ήμουν μωρό. Ίσως στ' αλήθεια να μ' αγαπούσε με τον τρόπο του.

Ξεχνώντας εντελώς πάνω στη συγκίνηση της στιγμής ότι το μαντίλι είχε ήδη τεθεί σε υπηρεσία παραπάνω από μία φορά, ο κύριος Καρτράιτ το έσυρε και βρίσκοντας ένα αρκετά στεγνό κομμάτι, φύσηξε τη μύτη του ηχώντας σαν τρομπέτα. Έπειτα, με γενναιότητα, πίεσε τον εαυτό του να διαβάσει μέχρι το τέλος.

Απλώς δεν τα κατάφερε και τόσο καλά να το δείξει, αφού το 'σκασε με τέτοιο τρόπο. Μα δεν μπορώ να πω τίποτα εγώ. Το μωρό μου από αλεύρι κατάντησε ένα μάτσο χάλια και τις έφαγα στ' αυτιά. Όμως στ' αλήθεια νοιάζομαι γι' αυτό. Στ' αλήθεια.

Ο κύριος Καρτράιτ δεν το άντεχε άλλο.

—Για τ' όνομα του Θεού, μικρέ, ψιθύρισε βραχνά. Αν τ' αγαπάς τόσο πολύ αυτό το πράγμα, τρέχα να το ψαρέψεις από το καλάθι των αχρήστων. Πάρε το στο σπίτι σου.

Ο Σάιμον δε μίλησε. Κατακόκκινος σαν παντζάρι, έγειρε μπροστά ενστικτωδώς και άρπαξε τις άκρες του θρανίου του.

Αργά, φιλύποπτα, ο κύριος Καρτράιτ έσπρωξε λίγα εκατοστά πίσω τον Σάιμον, σήκωσε το καπάκι του θρανίου κι έριξε μια ματιά μέσα.

Το μωρό από αλεύρι τού έριξε κι αυτό μια ματιά, όλο αγωνία μέσ' από το σκοτάδι.

Ο κύριος Καρτράιτ χαμήλωσε το καπάκι του θρανίου. Κοίταξε τον Σάιμον. Ο Σάιμον τον κοίταξε κι αυτός. Μετά ο κύριος Καρτράιτ είπε:

—Θες να μάθεις ποιο είναι το πρόβλημα μ' εσένα, Σάιμον Μάρτιν; Υποτιμάς τον εαυτό σου. Το μωρό σου από αλεύρι είναι ένα βρομερό και απδιαστικό πλάσμα. Δε θα περνούσε κανένα υγειονομικό έλεγχο κι αν ήταν αληθινό, δεν επρόκειτο να κερδίσει το βραβείο του πιο καλοφροντισμένου μωρού. Όμως αν προσέχεις και φυλάς κοντά σου κάτι για το οποίο νοιάζεσαι, αυτό είναι που μετρά για όλα. Θα σου πω μετά. Θα γίνεις καλύτερος πατέρας από τους περισσότερους εδώ μέσα.

Ύστερα, καθαρίζοντας με θόρυβο το λαιμό του, έφυγε όσο πιο γρήγορα μπορούσε, πίσω στο καταφύγιο της έδρας του.

10

Αποφασισμένος πέρα για πέρα να βγάλει μια και καλή από τη μέση την υπόθεση με τα μωρά από αλεύρι, ο κύριος Καρτράιτ τούς κράτησε όλους απασχολημένους να γράφουν. Και καθώς το ρολόι του χεριού του πλησίαζε στην ώρα, κυλώντας απελπιστικά αργά, το αίσθημα της δίκαιης οργής που κυρίευε επί μονίμου βάσεως τα μέλη του Γ4 όταν περίμεναν από αυτούς εντονότερη προσπάθεια, ενώθηκε με τη μνησικακία τους για τον Σάιμον που είχε κάνει δύο τρομακτικές γκάφες: πρώτο, να διαλέξει την εργασία εκείνη και δεύτερο να κάνει λάθος σχετικά με τη σούπερ έκρηξη.

Για τους τύπους, ο κύριος Καρτράιτ προσποιήθηκε τον κουφό στο μπουρίνι εκείνο των κακεντρεχών ψιθύρων γύρω του.

—Ποιος βλακέντιος διάλεξε να κάνουμε τα μωρά από αλεύρι;

—Μπορούσαμε να διαλέξουμε οποιοδήποτε απ' τ' άλλα. Θα μπορούσαμε να κάνουμε το θέμα «τρόφιμα».

Για να τους αποσπάσει την προσοχή, πήρε το φύλλο το χαρτί που μόλις πριν είχε ακουμπήσει στην έδρα ο Ρας Μάουλντ μ' έναν απερίγραπτα βαθύ αναστεναγμό ανακούφισης.

—Ορίστε! Να, κάποιος που τέλειωσε. Για να δούμε αν θα παρακινηθείτε οι υπόλοιποι, αφού σας διαβάσω την τελευταία σελίδα από το ημερολόγιο του Ρας.

Το κράτησε για λίγο μπροστά στα μάτια του προσπαθώντας —και αποτυχαίνοντας— να το αποκρυπτογραφήσει.

—Το κρατάτε ανάποδα, είπε ο Ρας επιτιμητικά.

Βιαστικά, ο κύριος Καρτράιτ γύρισε τη σελίδα τα κάτω πάνω.

—Α, μάλιστα! είπε. Τώρα είναι καλύτερα. Το περιεργάστηκε λίγα λεπτά ακόμα με μεγάλη αυτοσυγκέντρωση κι ύστερα, νικημένος, το γύρισε πίσω στον Ρας. Δε νομίζεις πως υπήρξες λιγάκι παραπάνω φιλόδοξος, υπέδειξε μαλακά, επιχειρώντας να μπεις τόσο σύντομα σε ρόλους συγγραφικούς;

Την ώρα που απομακρυνόταν, χτύπησε το κουδούνι, επισπεύδοντας τη συνηθισμένη φρενίτιδα· απαγορευμένο μάζεμα των βιβλίων στις σάκες, καρέκλες που σέρνονταν και άλλα παρόμοια.

—Περιμένετε μέχρι να σας δώσω την άδεια εγώ! μούγκρισε έξω φρενών.

Η λαίλαπα υποχώρησε προς στιγμή.

Ο κύριος Καρτράιτ αποφάσισε να πάει προς την αίθουσα καθηγητών και το αναζωογονητικό φλιτζάνι τον καφέ του λίγα λεπτά πριν από το ποδοβολητό των θηρίων. Επιβάλλοντας τη θέλησή του σε όλους τους με μια από τις πιο φαρμακερές ματιές του, πισωπάτησε κατά την πόρτα. Μετά είπε:

—Εντάξει. Πηγαίνετε.

Προτού ακόμα ξεστομίσει τα λόγια, είχε βρεθεί στο μακρύ διάδρομο.

Τώρα που έλειπε η κεντρική εξουσία, η αγέλη επιτέθηκε ακαριαία στο αληθινό θήραμά της.

—Πίστεψες ότι θα τη γλιτώσεις, Σάιμ, ε;

—Να μας τη φέρεις έτσι!

—Το καλύτερο επιστημονικό θέμα που έχω ακούσει. Σούπερ καταπληκτικό, είπες.

Ξανά ο Σάιμον έγειρε ενστικτωδώς μπροστά, αρπάζοντας το θρανίο του. Κανένας τους δεν πίστεψε ότι η κίνηση ήταν εκδήλωση φόβου και για δεύτερη φορά εκείνο το πρωί στάθηκε η καταστροφή του.

—Τι έχεις εκεί μέσα;

—Άνοιξέ το, Σάιμ!

—Για να δούμε τι κρύβεις!

Ήταν πάρα πολλοί για κείνον. Το συνδυασμένο βάρος τους και η ενθουσιώδης εφόρμηση, έριξαν κάτω το θρανίο και το καπάκι ορθάνοιξε.

Το μωρό από αλεύρι τινάχτηκε έξω κι άρχισε να ταξιδεύει πάνω από το τσούρμο των ένθερμων πολεμιστών. Πέταξε ψηλά, πάνω από τα εγκαταλειμμένα θρανία. Ο Σάιμον γλίστρησε στο πλάι από κάτω, ακολουθώντας την πτήση του και κατάφερε να το αρπάξει, μέσα στο σύννεφο το αλεύρι που έβγαινε από κάθε πόρο του σακιού, τη στιγμή ακριβώς που επέστρεφε ο κύριος Καρτράιτ για να πάρει τα τσιγάρα του.

Προχωρώντας με μεγάλες δρασκελιές προς την έδρα του, ο κύριος Καρτράιτ έριξε μια γοργή, οργι-

σμένη ματιά στην όλη ακαταστασία και στο συννεφάκι το αλεύρι που κατακαθόταν στην πέρα μεριά της τάξης. Είχε ήδη χάσει χρόνο και κατευθύνθηκε πάλι εκεί απ' όπου είχε ξεκινήσει, δεν είχε καμιά διάθεση να σπαταλήσει περισσότερο το πολύτιμο διάλειμμά του αναζητώντας είτε την αλήθεια είτε την απόδοση δικαιοσύνης.

Και τα 'βαλε με τον Σάιμον.

—Υπό περιορισμό τη Δευτέρα! βρόντηξε κι άστραψε. Για αχαλίνωτο ποδόσφαιρο μέσα στην τάξη μου.

Μισοανοίγοντας το καπάκι της έδρας, τράβηξε λαθραία το περί ου ο λόγος πακέτο τσιγάρα από την κρυψώνα του, κάτω από μερικά χαρτιά στη γωνία. Έπειτα, βλέποντας ότι όλοι προσπαθούσαν να μαντέψουν το λόγο της επιστροφής του στην τάξη, άρπαξε το καλάθι με τα μωρά από αλεύρι και το έσυρε έξω από την πόρτα πίσω του.

Ο Σάιμον έμεινε να ατενίζει τη ράχη του, μπουρινιασμένος για την ολοφάνερη αδικία της τιμωρίας. Καταλαβαίνοντας ότι προς στιγμή ο νους του έτρεχε αλλού, ο Γουέιν βούτηξε να αρπάξει το μωρό από αλεύρι. Χωρίς να σκεφτεί δεύτερη φορά, ο Σάιμον στροβιλίστηκε και το πέταξε στον αέρα, κερδίζοντας αρκετό χρόνο ώστε να πηδήξει σε μια καρέκλα, να το πιάσει γερά και να το κρατήσει μακριά από τον Γουέιν.

Ακούγοντας τον καβγά από τα μισά του διαδρόμου, ο κύριος Καρτράιτ γύρισε πίσω και τσάκωσε τον Σάιμον, όρθιο επάνω στην καρέκλα.

—Μια ώρα περιορισμό την Τρίτη! μούγκρισε. Για αναρριχήσεις επάνω σε περιουσιακά στοιχεία του σχολείου.

Ξαναγύρισε να φύγει.

Ο Σάιμον έμεινε περικυκλωμένος και πολιορκημένος, καθώς οι υπόλοιποι του Γ4 πλησίαζαν κοντύτερα, να αρπάξουν το μωρό από αλεύρι. Να πηδήσει προς την πόρτα τώρα που δεν περίμεναν να κάνει κάποια κίνηση; Ήξεραν το ίδιο καλά όσο κι αυτός ότι ο κύριος Καρτράιτ θα τον άκουγε να βροντάει κάτω, στην άλλη άκρη του διαδρόμου, θα έκανε μεταβολή και θα τον φιλοδωρούσε με άλλη μια ώρα περιορισμό για τρέξιμο μέσα στο κτίριο του σχολείου.

Ε και λοιπόν; Εγκαταλειμμένος κι αβοήθητος επάνω στην καρέκλα του, κρατώντας ψηλά το μωρό από αλεύρι, ο Σάιμον έκανε αδιάκοπα αυτή τη σκέψη. Ε και λοιπόν; Υπήρχαν χειρότερα πράγματα στη ζωή από το να φας τρεις μέρες περιορισμό στη σειρά. Άμα τους πρόσθετες, μάλιστα, δεν κρατούσαν περισσότερο από κείνα τα φρικιαστικά πάρτι γενεθλίων της Υακίνθης Σπάισερ και είχε επιζήσει από εφτά τέτοια.

Επομένως, ίσως θα έπρεπε να το κάνει. Να φύγει σαν σφαίρα. Τι είχε πει ο γερο-ζόρικος; «Δεν είσαι ένα από τ' αστέρια του αθλητισμού στο σχολείο;»

Ναι, θα το έκανε!

Σε μια έκρηξη αγαλλίασης, ο Σάιμον ξαφνικά άφησε άφωνους τους πάντες, πηδώντας προς την πόρτα. Ο θόρυβος ήταν εκκωφαντικός. Από θρανίο σε θρανίο πηδούσε, αφήνοντας πίσω του ξύλινα πόδια να κροταλίζουν ξέφρενα πέρα δώθε και καρέκλες να αναποδογυρίζουν. Κρατούσε το μωρό από αλεύρι ψηλά και όπως πηδούσε, στ' αυτιά του αντηχούσαν τα λόγια του κυρίου Καρτράιτ. «Θες να ξέρεις ποιο είναι το πρόβλημά σου, Σάιμον Μάρτιν; Υποτιμάς πολύ τον εαυτό σου». Τινάχτηκε σαν ελατήριο από το θρανίο του Γουέιν στου Ρας, μέσα σ' έναν πανζουρλισμό από στιλό και χάρακες που χτυπούσαν και χοροπηδούσαν στον αέρα. Η αριθμομηχανή του Φίλιπ Μπρούστερ πέρασε πετώντας δίπλα του.

Μ' ένα σάλτο πέρασε πάνω από το θρανίο του Λουίς. Και μ' έναν τελευταίο τρομαχτικό πήδο, έφτασε σε σίγουρο έδαφος.

Βρισκόταν κιόλας έξω από την πόρτα, μοιράζοντας γροθιές στον αέρα γύρω του. Αισθανόταν τόσο δυνατός, όπως τότε, πριν από τόσα χρόνια, που η δεσποινίς Νες τού στερέωσε γύρω του τον υπέροχο κατακόκκινο μανδύα όταν έπαιζε στο έργο για τη Γέννηση του Χριστού, τότε που σχεδόν άκουγε σάλπιγγες να ηχούν στ' αυτιά του. Ποιος ήταν εκείνος που θα γινόταν κακός πατέρας; Όχι αυτός βέβαια. Ίσως άνθρωποι σαν τον Ρόμπιν Φόστερ δεν άντεχαν να ακολουθήσουν το ρυθμό και κατέληγαν να δώσουν σύντομα ένα τέλος στις ευθύνες τους. Και οι άνθρωποι σαν τη Σου δεν τολμούσαν καν να το διακινδυνέψουν. Όσο για κείνον, τον Σάιμον Μάρτιν, δε θα ήταν διόλου κακός στο ρόλο του. Πολύ καλύτερος από το «διόλου κακός». Θα ήταν πολύ καλός, μάλιστα. Σε μια σούπερ σούπερ έκρηξη αυτοπεποίθησης, τα λόγια που είχε πει ο κύριος Καρτράιτ, αντηχούσαν δυνατά στο νου του. «Αν το να κρατήσεις κοντά σου και σε ασφάλεια αυτό για το οποίο νοιάζεσαι μετράει για σένα πάνω από καθετί, θα γίνεις καλύτερος πατέρας από πολλούς».

Το πόδι που τεντώθηκε μπροστά για να τον κάνει να σκοντάψει, τον έριξε κάτω. Προσγειώθηκε μ' ένα γδούπο κι ένα γρύλισμα κι έμεινε ξαπλωμένος φαρδύς πλατύς και λαχανιασμένος, καθώς το μωρό από αλεύρι τινάχτηκε από τα χέρια του εφτά μέτρα πάνω στο διάδρομο.

Η αληθινή φωνή έκανε την ηχώ να εξαφανιστεί στο λεπτό.

—Α, Σάιμον Μάρτιν! Αυτός ακριβώς που ζητούσα. Υπό περιορισμό την Τετάρτη, βεβαίως, για τρέξιμο στο διάδρομο του σχολείου. Αλλά μια και είσαι εδώ, έχεις την καλοσύνη να σύρεις αυτή τη σακούλα μέχρι τη «Γιορτή της επιστήμης» του δόκτορα Φέλδαμ; Μπράβο στο παιδί!

Και ο κύριος Καρτράιτ παρηγορήθηκε χτυπώντας το πακετάκι μέσα στην τσέπη του σακακιού του και βιάστηκε να πάει για τον καφέ του κι ένα τσιγαράκι στα όρθια.

Ο Σάιμον πονώντας αφόρητα, ανασηκώθηκε καθιστός, με κόπο, τη στιγμή ακριβώς που ξεπρόβαλλε από τη γωνία ο δόκτωρ Φέλδαμ, σέρνοντας πίσω του ένα σμήνος βοηθών που μετέφεραν τα διάφορα κομμάτια του υδροηλεκτρικού σταθμού των διδύμων Χιου.

—Πίσω! Πίσω! Πίσω! Όμοιος με θηριοδαμαστή, ο δόκτωρ Φέλδαμ βρυχιόταν στο μπουλούκι του Γ4 που έβγαινε πατείς με πατώ σε από μια πόρτα, κυνηγώντας τον Σάιμον. Κάντε πίσω, παιδιά! Πίσω αμέσως! Δε βλέπετε ότι πρόκειται για πανάκριβα μηχανήματα;

Πριν καλά καλά προλάβει να πει τα λόγια «πανάκριβα μηχανήματα», η ματιά του έπεσε στην ψηφιακή γεννήτρια ημιτονοειδούς κύματος του Γουίσαρτ που βρισκόταν στο πάτωμα, εκεί όπου μετά από διαταγές του κυρίου Καρτράιτ την είχε εγκαταλείψει νωρίτερα ο Σάιμον.

—Μα τι στην ευχή!

Μετά είδε τον καθοδικό παλμογράφο ακουμπισμένο πλάι στο καλοριφέρ.

—Αυτό είναι εξωφρενικό!

Μετά είδε τον Σάιμον.

—Εσύ εκεί! Εσύ εκεί, νεαρέ! Εσύ που τεμπελιάζεις στο πάτωμα. Εσένα λέω!

Γνωρίζοντας τους αυστηρότατους περιορισμούς του λόγου, ο Σάιμον απλώς έσκυψε κάτω το κεφάλι του.

—Υπό περιορισμό τη Δευτέρα! διέταξε ο δόκτωρ Φέλδαμ.

—Είμαι κλεισμένος μέχρι την Τετάρτη, απάντησε ξινισμένος ο Σάιμον.

—Την Πέμπτη, λοιπόν! είπε κοφτά ο δόκτωρ Φέλδαμ. Πρόσεξέ με τώρα καλά! Ο εξοπλισμός αυτός έπρεπε να είχε μεταφερθεί στα εργαστήρια πριν από μία ώρα.

Αναστενάζοντας, ο Σάιμον στάθηκε με κόπο στα πόδια του και κοίταξε τριγύρω για βοήθεια. Αλλά όλοι του Γ4 είχαν εξαφανιστεί. Ο Σάιμον υπέθεσε, σωστά και με πίκρα, ότι ενεργώντας μυαλωμένα, είχαν διαλυθεί σαν αστραπή τη στιγμή που ο δόκτωρ Φέλδαμ είχε αρχίσει να εκτοξεύει τα καταιγιστικά πυρά του και να μοιράζει τιμωρίες περιορισμού. Καθυστερώντας, λοιπόν, μόνο για ένα λεπτό για να κάνει μια γκριμάτσα στο βασανιστή του που είχε γυρίσει την πλάτη του, ο Σάιμον παράχωσε το μωρό του από αλεύρι μέσα στο πουλόβερ του και μάζεψε από κάτω την ψηφιακή γεννήτρια ημιτονοειδούς κύματος του Γουίσαρτ και τον καθοδικό παλμογράφο. Μετά από κάποιες προσπάθειες, κατόρθωσε να βρει έναν τρόπο να μεταφέρει και τα δύο, ελευθερώνοντας λίγα δάχτυλα. Μ' αυτά έπιασε την άκρη της βαριάς σακούλας και αργά αργά, προχώρησε σέρνοντας τα βήματά του προς τα πίσω στο διάδρομο, ζυγιάζοντας ακόμα τα μηχανήματα που κρατούσε.

Βρήκε τον κύριο Χάιαμ να στέκει περιμένοντας πίσω από την τρίτη σειρά τις περιστρεφόμενες πόρτες στην πτέρυγα επιστημών.

—Καιρός ήταν! Άρπαξε τον καθοδικό παλμογράφο από τα χέρια του Σάιμον. Αυτό έπρεπε να βρίσκεται εδώ πριν από μία ώρα!

Συμβουλεύτηκε το πελώριο πλάνο για τη «Γιορτή

της επιστήμης» που είχε στερεώσει στον τοίχο ο δόκτωρ Φέλδαμ.

—Αυτό του Γουίσαρτ, είναι και τούτο για δω.

Παίρνοντας την ψηφιακή γεννήτρια ημιτονοειδούς κύματος από τα χέρια του Σάιμον, παρατήρησε το τρίτο και τελευταίο φορτίο.

—Τι υπάρχει εκεί μέσα στη σακούλα;

—Τα μωρά από αλεύρι.

Ο κύριος Χάιαμ έριξε άλλη μια ματιά στο πλάνο του διευθυντή.

—Μωρά από αλεύρι... μωρά από αλεύρι... Α! Εδώ είμαστε! Η όψη του σκυθρώπιασε. Λίγο νωρίς δε μας ήρθαν; Ωχ, δε βαριέσαι. Βάλ' τα στο τραπέζι 18.

Μάταια περίμενε να κάνει ο Σάιμον κάποια κίνηση.

—Εμπρός λοιπόν, επανέλαβε ανυπόμονα. Πήγαινε να τα βάλεις στο τραπέζι.

Ο Σάιμον κατσούφιασε. Είχε βαρεθεί να του γαβγίζουν έτσι οι άνθρωποι.

—Πώς να τα βάλω; ρώτησε μουτρωμένος.

Αλλά ο κύριος Χάιαμ είχε με πιο σημαντικά πράγματα να ασχοληθεί. Τη στιγμή εκείνη έφερναν μέσα το ηλεκτρονικό σύστημα συναγερμού για παράθυρα, του Πίτκιν.

—Για τ' όνομα του Θεού, νεαρέ! μάλωσε τον Σάιμον. Θέλεις να σου δίνουμε μασημένη την τροφή; Τακτοποίησε απλώς τα πράγματα αυτά, ώστε να παρουσιάζουν ενδιαφέρον και βάλε μια ταμπέλα όπου θα εξηγείς τι είναι.

Με μισή καρδιά ο Σάιμον έσυρε τη σακούλα κοντά στο τραπέζι 18 που ήταν, όπως παρατήρησε με κάποιο παράπονο, μακριά και απομονωμένο σε μια γωνιά. Έπιασε ένα ένα τα μωρά από αλεύρι και τα έστησε πάνω στο τραπέζι. Κοιτάζοντας χωριστά το καθένα, συνειδητοποίησε για πρώτη φορά πόσο είχαν αλλάξει τα περισσότερα μέσα στις τελευταίες δεκαοχτώ μέρες. Τώρα δεν ήταν μόνο το δικό του που είχε μάτια. Μερικά είχαν μύτη, αυτιά, χείλια, ακόμα και κρεατοελιές. Του Τζορτζ Σπόλντερ φαινόταν σαν να είχε μαγουλάδες. Του Μπιλ Σίμονς έφερε επιδεικτικά ένα από κείνα τα τατουάζ με μπλε μελάνι που ήταν η ειδικότητά του. Του Λουίς μέχρι που είχε και πίπα.

Άραγε πώς να τα βάλει, ώστε να παρουσιάζουν ενδιαφέρον;

Πρώτα πρώτα, ο Σάιμον έβγαλε το μωρό του μέσα από το πουλόβερ του και το έστησε στη μέση του τραπεζιού. Μετά έβγαλε τα υπόλοιπα σε κύκλο γύρω του.

Ωραία.

Πήρε μια ταμπελίτσα από κάποιο γειτονικό τραπέζι και τη γύρισε από την άγραφη μεριά.

—Η βασίλισσα μωρό από αλεύρι και οι αυλικοί της, έγραψε επάνω και μετά το κοίταξε με κριτική ματιά. Ακόμα κι αν καταλάβαιναν τι εννοούσε, δε θα το έβρισκαν ενδιαφέρον.

Προσπάθησε ξανά. Τη φορά αυτή χώρισε τα μωρά από αλεύρι σε ζευγάρια και δοκίμασε να τα καθίσει έτσι ώστε να θυμίζουν ανθρώπους σε πάρτι ένα σαββατόβραδο.

Από κάποιο άλλο τραπέζι έκλεψε την ταμπελίτσα. Διαγράφοντας τις καθαρογραμμένες λέξεις «Μέτρηση του μήκους κύματος της ακτίνας λέιζερ», το γύρισε από την ανάποδη και προσπάθησε να γράψει: «Όργειω».

Έξι μόνο γράμματα κι ωστόσο υποπτευόταν ότι τουλάχιστον τα δύο από αυτά ήταν λάθος. Κι άλλωστε, δεν έδειχνε και πολύ ενδιαφέρον πάρτι. Προσπάθησε να το ζωντανέψει κάπως, βάζοντας τα μωρά από αλεύρι σε πιο ενδιαφέρουσες στάσεις. Μα ό,τι και να έκανε, αυτά κατάφερναν να δείχνουν απελπιστικά σαν δεκαοχτώ μικρά σακιά αλεύρι, ριγμένα όπως όπως στο τραπέζι.

Απογοητευμένος, ο Σάιμον δοκίμασε κάτι διαφορετικό. Τη φορά αυτή τα έβαλε στοιχισμένα σε σειρές και έγραψε: «Οι φωστήρες της τάξης του δόκτορα Φέλδαμ» πάνω σε μια άλλη ταμπελίτσα.

Όχι και πολύ ενδιαφέρον.

Η επόμενη ιδέα του ήταν η καλύτερη. Παίρνοντας την καρτούλα που ανήκε στη «Μελέτη Χόγκινς για τη μηδενική βαρύτητα», έγραψε στην πίσω πλευρά: «Το μεγαλύτερο γκολ του Σάιμον Μάρτιν». Κι ύστερα βάλθηκε να το αναπαραστήσει με τη βοήθεια των μωρών από αλεύρι και το περιτύλιγμα μιας σοκολάτας που βρήκε στο πάτωμα και το τσαλάκωσε να γίνει σαν μπάλα.

Πρώτα έβαλε τους τρεις μπροστινούς παίκτες στις θέσεις τους. Μετά τους τέσσερις μεσαίους και έπειτα τους τρεις πίσω. Στη συνέχεια τοποθέτησε την υπόλοιπη ομάδα. Είχε παίξει γερή άμυνα εκείνη την καταπληκτική μέρα. Αλλά όταν είχε πλησιάσει η στιγμή, είχε ντριμπλάρει την μπάλα μέχρι τον έξω δεξιά με μια εκπληκτική ταχύτητα, ξεφεύγοντας από τον ένα μετά τον άλλο, τους αμυντικούς. Είχε φτάσει στην άκρη της περιοχής του πέναλτι κι έκανε ένα τέτοιο τρομακτικό σουτ, ώστε η μπάλα καρφώθηκε στη γωνιά των διχτυών. Ο τερματοφύλακας ούτε καν είδε την μπάλα και ο Σάιμον δεν πρόλαβε να στρίψει και να γλιτώσει τη σύγκρουση με το σωματώδη αλλήθωρο παίκτη τους.

Παρασυρμένος από την ανάμνηση του περιστατικού, αναπαρέστησε τις τελευταίες κινήσεις κουνώντας προς τα εμπρός τα μωρά από αλεύρι.

—Γντουπ! Μπαμ!

Καθώς συγκρούστηκαν τα δύο σακιά, βγήκε ένα σύννεφο αλεύρι και πασπάλισε τον τόπο ολόγυρα.

Απομακρυσμένο το τραπέζι μπορεί να ήταν. Αόρατο, όμως, δεν ήταν. Μέσα σε κλάσματα δευτερολέπτου είχε εφορμήσει μαινόμενος ο κύριος Χάιαμ.

—Αλεύρι! Γέμισες τον τόπο αλεύρι! Τι έχεις πάθει, Σάιμον Μάρτιν; Γιατί φέρεσαι σαν χειρότερος βλάκας απ' όσο συνήθως;

Ο Σάιμον είχε φουρκιστεί. Στο κάτω κάτω αυτός ακολουθούσε όσο καλύτερα μπορούσε τις εντολές που πήρε.

Ο κύριος Χάιαμ γύριζε σαν σβούρα, φωνάζοντας σαν παράφρονας.

—Κοίτα εδώ! τσίριζε. Κοίτα όλο αυτό το αλεύρι! Πήγε και κατακάθισε επάνω στους κυλίνδρους σταθερής ατμοσφαιρικής πιέσεως του Μπέρνσταϊν! Κι επάνω στο μηχάνημα σύνθεσης ομιλίας του Μπάτεργουερθ! Σου αξίζει μια τιμωρία περιορισμού γι' αυτό, Σάιμον Μάρτιν!

—Η Παρασκευή είναι το νωρίτερο που μπορώ, τον πληροφόρησε ο Σάιμον με φωνή παγερή από μνησικακία.

—Την Παρασκευή λοιπόν! Και μη νομίζεις ότι δε θα είμαι εκεί για να σε ελέγξω. Θα... Ο κύριος Χάιαμ σταμάτησε απότομα. Ω Θεέ μου! Τώρα πάει και κατακάθεται επάνω στη συσκευή καθαρισμού ύδατος του Τάγκγουελ! Γύρισε στον Σάιμον: Πάρε αυτά τα πράγματα έξω από δω!

—Μα...

—Πάρ' τα έξω!

Ο κύριος Χάιαμ βρισκόταν σε τέτοια αλλόφρονη κατάσταση, ώστε ο Σάιμον δεν έφερε αντιρρήσεις. Βιαστικά έριξε όλα τα μωρά από αλεύρι, μαζί και το δικό του, μέσα στη σακούλα.

—Βιάσου! Γρήγορα! Παρ' τα από δω! Παρ' τα έξω!

Σκυθρωπός ακόμα, ο Σάιμον έσυρε τη σακούλα προς την πόρτα.

—Όμως πού θα τα...,

Ο κύριος Χάιαμ δεν είχε καμιά διάθεση να λύσει το πρόβλημα του Σάιμον.

—Απλώς βγάλ' τα από δω μέσα! Παρ' τα έξω! Δε με νοιάζει κι αν τα κάνεις κομματάκια στις κλοτσιές τα αναθεματισμένα. Μόνο βγάλ' τα έξω απ' αυτό το κτίριο! Τώρα!

Υπάκουα ο Σάιμον έσυρε τη βαριά σακούλα έξω από την αίθουσα και μπροστά από τα άλλα εργαστήρια. Βαριεστημένος πέρασε από τις περιστρεφόμενες πόρτες, αδιαφορώντας για τη σακούλα που σκάλωνε στο πάτωμα στο ένα εμπόδιο μετά το άλλο. Το μικρό ρυάκι του αλευριού που άφηνε πίσω του, μεγάλωνε και πλάταινε σε κάθε του βήμα.

Είχε φτάσει στην κυρία είσοδο έξω από την πτέρυγα επιστημών, όταν έπεσε επάνω στη δεσποινίδα Άρνοτ.

—Τι κάνεις εσύ εδώ και δεν είσαι στο μάθημά σου; ρώτησε. Το κουδούνι για το τέλος του διαλείμματος έχει χτυπήσει αρκετά λεπτά τώρα.

Ο Σάιμον σκέφτηκε. Θα μπορούσε να ισχυριστεί ότι πήγαινε τα μωρά από αλεύρι στην πτέρυγα επιστημών. Αλλά ήταν απίθανο να τον πιστέψει η δεσποινίς Άρνοτ, μια και πήγαινε ακριβώς προς την αντίθετη κατεύθυνση.

Μπορούσε να ισχυριστεί ότι τα πήγαινε πίσω στην τάξη του. Αλλά εκείνη δεν το είχε σε τίποτα να τον παρακολουθήσει μέχρι να τον δει να μπαίνει από την πόρτα. Και όπως οι αγγελιαφόροι του παλιού καιρού δολοφονούνταν σαν πληρωμή για τους κόπους τους όταν τα νέα που έφερναν ήταν άσχημα, έτσι και ο Σάιμον αμφέβαλλε σοβαρά για το αν ήταν φρόνιμο να είναι εκείνος που θα έφερνε πίσω τα μωρά από αλεύρι στον κύριο Καρτράιτ.

Η άλλη λύση ήταν να μην πει τίποτα, ως συνήθως.

Και ως συνήθως, δεν είπε τίποτα.

Η δεσποινίς Άρνοτ ψαχούλεψε από έξω την τσάντα της, για να βεβαιωθεί ότι είχε μαζί της το μπουκαλάκι με τις ασπιρίνες της.

—Λυπάμαι, Σάιμον, αλλά δεν μπορώ να κάνω αλλιώς. Αν δεν υπάρχει λόγος που λείπεις από την τάξη σου, είμαι υποχρεωμένη να σε τιμωρήσω με μία ώρα περιορισμό.

—Θα πρέπει να είναι την επόμενη Δευτέρα, την προειδοποίησε ο Σάιμον. Είμαι εντελώς κλεισμένος μέχρι τότε.

—Αχ, Σάιμον! είπε η δεσποινίς Άρνοτ, πιέζοντας

τους κροτάφους της, εκεί όπου πάντα άρχιζε ο πονοκέφαλος.

—Δεν πειράζει, την παρηγόρησε με γενναιότητα ο Σάιμον. Δεν έχει σημασία για μένα. Και ήταν αλήθεια. Ανάμεσα στο να προσπαθήσει να της εξηγήσει και να φάει ακόμη μια τιμωρία ήταν χίλιες φορές προτιμότερος ο ένας περιορισμός. Ήταν ευκολότερο.

—Την ερχόμενη Δευτέρα, τότε.

Σαν κάποιος εκτός εποχής Άγιος Βασίλης, ο Σάιμον έγνεψε, άρπαξε τη σακούλα και προχώρησε άκαμπτος στο διάδρομο. Η δεσποινίς Άρνοτ έκανε στο πλάι για να τον αφήσει να περάσει.

Και τότε είδε το ρυάκι το αλεύρι.

—Σάιμον...

—Ναι, δεσποινίς Άρνοτ;

Αλλά εκείνη είχε ήδη φύγει, τρέχοντας προς την αίθουσα καθηγητών για να πάρει λίγο νερό να πιει τις ασπιρίνες της. Ο Σάιμον στάθηκε κοιτάζοντας τις πατημασιές της στο αλεύρι. Κάτι —πες το πρόβλεψη του μέλλοντος, πες το ενόραση— τον προειδοποίησε ότι η δεσποινίς Άρνοτ δε θα ήταν για πολύ ακόμα μαζί τους. Η γυναίκα αυτή είχε αρχίσει να χάνει τον έλεγχό της, ήταν ολοφάνερο. Κι αν ήταν ένα πράγμα που χρειαζόσουν για να γίνεις καθηγητής, ήταν ο έλεγχος των καταστάσεων. Το χρειαζόσουν από τις οχτώ και τέταρτο το πρωί μέχρι τις τέσσερις και τέταρτο το απόγευμα. Σταμάτησε για να μετρήσει τις ώρες με τα δάχτυλά του. Οχτώ. Θα έλεγες ότι ήταν κάτι ιδιαίτερα κουραστικό και σκληρό, αλλά όταν το καλοσκεφτόσουν, ήταν μόνο το ένα τρίτο κάθε μέρας. Οχτώ τιποτένιες ώρες. Αν η δύστυχη η δεσποινίς Άρνοτ δεν μπορούσε να τα βγάλει πέρα σ' αυτό, τότε καλύτερα να μην έφευγε απ' το σχολείο για να κάνει παιδί.

«Εδώ η δουλειά δεν είναι παίξε-γέλασε», σκέφτηκε ο Σάιμον. Βάρδιες επί εικοσιτετραώρου βάσεως. Καθημερινά. Για είκοσι χρόνια σχεδόν. Χωρίς διαλείμματα. Χωρίς διακοπές. Αυτό έκανε τα πάρτι της Υακίνθης να μοιάζουν με ψύλλου πήδημα. Το να είσαι γονιός ήταν καταδίκη μιας ολόκληρης ζωής. Αν, αντί να πάει τότε η μητέρα του στο νοσοκομείο για να γεννήσει, πριν τόσα χρόνια, είχε μαχαιρώσει κάποιον και τον είχε σκοτώσει, τώρα θα είχε βγει από τη φυλακή. Και στο μισό διάστημα, ίσως, αν είχε δείξει καλή διαγωγή.

Ο Σάιμον τράβηξε το μωρό του από αλεύρι μέσ' από τη σακούλα και το κοίταξε προσεκτικά. Όσο περισσότερο το σκεφτόταν, τόσο πιο εκπληκτική του φαινόταν αυτή η ιστορία να έχεις μωρό.

Αναμφίβολα, ήταν κάτι το επικίνδυνο. Σε φρενάριζε. Σε καθήλωνε. Περιόριζε τις κινήσεις σου. Έκανε τους γύρω σου κατάσκοπους και γκρινιάρηδες. Κι έκανε το επάγγελμα του δασκάλου να φαίνεται παιχνιδάκι. Γι' αυτό ο πατέρας του δεν κατάφερε να μείνει. Αλήθεια, πώς άντεξε χίλιες οχτώ ώρες; Διπλάσιος χρόνος απ' όσο φρόντισε ο Σάιμον το μωρό του από αλεύρι. Και κοίτα τώρα τη μητέρα του! Το σκορ της είχε ανεβεί σε εκατοντάδες χιλιάδες ώρες! Θα πρέπει να ήταν μια πραγματική ηρωίδα. Θα πρέπει να ήταν μια αγία.

—Θα πρέπει να με έχει σκυλοβαρεθεί, είπε στο μωρό από αλεύρι.

Όμως δεν ήταν αλήθεια και το ήξερε. Ακόμα και τα λόγια αντήχησαν κάπως κούφια στο διάδρομο. Γιατί μέσα στην καρδιά του, ο Σάιμον ήξερε ότι παρά τις αληθινές χαζομάρες που είχε κάνει, όπως τότε που έδωσε στο λυκόσκυλο του Τάλις να φάει την περούκα της γιαγιάς του ή τότε που πέταξε εκείνον τον κάκτο στην Υακίνθη, εκείνη τον αγαπούσε πραγματικά. Αυτό ήταν το πρόβλημα.

—Έτσι λειτουργεί η παγίδα, εξήγησε στο μωρό. Έτσι πιάνεσαι στα δίχτυα. Στην αρχή δεν έχεις ιδέα. Μετά είναι πολύ αργά. Στάθηκε. Εκτός κι αν είσαι ένα πλοίο ψηλό.

Ένα ψηλό πλοίο...

Ο πατέρας του...

Ο Σάιμον κάθισε πάνω στη σακούλα που φούσκωσε κάτω από το βάρος του και σχημάτισε μια βολική φωλιά γύρω του. Τώρα είχε βυθιστεί στις σκέψεις του.

Ο πατέρας του.

Επανέλαβε τις λέξεις, βλέποντάς τες από νέα σκοπιά.

—Ο πατέρας μου. Ο πατέρας μου. Ο πατέρας μου.

Ποιος;

Ποιος;

Ποιος;

Η ζωντανή ηχώ ήταν ο Ρόμπιν που τον είχαν στείλει να ανιχνεύσει τα ίχνη του και να τον φέρει πίσω για να εισπράξει την κατσάδα του.

—Ακριβώς όπως το λες! είπε ο Σάιμον. Ποιος;

Όμως ο Ρόμπιν δεν είχε διάθεση για αινίγματα. Εκτελούσε αποστολή.

—Σήκω από τη σακούλα, Σάιμ. Ώρα να γυρίσεις πίσω στη βάση σου. Ο γερο-ζόρικος σιγοβράζει στο ζουμί του.

—Βλέπεις, εξήγησε ο Σάιμον αγνοώντας τον εντελώς, δεν ξέρω ούτε ποιος είναι. Κι αυτός δεν ξέρει ποιος είμαι. Κι έτσι, αυτά που λένε η μαμά και η γιαγιά είναι πολύ σωστά. Το ότι σηκώθηκε κι έφυγε δεν έχει να κάνει καθόλου μ’ εμένα.

—Ξεκούνα απ’ αυτή τη σακούλα, Σάιμ! Η ώρα πέρασε!

—Δε λέω ότι αυτό που έκανε ήταν σωστό, συνέχισε ο Σάιμον. Να σηκώσει πανιά να φύγει και να παρατήσει τη μητέρα μου να με φροντίζει για πάντα. Σκούντησε το μωρό από αλεύρι. Αν και κουβαλώντας τούτο το πράγμα μαζί μου τρεις βδομάδες τώρα, μπορώ να καταλάβω πώς συνέβη. Απλώς λέω ότι δε θα 'πρεπε —ότι δεν έχει σημασία πια για μένα.

—Σύμφωνοι, Σάιμ. Τώρα βγες μέσ' από τη σακούλα σε παρακαλώ.

—Βλέπεις, ξεμπέρδεψα μαζί του, επέμεινε ο Σάιμον. Για να πω την αλήθεια, κατά κάποιο τρόπο, δεν είχαμε καν αρχίσει. Δεν έχει καμιά δουλειά μ' εμένα. Και στον κόσμο υπάρχουν εκατομμύρια εκατομμυρίων άνθρωποι που δεν έχουν καμιά δουλειά μαζί μου, που δε με ξέρουν καν. Κι όλοι τους τα βολεύουν μια χαρά χωρίς εμένα. Κι εγώ τα βολεύω μια χαρά χωρίς αυτούς.

Αλλά η υπομονή του Ρόμπιν είχε σωθεί.

—Σάιμ, δε θα βρω τον μπελά μου εξαιτίας σου. Φεύγω, πάω στην τάξη. Πάω να πω στο γερο-ζόρικο ότι σε βρήκα αλλά δεν ήθελες να έρθεις. Ήσουν απασχολημένος να κάθεσαι πάνω σ' ένα σακί αλεύρι και να φλυαρείς ακατάσχετα για την οικογένειά σου.

Θα νόμιζε κανείς ότι ο Σάιμον δεν τον είχε καν ακούσει.

—Κι αυτό που κατάλαβα είναι ότι ο πατέρας μου είναι απλώς ένας ακόμα άνθρωπος στον πλανήτη που δεν ξέρει ποιος είμαι. Αυτό είναι μόνο. Και μόνο οι άνθρωποι που σε ξέρουν μετράνε στ' αλήθεια.

—Μετράω, Σάιμ.

—Γι' αυτό η μητέρα μου μετράει. Και η γιαγιά. Και η Σου.

—Ένα...

—Όμως όχι εκείνος. Αυτός δε μετράει.
—Δύο...
—Όχι πως τον κατηγορώ. Αλλά δε μετράει.
—Τρία!

Απελπισμένος ότι θα κατάφερνε τον Σάιμον να λογικευτεί, ο Ρόμπιν γύρισε να πάει στην τάξη. Κι όπως έφτανε στη στροφή του διαδρόμου, άκουγε ακόμα, απομακρυσμένο, τον ήχο της φωνής του Σάιμον που μιλούσε στο μωρό του από αλεύρι.

—Νιώθω πολύ καλύτερα τώρα, στ' αλήθεια. Πραγματικά δεν είχα καταλάβει πόσο με ενοχλούσε όλη αυτή η ιστορία. Όμως τώρα αισθάνομαι διαφορετικά. Αισθάνομαι ελεύθερος.

Το μωρό από αλεύρι τον κοίταξε κι αυτό, με τα γλυκά μάτια του και με τις μακριές βλεφαρίδες.

—Το καταλαβαίνεις, έτσι δεν είναι;

Το ύφος του μωρού παρέμενε ανάλλαχτο.

—Το καταλαβαίνεις;

Το μωρό από αλεύρι τον κοιτούσε ανέκφραστο.

Αργά, αμείλικτα, ο Σάιμον ήρθε στα λογικά του. Τι γύρευε εκεί, καθισμένος επάνω σε μια βολική σακούλα στο σχολικό διάδρομο, να μιλάει σ' ένα σακί αλεύρι; Ήταν ανισόρροπος;

Ο Σάιμον πήδησε όρθιος, λες και τον είχαν ζεματίσει. Το μωρό από αλεύρι! Δεν ήταν ένα μωρό από αλεύρι. Ήταν ένα γελοίο άψυχο σακί αλεύρι. Δεν ήταν καν κοριτσάκι. Ήταν ένα πράγμα. Τι στο καλό τού συνέβαινε; Σχεδόν τρεις βδομάδες τώρα συζητούσε για τη ζωή του μ' ένα σακί αλεύρι. Του είχαν λασκάρει οι βίδες; Το πράγμα αυτό που κρατούσε δεν ήταν τίποτα παραπάνω από μια βαρετή σχολική εργασία. Δεν ήταν κάτι το αληθινό. Κανένα απ' αυτά τα μωρά δεν ήταν αληθινό.

Αρπάζοντας τη σακούλα από τις άκρες της, την

αναποδογύρισε με βία. Τα σακιά από αλεύρι σκόρπισαν μακριά. Να τι ήταν. Σακιά αλεύρι! Αλεύρι μέσα σε σακιά!

Σηκώνοντας ένα από κάτω, το πέταξε ψηλά στο ταβάνι. Αυτό άνοιξε, πασπαλίζοντας με αλεύρι τον τόπο γύρω. Τον Σάιμον δεν τον ένοιαζε. Αισθανόταν μια τρομακτική ανακούφιση, λες και είχε βγει από τη φυλακή. Λες και, μετά από ωρών απελπισμένο κολύμπι ύστερα από κάποιο ναυάγιο, είχε εντοπίσει φώτα σε στεριά. Λες και ο γιατρός, ο παπάς και ο δάσκαλος είχαν έρθει να του πουν πως είχαν κάνει λάθος, πως είχαν άδικο, πως δεν ήταν υποχρεωμένος, στο κάτω κάτω, να γίνει γονιός.

Όλα είχαν τελειώσει. Τι ανακούφιση! Πέταξε ψηλά άλλο ένα μωρό από αλεύρι. Κι άλλο ένα. Γιατί σαν από θαύμα είχε σωθεί. Στ' αλήθεια, είχε αρχίσει να αγαπάει το μωρό του από αλεύρι. Πραγματικά νοιαζόταν γι' αυτό. Όμως δεν ήταν αληθινό! Κι έτσι αυτός ήταν ελεύθερος! Ελεύθερος! Ελεύθερος! Ελεύθερος!

Το επόμενο μωρό από αλεύρι πιάστηκε στο φωτιστικό και σκίστηκε. Εκστατικός ο Σάιμον γύρισε το πρόσωπό του στον καταρράκτη από αλεύρι που τον έλουζε και τίναξε ψηλά, με περισσότερη δύναμη, το επόμενο μωρό από αλεύρι. Γιατί να νοιαστεί; Στο κάτω κάτω, δεν του είχε δώσει την άδεια ο κύριος Χάιαμ; «Δεν πα' να τα κάνεις κομματάκια στις κλοτσιές αυτά τα αναθεματισμένα πράγματα. Μόνο πάρ' τα από δω μέσα». Αυτό είχε κάνει κι ο Σάιμον.

Να τα κάνει κομματάκια στις κλοτσιές;

Σπουδαία ιδέα!

Κλότσησε ένα, μετά δεύτερο. Το αλεύρι τινάχτηκε παντού. Έφυγε κύματα κύματα σαν άσπρα σύννεφα, σαν μανιτάρια, πέρα στο διάδρομο. Κάθε φορά που κλοτσούσε κι από ένα σακί, κι άλλες πελώριες τολύπες από καθαρό άσπρο αλεύρι έφερναν στον πληκτικό διάδρομο μια θύελλα χιονιού, έναν εκτυφλωτικό χιονοστρόβιλο —μια εκπληκτική, λαμπρή έκρηξη.

Το αλεύρι μαζευόταν στους τοίχους και κατακαθόταν σ' ένα ύψος που έφτανε ως τον αστράγαλο. Ποιος νοιαζόταν; Όχι ο Σάιμον, πελώριος και κατάλευκος. Θα είχε καιρό να φανεί υπεύθυνος όταν θα μεγάλωνε περισσότερο. Όταν ερχόταν η ώρα, θα είχε όλο τον καιρό του κόσμου να γίνει ένας καλός πατέρας.

Αλλά όχι τώρα. Όχι τώρα που ήταν τόσο νέος. Όχι ενόσω είχε τη δύναμη και την ενεργητικότητα να κάνει οτιδήποτε, τώρα που οι ορίζοντές του ήταν λαμπροί και πλατύτεροι απ' όσο μπορούσε να φανταστεί.

Κλότσα την μπάλα... Κλότσα... Κι όπως το αλεύρι ερχόταν σαν σπιλιάδες και στροβιλιζόταν στο αρκτικό χάος, ο Σάιμον ύψωσε τα χέρια θριαμβευτής. Αυτός δε θα έκανε το ίδιο λάθος με τον πατέρα του. Ω, όχι. Δε θα δεσμευόταν τόσο σύντομα, ώστε να αναγκαστεί μετά να κάνει την πικρή επιλογή ανάμεσα στο να αλυσοδέσει τη ζωή του και να παρατήσει κάποιο παιδί να το νταντεύουν καθημερινά άλλοι, και να το αναγκάσει να μιλάει με το νου του με κάποιον πατέρα με γαλάζια μάτια που την εικόνα του αναγκάστηκε να πλάσει μόνο του, επειδή ο αληθινός δεν είχε μείνει κοντά του.

Εκείνος δε θα το έκανε ποτέ. Ποτέ, ποτέ, ποτέ. Θα περίμενε μέχρι να είναι έτοιμος. Θα πρόσεχε. Και κάποτε, μια μέρα, όταν θα αισθανόταν έτοιμος....

Κλότσα την μπάλα... Κλότσα.

Το αλεύρι έπεφτε βροχή επάνω του. Τον έλουζε

σαν ποταμάκια και ρυάκια. Στροβιλιζόταν γύρω του. Ήταν ένας χιονάνθρωπος, ένας γιέτι, μια χιονοστιβάδα που περπατούσε. Κλότσα την μπάλα... Κλότσα... Ξεθύμαινε για όλες τις απογοητεύσεις των τριών εβδομάδων, επάνω στα κουρελιασμένα σακιά αλεύρι. «Μην την αφήνεις εδώ, Σάιμ». «Πρόσεχε». «Είσαι σίγουρος ότι είσαι ασφαλής;» Έτσι ένιωθε και η μητέρα του όλα αυτά τα χρόνια, όταν τον έσερνε μαζί της στον όμιλο, ώστε να μπορέσει να παίξει μπάντμιντον μία και μοναδική ώρα τη βδομάδα; Πώς μπόρεσε εκείνος να της γκρινιάζει έτσι, σκύβοντας πάνω από το μπαλκόνι; Πώς μπόρεσε;

Κλότσα την μπάλα... κλότσα... κλότσα... Κι άλλα σακιά σκίστηκαν και το αλεύρι έπεσε βροχή. Η μητέρα του ήταν μια αγία. Θα της πήγαινε λουλούδια. Θα τρομοκρατούσε λίγο τον Σαχίντ να του δανείσει μερικά λεφτά απ' αυτά που είχε κερδίσει μπαμπέσικα και θα πήγαινε στη μητέρα του μια ντουζίνα κόκκινα τριαντάφυλλα. Της άξιζαν.

Ο Σάιμον βούτηξε τα χέρια του μέχρι τον αγκώνα στο αλεύρι και σχίζοντας τα τελευταία σακιά στις ραφές, τίναξε παντού ολόγυρα το αλεύρι. Ήταν τόσο ευτυχισμένος, που τίποτα δεν μπορούσε να σκιάσει τη χαρά του. Ας τον τιμωρούσαν με περιορισμούς στον αιώνα τον άπαντα. Ούτε που νοιαζόταν. Μια ώρα την ημέρα; Παιχνιδάκι ήταν! Κοίτα εδώ από τι είχε γλιτώσει!

Δεν κρατιόταν άλλο. Έπιασε να τραγουδάει απ' τα βάθη της καρδιάς του.

—«Όρτσα τα πανιά, παιδιά, να 'ρθει ο άνεμος σε μένα που το απαλό, ηλιόλουστο γαλάζιο πέλαγο άφοβα ατενίζω».

Η ρωμαλέα φωνή αντηχούσε μέσα στη θύελλα του αλευριού. Μαζεύοντας κι άλλες χούφτες αλεύρι από κάτω, τις σκόρπισε τριγύρω του, λευκό στο λευκό. Αχ τυχερέ, τυχερέ Σάιμον!

—«Αφήνω πίσω τα βάρη και τα βάσανα», γιόρταζε τραγουδώντας. «Τέτοιο βαρύ φορτίο ορκίζομαι ποτέ πια να μην κουβαλώ».

Το αλεύρι έπεφτε σε σπιλιάδες, σαν δυνατός νοτιοδυτικός άνεμος.

—«Σαλπάρω για μια ανατολή που καίει, για νέα "ίσως" και "μπορεί"...»

Όλο και δυνατότερα τραγουδούσε. Όχι, αυτός δεν είχε παγιδευτεί, Θα τον τιμωρούσαν μα δεν είχε παγιδευτεί. Και υπήρχε χρόνος για να φανεί υπεύθυνος.

—«Αγαπημένοι, έχετε γεια, να 'χετε όλο κέφι και χαρά».

Δεν είχαν μείνει πολλά κομμάτια σακιά τώρα. Το αλεύρι γέμισε όλο το χώρο μέχρι τη γωνία. Κρίμα να μην έχει μείνει τίποτα από το Γ4 για τη «Γιορτή της επιστήμης». Ωστόσο, δεν πείραζε. Τουλάχιστον είχαν μάθει πολλά.

Η ασύγκριτη φωνή ηχούσε στα ύψη.

—«Άλλοι ίσως μένουν, να ντα ντέψουν τα μωρά τους».

Με μια τελευταία κλοτσιά στο αλεύρι, ο Σάιμον άρχισε να προχωράει στο διάδρομο.

«Η καρδιά μου είναι πλοίο ψηλό και δυνατοί αέρηδες ζυγώνουν».

Ο Μάρτιν Σάιμον, πηγαίνοντας κατά τις τουαλέτες για να βρει την ευκαιρία να τελειώσει τις τελευταίες σελίδες του βιβλίου «Αναζητώντας το Άγιο Δισκοπότηρο», σήκωσε το κεφάλι του από τα λόγια που διάβαζε.

—Εδώ βρίσκεται η πηγή της ακαταδάμαστης ανδρείας, επαναλάμβανε άθελά του, και σιγοψιθύριζε στον εαυτό του. Γιατί του φάνηκε πως εδώ μπροστά του στεκόταν κάποιος μυστηριώδης ψηλός και δυνατός, που περπατούσε σαν ιππότης μέσα στην καθαρή, λευκή αύρα του —απόκοσμος και εκπληκτικός.

Ο Μάρτιν Σάιμον κόλλησε στον τοίχο, καθώς περνούσε από μπροστά του τραγουδώντας ο Σάιμον Μάρτιν.

Και ο κύριος Καρτράιτ, διασχίζοντας θυμωμένος το διάδρομο για να φέρει πίσω τον περιπλανώμενο μαθητή του, άκουσε τη λαμπρή, υπέρλαμπρη φωνή του τενόρου να αντηχεί από το πάτωμα μέχρι το ταβάνι και παραμέρισε γεμάτος σεβασμό για να αφήσει το νεαρό —ένα όραμα λευκό— να περάσει από μπροστά του, σαλπάροντας σαν ένα πλοίο ψηλό προς την ελευθερωμένη νιότη του.

ΤΕΛΟΣ